より深く理解できる
施設実習
―施設種別の計画と記録の書き方

松本峰雄　監修

中島健一朗　藤　京子　増南太志

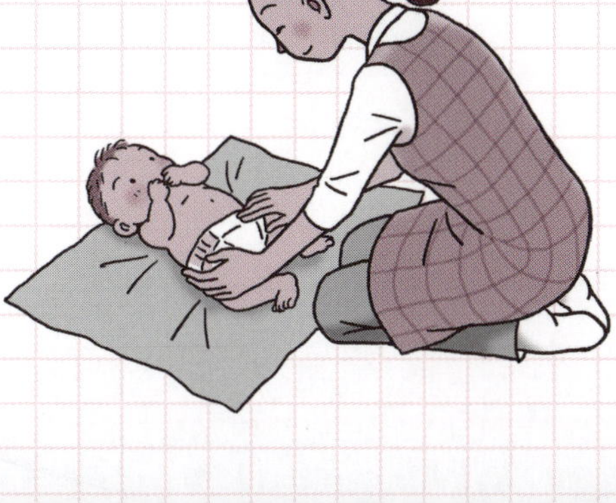

萌文書林
Houbunshorin

はじめに

　このたび、『流れがわかる幼稚園・保育所実習～発達年齢、季節や場所に合った指導案を考えよう～』の姉妹版として、『より深く理解できる 施設実習―施設種別の計画と記録の書き方』を刊行した。

　この図書の特徴は、『流れがわかる幼稚園・保育所実習～発達年齢、季節や場所に合った指導案を考えよう～』と同じように、できる限り学生の目線で内容を構成していることである。

　多くの学生が疑問に思うことは、何故、保育士になるために保育所以外の児童福祉施設（成人の施設も含む）で実習をしなければならないのかということと同時に、実習日誌の記録が大変であるということであろう。

　そのため、第1部の施設実習事前指導では、学生が主として実習に行く施設の解説と同時に何故施設実習に行くのか、独自の実習ノート（My File）の作成、第2部の施設実習の準備と心構えでは、オリエンテーションでの依頼電話のかけ方や服装をイラストで説明、第3部の実習の実際では、部分実習の実際を、学生が実際に実習の折に作成した記録（体験から学ぶ）を、児童福祉施設に限らず障害者支援施設の部分実習計画を実際に立て、記録する、第4部の実習を終えてでは礼状の書き方といった内容構成にしてある。

　これらの内容は、養成校や施設によって日誌や指導案が多様なため、できるだけ多くのバリエーションを載せ、それぞれの使用フォーマットを用い、学生が実習に出た折に参考とすることができるようにと配慮した。

　施設実習を経験することにより多くの学生が、施設への就職を希望するようになった。本書を参考に、充実した施設実習が為されんことを期待する。

　　　　　　　　　　　　　　　　　　　　　　　　令和2年3月　松本峰雄

もくじ

はじめに iii

第1部　施設実習事前指導

1. 施設ってどんなところ？ 2
（1）なぜ「施設」実習なのか 2
1）言葉の整理 2
2）「法令」の視点から 3
3）「現場の実態」から 5
　①「保育士が勤める現場は、保育所だけではない」という現実 5
　②「保育所保育士には、施設についての理解が不可欠」という現実 ... 6
　③「福祉ニーズをもつ子どもと、保育所・幼稚園等で向き合う」という現実 ... 8

（2）児童福祉施設 10
1）乳児院 10
　①根拠法 10
　②児童について 10
　③職員について 10
　④生活について 10

2）母子生活支援施設 12
　①根拠法 12
　②利用者（母子）について 12
　③職員について 12
　④生活について 13

3）児童養護施設 14
　①根拠法 14
　②児童について 14
　③職員について 14
　④生活について 15

4）障害児入所施設 …………………………………………… 16
　　　①根拠法 …………………………………………………… 16
　　　②福祉型障害児入所施設 ………………………………… 16
　　　③医療型障害児入所施設 ………………………………… 16

　　5）児童発達支援センター …………………………………… 18
　　　①根拠法 …………………………………………………… 18
　　　②福祉型児童発達支援センター ………………………… 18
　　　③医療型児童発達支援センター ………………………… 19

　　6）児童心理治療施設 ………………………………………… 20
　　　①根拠法 …………………………………………………… 20
　　　②児童について …………………………………………… 20
　　　③職員について …………………………………………… 20
　　　④生活について …………………………………………… 21

　　7）児童自立支援施設 ………………………………………… 22
　　　①根拠法 …………………………………………………… 22
　　　②児童について …………………………………………… 22
　　　③職員について …………………………………………… 22
　　　④生活について …………………………………………… 23

　　8）児童厚生施設 ……………………………………………… 24
　　　①根拠法 …………………………………………………… 24
　　　②児童遊園について ……………………………………… 24
　　　③児童館について ………………………………………… 24
　　　④職員について …………………………………………… 25
　　　⑤役割と機能について …………………………………… 25

（3）障害者支援施設 ……………………………………………… 26
　　1）障害者支援施設とは ……………………………………… 26
　　　①根拠法 …………………………………………………… 26
　　　②暮らしの場と生活上の支援を提供するサービス …… 26

　　2）国立重度知的障害者総合施設のぞみの園 ……………… 27

（4）児童相談所一時保護施設 …………………………………… 28
　　　①根拠法 …………………………………………………… 28
　　　②児童について …………………………………………… 28
　　　③職員について …………………………………………… 29
　　　④生活について …………………………………………… 29

2．調べてプレゼンテーションしてみよう!!! 30
　（1）グループ作り 30
　　　1）リーダーの決定と役割 32
　　　2）調べる内容を話し合う 32
　　　3）誰が何を調べるか決める 33
　　　4）調べ学習状況メモ 34
　（2）図書館へ行ってみよう 34
　（3）レポートの内容 35
　　　1）レポートの作成方法 35
　　　2）プレゼンテーションのための台本作り 35
　（4）プレゼンテーションの方法 36
　　　1）時間 36
　　　2）視覚効果 36
　　　3）ビデオ視聴 37
　　　4）クイズ形式 37
　　　5）紙芝居やペープサート 37
　　　6）寸劇 38
　（5）実際にプレゼンテーションをしてみよう 38

3．世界でひとつの"My File"を作ろう!!! 40
　（1）資料を施設別にファイリングする 40
　（2）見やすい工夫をする 40
　（3）"My File"完成！ 41

第2部　施設実習の準備と心構え

1．オリエンテーション 44
　（1）実習先の選定 44
　（2）学内オリエンテーション 44
　（3）実習先でのオリエンテーション 45
　（4）オリエンテーションの依頼電話 45

（5）麻しん・風しん抗体検査について ……………………… 46
　①麻しん（はしか）とは ……………………………………… 46
　②風しん（三日はしか）とは ………………………………… 46
　③抗体検査について ………………………………………… 46
　④抗体検査の見方 …………………………………………… 46

（6）服装 ……………………………………………………… 49

（7）態度・姿勢 ……………………………………………… 50
　1）実習生の態度 …………………………………………… 50
　2）個人情報 ………………………………………………… 50
　3）実習生としての姿勢 …………………………………… 50

2．実習の準備 …………………………………………… 51

（1）実習生としての心構え ………………………………… 51
　1）実習前 …………………………………………………… 51
　2）実習中 …………………………………………………… 53
　3）実習後 …………………………………………………… 54

第3部　実習の実際

1．部分実習計画の作成 ……………………………… 56

（1）部分実習計画の立て方 ………………………………… 56
　1）部分実習とは …………………………………………… 56
　2）部分実習指導案とは …………………………………… 56
　3）部分実習指導案の立て方 ……………………………… 56
　　①作成の流れ ……………………………………………… 56
　　②部分実習指導案の構成と概要 ………………………… 57
　　③部分実習指導案の作成の注意点 ……………………… 59

（2）実際に立ててみよう …………………………………… 60
　1）児童福祉施設 …………………………………………… 60
　　①乳児院 …………………………………………………… 60
　　②母子生活支援施設 ……………………………………… 64
　　③児童養護施設 …………………………………………… 68
　　④障害児入所施設・児童発達支援センター …………… 72
　　　・知的障害児のいる障害児入所施設 ………………… 72
　　　・身体障害児のいる障害児入所施設 ………………… 76

- ・重症心身障害児のいる障害児入所施設 …………………… 80
- ⑤児童心理治療施設 ……………………………………… 84
- ⑥児童自立支援施設 ……………………………………… 88
- ⑦児童厚生施設 …………………………………………… 92
- ⑧児童相談所一時保護施設 ……………………………… 96
- 2）障害者支援施設 …………………………………………… 100
  - ①通所型 …………………………………………………… 100
  - ②入所型 …………………………………………………… 104

2．記録（日誌）の書き方 …………………………………… 108

（1）記録（日誌）を書く目的 ……………………………… 108
- 1）保育士の職務を学ぶため ……………………………… 108
- 2）振り返りと客観的な理解のため ……………………… 108
- 3）コミュニケーションツールとして …………………… 109

（2）「実習の課題」・「実習のねらい」 ……………………… 109
- 1）実習の課題 ……………………………………………… 109
- 2）実習のねらい …………………………………………… 110
- 3）実習の課題・実習のねらいの情報源 ………………… 110

（3）書くときの注意点 ……………………………………… 111
- 1）基本的な注意点 ………………………………………… 111
- 2）内容に関する注意点 …………………………………… 111
- 3）日誌の取り扱いと守秘義務、信用失墜行為の禁止 … 112

（4）実際に書いてみよう …………………………………… 114
- 1）児童福祉施設 …………………………………………… 114
  - ①乳児院 …………………………………………………… 114
  - ②母子生活支援施設 ……………………………………… 118
  - ③児童養護施設 …………………………………………… 122
  - ④障害児入所施設・児童発達支援センター …………… 126
    - ・知的障害児のいる障害児入所施設 ………………… 126
    - ・身体障害児のいる障害児入所施設 ………………… 132
    - ・重症心身障害児のいる障害児入所施設 …………… 138
    - ・知的障害児のいる児童発達支援センター ………… 144
    - ・身体障害児のいる児童発達支援センター ………… 148
  - ⑤児童心理治療施設 ……………………………………… 152
  - ⑥児童自立支援施設 ……………………………………… 156
  - ⑦児童厚生施設 …………………………………………… 160

⑧児童相談所一時保護施設 …………………………………………………… 164
　2）障害者支援施設 ……………………………………………………………… 168
　　①通所型 ………………………………………………………………………… 168
　　②入所型 ………………………………………………………………………… 172

第4部　実習を終えて

1．礼状を出す …………………………………………………………………… 178
（1）礼状の意味と目的 …………………………………………………………… 178
（2）礼状の形式 …………………………………………………………………… 178
（3）礼状を出す時期 ……………………………………………………………… 179
（4）利用者や子どもへの礼状 …………………………………………………… 180
　1）「利用者宛ての礼状」について、施設に知らせておく ………………… 180
　2）個人宛てにしない …………………………………………………………… 180
　3）封緘しない（封は閉じない） ……………………………………………… 181
　4）年齢などを考慮し、提示・回覧されることを前提に …………………… 181

2．記録（日誌）より反省と評価 …………………………………………… 182
（1）記録（日誌）の振り返り …………………………………………………… 182
（2）自己評価との照らし合わせ ………………………………………………… 183

3．自分の課題を明らかにする ……………………………………………… 184
（1）自己評価と自己理解 ………………………………………………………… 184
（2）さらなる学び（ボランティアや自主実習） ……………………………… 186
（3）自身の進路に向けて ………………………………………………………… 188

用語解説 ……………………………………………………………………………… 189
さくいん ……………………………………………………………………………… 204

第1部
施設実習事前指導

1. 施設ってどんなところ？

(1) なぜ「施設」実習なのか

　保育士資格取得のためには、保育所での実習のほかに児童福祉施設等での実習が必要となります。しかし、「保育」の専門資格であるにもかかわらず、なぜ「施設」での実習が必須とされているのでしょうか。

　ここでは、実習についての学びに入る前に、「保育」の資格であるにもかかわらず、「施設」での実習が必要とされている、その理由について考えてみたいと思います。

図表1-1　保育実習と施設実習の関係

保育実習

【保育所での実習】
保育実習Ⅰ（保育所）　必修
保育実習Ⅱ（保育所）　選択

【（保育所以外の）福祉施設での実習】
保育実習Ⅰ（施設）　必修
保育実習Ⅲ（施設）　選択

1）言葉の整理

　施設実習について説明する前に、まず言葉の整理をしておきます。

　このテキストを手に取っている人の多くは、大学や短期大学、専門学校などで保育について学んでいると思いますが、そのような、卒業と同時に保育士資格が与えられる学校（学科、課程など）を、「指定保育士養成施設（以下、養成校）」といいます。養成校では、保育所での実習を「保育実習」、福祉施設での実習を「施設実習」などと呼ぶことが一般的ですが、これは実態を正確に表した表現ではありません。

　第一に、図表1-1に示した通り、保育士資格取得のために行う実習を総称して「保育実習」と呼びます。そのため、私たちが普段「保育実習」と呼んでいる実習は、「保育所で行っている、保育実習」や「保育実習のうち、保育所で行う実習」という表現が正確です。同様に、「施設実習」と呼ぶ実

習は、保育実習と別物ではなく「保育実習のうち、保育所以外の福祉施設で行う実習」となります。

第二に、「児童家庭福祉」や「社会福祉」などの科目で学んでいる通り、保育所は児童福祉法で規定された「児童福祉施設」の一部です。それは、保育所の定員や設備、職員配置などについて、『児童福祉施設の設備及び運営に関する基準』（以下、児童福祉施設設備運営基準）に掲載されていることからも理解できます。さらに、一般的には「保育」や「福祉」と区別して用いられることが多いのですが、図表1-2に示すように、制度面や学問的立場から見ると保育は児童福祉の一部分であり、また、児童福祉は社会福祉の一部分です。つまり、保育所で行う実習を「（社会）福祉施設実習」や「（児童）福祉施設実習」と捉えることもできるのです。

このような複雑な言葉の関係があり、また、学問的な切り分け方も様々ですが、養成校では一般的に「保育実習」と「施設実習」という区別を用いています。それにしたがい本書でも、「保育所以外の福祉施設で行う実習」に焦点を当てています。

図表1-2　社会福祉・児童福祉・保育の関係

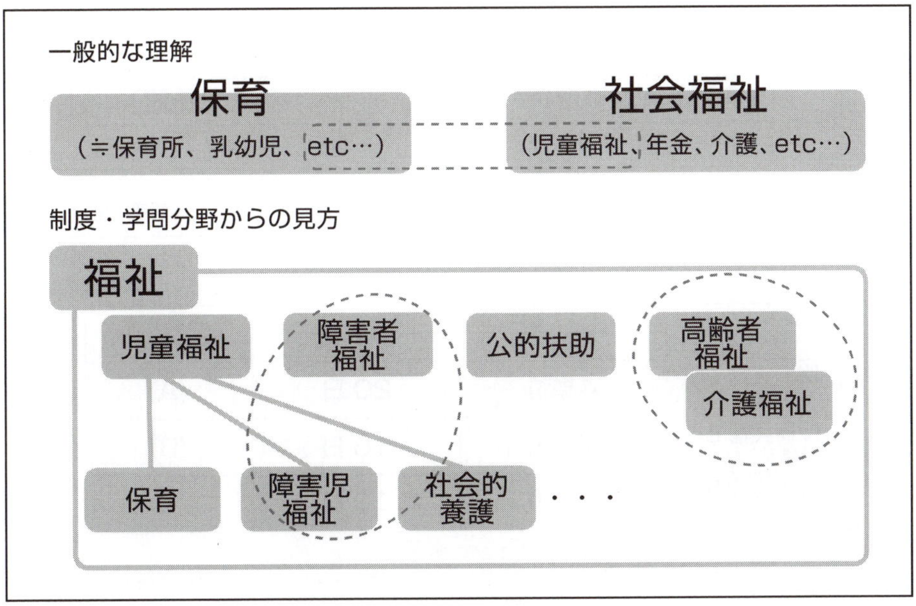

```
一般的な理解
  保育                              社会福祉
  (≒保育所、乳幼児、etc…)          (児童福祉、年金、介護、etc…)

制度・学問分野からの見方
  福祉
    児童福祉   障害者福祉   公的扶助   高齢者福祉
                                              介護福祉
    保育    障害児福祉   社会的養護   ‥‥
```

2）「法令」の視点から

では、「保育実習」、「施設実習」などの区別を考えた上で、それらを定めた「法令」の観点から、保育士に施設実習が求められる理由について考えてみましょう。

養成校では『指定保育士養成施設の指定及び運営の基準（以下、養成校基準）』に基づき、保育士資格取得のために、「保育実習Ⅰ（保育所）」と「保育実習Ⅰ（施設）」を行い、さらに「保育実習Ⅱ（保育所）」または「保育実習Ⅲ（施設）」のうちのいずれかの実習を行わなければなりません。つまり、最低でも1回は施設実習を行わなければ、保育士資格を取得することはできません。

さらに、実習を行うにあたっては、下位の実習（実習名に付いた数字が小さい実習）を修了しなければ、上位の実習に進むことはできません。したがって施設実習について言えば、「保育実習Ⅰ（施設）」を修了して初めて、「保育実習Ⅲ（施設）」を行うことが認められます。これらを踏まえると、図表1-3のように保育実習を履修することが一般的です。

図表1-3　保育実習の履修モデル

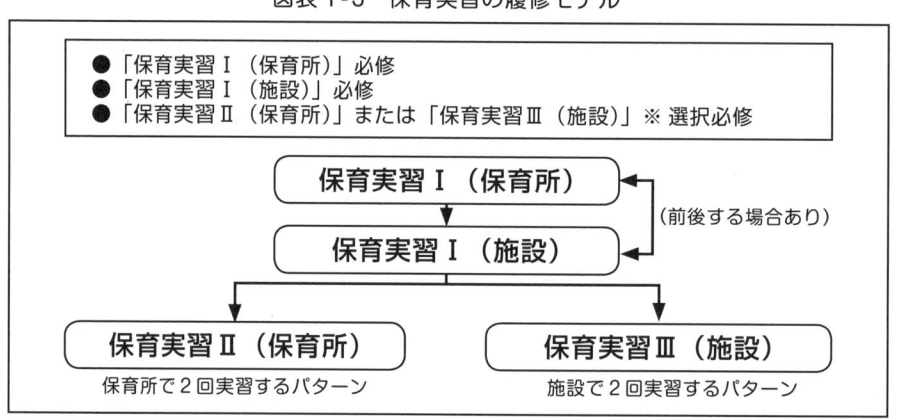

図表1-4　指定保育士養成施設の指定及び運営の基準（抜粋、一部筆者改）

第2　履修の方法
1　保育実習は、次表の第3欄に掲げる施設につき、同表第2欄に掲げる履修方法により行うものとする。

実習種別 （第1欄）	履修方法（第2欄）		実習施設 （第3欄）
	単位数	実習日数	
保育実習Ⅰ （必修）	4単位	20日	(A)
保育実習Ⅱ （選択必修）	2単位	10日	(B)
保育実習Ⅲ （選択必修）	2単位	10日	(C)

備考1　第3欄に掲げる実習施設の種別は、次によるものであること。
（A）…保育所及び乳児院、母子生活支援施設、障害児入所施設、児童発達支援センター（児童発達支援及び医療型児童発達支援を行うものに限る）、障害者支援施設、指定障害福祉サービス事業所（生活介護、自立訓練、就労移行支援又は就労継続支援を行うものに限る）、児童養護施設、児童心理治療施設、児童自立支援施設、児童相談所一時保護施設又は独立行政法人国立重度知的障害者総合施設のぞみの園
（B）…保育所、認定こども園
（C）…児童厚生施設又は児童発達支援センターその他社会福祉関係諸法令の規定に基づき設置されている施設であって保育実習を行う施設として適当と認められるもの（保育所は除く。）

3）「現場の実態」から

　ここまで施設実習に関する言葉を整理し、実習について法令で定められた内容について見てきました。では、そもそもこのように定められているのはなぜでしょうか。

　制度的背景と現場の実態から、保育士に施設実習が求められる理由について考えてみます。

【制度的背景】

　児童福祉施設は、**保護的**（児童の心身の両面にわたる健康な生活の保障）、**教育的**（心身の諸機能の発達援助とパーソナリティの形成）、**治療的**（心身の障害の治療および軽減と残存能力の開発）、**社会的**（地域社会への施設設備や専門機能の提供）などの各機能を有し、子どもに適切な環境を提供すると同時に、子どもの権利を保障する役割をもっています。

　また児童福祉施設は、その対象により、①養育環境に問題のある子どものための施設、②心身に障害のある子どものための施設、③情緒、行動面に問題のある子どものための施設、④子どもの健全育成のための施設とに分類され、その中でも、行政機関による入所措置・決定を必要とする施設と、児童や保護者の自由意思により利用できる施設とに分けられます。

　さらに、障害児（者）領域の施設には、サービスの利用形態によって**入所型**と**通所型**があり、医療法に規定する病院・診療所としての設備・職員の配置義務によって**医療型**と**福祉型**とに分けることができます。

　これら施設の設置には、許可や届出が必要であり、『児童福祉施設の設備及び運営に関する基準』や各種指定基準を満たすことが必要とされます。

　また、2012年度から障害児福祉関係施設は、それぞれ児童発達支援センターと障害児入所施設に統合されるなど、再編が進んでいます。

①「保育士が勤める現場は、保育所だけではない」という現実

　養成校に入学してきた学生のみなさんは、その多くが「保育園の先生（保育所保育士）」や、多くの養成校が幼稚園教育免許状（幼免）と保育士資格の両方の取得が可能なカリキュラムであることから、「幼稚園の先生（幼稚園教諭）」を目指して入学したのではないでしょうか。

　確かに、保育所保育士や幼稚園教諭として就職する人は多いのですが、実は保育所以外の社会福祉施設でも、数多くの保育士が働いています（図表1-5を参照）。例えば、乳児院や児童養護施設、児童発達支援センター、

障害児入所施設では、配置する専門職として「保育士」が定められていますし、障害者支援施設においても、支援員や指導員等の名称で保育士資格所持者が従事しています。また、児童厚生施設には「児童の遊びを指導する者」を配置しなければなりませんが、その資格要件の1つとして保育士が定められています。

養成校の様々な科目を学ぶ中で、入学前こそ保育所保育士を志していたものの、施設について学び、また施設実習を経験することで、施設への就職を目指す学生が例年数多くいます。保育所保育士としての道を否定するものでは決してありませんが、保育士として、その専門知識・技術を活かす場は、保育所だけにとどまらないというのが現実です。このように、今まで知らなかった「自分の専門性を活かすことのできる分野」を知るという意味では、施設実習はあなたの視野を、そして就職先の候補を広げることに、大きく影響する体験であると言えるでしょう。

図表1-5 児童福祉施設の設備及び運営に関する基準（一部抜粋、下線は筆者）

◆乳児院（第21条）
　乳幼児二十人以下を入所させる施設には、<u>保育士</u>を一人以上置かなければならない。

◆母子生活支援施設（第28条）
　母子支援員は、次の各号のいずれかに該当する者でなければならない。
　二　<u>保育士</u>の資格を有する者

◆児童厚生施設（第38条）
　児童厚生施設には、児童の遊びを指導する者を置かなければならない。
　2　児童の遊びを指導する者は、次の各号のいずれかに該当する者でなければならない。
　二　<u>保育士</u>（略）の資格を有する者

◆児童養護施設（第42条）
　児童養護施設には、児童指導員、嘱託医、<u>保育士</u>、個別対応職員、家庭支援専門相談員、（略）を置かなければならない。

◆福祉型障害児入所施設（第49条）
　主として知的障害のある児童（略）を入所させる福祉型障害児入所施設には、嘱託医、児童指導員、<u>保育士</u>、（略）を置かなければならない。

◆福祉型児童発達支援センター（第63条）
　福祉型児童発達支援センター（主として難聴児を通わせる福祉型児童発達支援センター及び主として重症心身障害児を通わせる福祉型児童発達支援センターを除く。次項において同じ。）には、嘱託医、児童指導員、<u>保育士</u>…を置かなければならない。

---

②「保育所保育士には、施設についての理解が不可欠」という現実

前述のように、施設に就職する道を選ぶ人も少なくありませんが、養成校を卒業して保育の現場に入る人の圧倒的多数は、やはり保育所および幼

稚園に進みます。しかし近年は、むしろ保育所および幼稚園で従事する人にこそ、施設における福祉サービスやその実態、入所（通所）児童やその家庭が抱える課題などについて、理解しておくことが求められています。

児童虐待問題を例に考えてみましょう。『児童虐待の防止等に関する法律（以下、法）』では、虐待を受けたと思われる子どもを発見した場合、通告の義務を課しています（法第6条）。また、学校や児童福祉施設に従事する関係者、専門職者においては、児童虐待を早期発見しやすい立場であることから、早期発見の努力義務を課しています（法第5条）。つまり、保育所や幼稚園は児童虐待対応の専門機関ではありませんが、児童虐待にいち早く気づき、子どもたちを救う場であると言えます。ということは、被虐待児が数多く措置されている児童養護施設や、母親へのDVという間接的な形で心理的虐待の被害に遭った子どもが措置される母子生活支援施設などについて、一定の理解は不可欠です。

また、幼保連携型認定こども園や幼稚園（以下、こども園等）では、保育士資格と幼稚園教諭免許を併有する「保育教諭」を求めています。児童養護施設に入所している未就学児の多くは、幼稚園に通園していることから、保育士で（も）あるあなたが、こども園等に勤務した場合、「児童養護施設から、自分の勤務先に通園してくる子どもがいる」可能性があり、子どもたちの生活環境である施設に対する理解は不可欠です。

加えて、国は近年、施設養育から里親養育への転換を図っており、今後は里親家庭で生活する未就学児が増える見込みです。その子どもたちの多くが、先の例と同様、あなたの勤務先であるこども園等に通園する可能性があることから、児童相談所および児童相談所一時保護施設での一時保護から里親委託までの生活や、乳児院や児童養護施設における里親支援の実際、里親家庭に移る際の状況等について理解しておくことは、こども園等での支援の質をより高めるためにも有用だと言えるでしょう。

図表1-6　児童虐待の防止等に関する法律（一部抜粋、下線は筆者）

（児童虐待の早期発見等）
　　第五条　学校、児童福祉施設、病院その他児童の福祉に業務上関係のある団体及び学校の教職員、児童福祉施設の職員、医師、保健師、弁護士その他児童の福祉に職務上関係のある者は、児童虐待を発見しやすい立場にあることを自覚し、児童虐待の早期発見に努めなければならない。

（児童虐待に係る通告）
　　第六条　児童虐待を受けたと思われる児童を発見した者は、速やかに、これを市町村、都道府県の設置する福祉事務所若しくは児童相談所又は児童委員を介して市町村、都道府県の設置する福祉事務所若しくは児童相談所に通告しなければならない。

---

③「福祉ニーズをもつ子どもと、保育所・幼稚園等で向き合う」という現実

　虐待被害が疑われ、児童相談所に通告された子どもたちについて過去のデータを見てみると、相談対応件数のうち最終的に施設入所などに至った児童は１割弱で、残る８割強は在宅指導となっています。つまり保育所や幼稚園は、その後も継続して当該児童および保護者の見守りを継続することになります。このような事情から、むしろ施設に従事していない保育士にこそ、虐待を早期発見する「目」や、継続して関わり支援していくスキルが求められると言えます。

　また、障害"児"福祉について考えてみると、１歳６か月児健診や３歳児健診において子どもの障害（の可能性）が疑われた場合、児童相談所への相談や確定診断のための精密検査など、子どもが望ましい治療を早期に受けられるよう支援していきます。さらに「我が子に障害がある（可能性がある）」となった場合、保護者はその事実を受け入れること（＝障害の受容）が困難な場合があります。その時保護者を精神的に支え、我が子の将来について共に考える役割を担うのは、「どこかの専門家」ではなく、普段顔を合わせていて我が子のことをよく理解してくれている、保育所や幼稚園の先生（＝あなた）です。すなわち、保育所や幼稚園に従事するあなたには、障害児福祉サービスについて一定の理解が求められることになります。

　さらに、近年は保育所や幼稚園において、発達障害を有する児童の割合が増えていることから、そこに通園する児童や園側を専門的に支援するため、児童発達支援センターの業務として「保育所等訪問支援」が定められています。保育所に従事するあなたは、児童発達支援センターの保育士から助言指導を受けること、あるいは情報共有する可能性があります。保育所等に通園しつつ、並行して児童発達支援センターでの療育を活用するケースもあることから、障害児福祉サービスについて理解しておく必要性は、年々高まっていると言えます。

　障害"者"福祉について考えてみると、本来、障害者施設は成人を対象としているため保育士には馴染みが薄いように思えます。しかし実際には、障害児施設を利用している子どもたちが年齢を重ね、成人しても利用を継続することで「障害者施設化」している一面があります。保育所のように一定年齢で利用が終了する施設とは異なり、障害者福祉は、利用者の加齢に対応する形でサービスを変化させつつ継続しています。施設に入所した

当時は保護者が健在であっても、子どもの成長と同時に保護者も歳を重ね、多くの場合、子どもより先に亡くなることになります。結果、家庭での介護は困難となることから、障害児施設は入所児童の看取りに至るまで視野に入れています。このことから、障害"児"施設と障害"者"施設とは、連続した支援の中にある存在だと捉えることができるのです。

　以上、施設実習について学んでいくにあたり、言葉の整理を踏まえて「法令」の面と、制度的背景を踏まえた「現場（実践）」の面から述べてきましたが、先に挙げた様々な視点から考えると、むしろ「施設に従事しない保育士こそ」施設福祉について一定の理解が必要であると言えるでしょう。

【参考文献】
●子どもの虹情報センター「児童相談所長研修（前期）資料」、子ども家庭福祉の動向と課題、2014.4.22、厚生労働省雇用均等・児童家庭局総務課
http://www.crc-japan.net/contents/situation/pdf/20140602.pdf

●指定保育士養成施設の指定及び運営の基準
http://www.hoyokyo.or.jp/http://www.hoyokyo.or.jp/nursing_hyk/reference/30-2sl

（2）児童福祉施設

1）乳児院
①根拠法
乳児院は、次のことを目的とする施設です。

> 乳児（保健上、安定した生活環境の確保その他の理由により特に必要のある場合には、幼児を含む。）を入院させて、これを養育し、あわせて退院した者について相談その他の援助を行う。
>
> 【出典】「児童福祉法」第37条

また、同法第48条2に基づき、施設入所児童の保護に支障のない範囲で、その施設が所在する地域の住民に対し、児童の養育に関する相談対応や助言を行うことと定められています。

②児童について
児童の入所理由は、母親の疾病や父母らによる虐待などが多くを占めていますが、近年、特に母親の精神疾患や虐待による入所が増加しています。

何らかの疾患や障害を抱えた児童も多く、個別的な関わりとともに、医療的・治療的ケアが求められるのも乳児院の特徴の1つです。

乳児院は原則として乳児を入所させる施設ですが、2004（平成16）年の児童福祉法改正により、就学前までの入所が可能になりました。そのため、3歳や4歳の幼児が入所している場合もありますが、その多くは、何らかの障害を抱えている、きょうだいが同じ乳児院に入所しているなど、児童あるいは家庭が課題を抱えているケースです。

③職員について
乳児院には、児童福祉施設の設備及び運営に関する基準（以下、児童福祉施設設備運営基準）第21条に基づき、医師（嘱託医）、看護師、個別対応職員、家庭支援専門相談員、栄養士、調理員を置くことが定められています。また、心理療法を行う必要がある乳幼児又はその保護者がいる場合には、心理療法担当職員も置かなければなりません。看護師については、保育士または児童指導員をもって代えることができますが、多くの乳児院で、保育士および児童指導員が養育の中心を担っています。

④生活について
乳児院での生活の基本は、子どもが養育者と時間を共有する中で、生理的・

心理的・社会的欲求が満たされることにあります。乳児は自ら言葉で意思表示をすることができないため、食事（授乳）や排泄の世話、沐浴・入浴、体温調節のための着脱などにおいて、職員は様々な情報からその意思を汲み取り、応答的に対応していくことが求められます。定期的な健康チェックや授乳の管理を行うとともに、SIDS（乳幼児突然死症候群）予防のため、寝返りのチェック（うつ伏せ寝の防止）なども欠かせません。

日中は屋内屋外での自由遊びを通じて、情緒面の発達を促します。沐浴・入浴を済ませ、夜間は児童によって入眠時間は異なるものの、日中と同様の健康チェックを行います。

乳児院では、養育単位の小規模化が進んでいます。養育者との個別的な関わりを増やし、愛着関係形成を図ることで、情緒、社会、言語の面での発達を支援します。特別な事情がある場合を除き、日常生活上の支援において養育担当制を取り、入所から退所まで一貫した担当制としている乳児院が多くを占めています。

食事（授乳）については、児童が落ち着いて食事を取り、自ら食べたいという気持ちをもつことができるよう、内容を工夫するとともに、養育者が一緒に食べることで、食事の時間を楽しいものにすることが重要です。また、衣類や食器類について個別化が進められており、生活を通じて、個々の児童が「大切にされている」という実感をもつことができるよう支援しています。児童の発達を支援するため、児童の支援に携わる専門職など人的環境はもちろん、施設のハードウエアなど物的環境の整備も重要であり、児童が安心して生活できる空間を創出するよう心がけています。

また近年は被虐待児や障害を有する児童、疾患をもつ児童の入所も多く、生命の危機に晒された児童も少なくありません。その経験が発達上あるいは人格形成上に与える影響は大きいことから、発育発達の遅れを取り戻せるよう回復に向けた専門的な支援が行われています。児童のみならず保護者も含め、必要に応じて心理的ケアが提供され、親子関係構築、家族再統合への支援を行う必要があることから、多くの専門職、専門機関と連携した支援が重要です。

【参考資料】
厚生労働省「乳児院運営指針」平成24年3月29日、2012.

2）母子生活支援施設
①根拠法
母子生活支援施設は、次のことを目的とする施設です。

> 配偶者のない女子又はこれに準ずる事情にある女子及びその者の監護すべき児童を入所させて、これらの者を保護するとともに、これらの者の自立の促進のためにその生活を支援し、あわせて退所した者について相談その他の援助を行う。
>
> 【出典】「児童福祉法」第38条

また、同法第48条2に基づき、施設入所児童の保護に支障のない範囲で、その施設が所在する地域の住民に対し、児童の養育に関する相談対応や助言を行うことと定められています。

この他、配偶者からの暴力の防止及び被害者の保護に関する法律（以下、DV防止法）第3条の4で定められた、DV被害者の一時保護委託を受ける施設としての役割も持っています。

②利用者（母子）について
母子生活支援施設の利用者の特徴として、世帯単位であることが挙げられます。未婚や離婚・死別などで配偶者のない女性や、DV被害に遭った女性、養育する児童への配偶者からの虐待など、夫婦が一緒に住むことができない事情を抱えた女子（とその養育すべき児童）が入所し、利用しています。入所に至るまでの生活の厳しさから、心身に不調を来している母子や、障害・疾病を抱えている母子、外国籍の利用者も増加していることから、個々の課題を理解し、高い専門性を持った支援が求められています。

母子生活支援施設では、乳児から満18歳までの児童を対象としています。また、必要と認められる場合には、満20歳まで措置を延長することができます。児童の年齢が幅広いことから、心身の発達や成長体験がそれぞれ異なることを踏まえ、子どもの状態に応じた適切な支援を行うことが求められます。さらに、母親は16歳～60歳代と児童以上に年齢層が広いことから抱える課題もさまざまです。このような、「幅広い年齢の、多岐にわたる課題」を抱える世帯に対し、日常生活支援を中心とした生活の場における支援が必要です。

③職員について
母子生活支援施設には、児童福祉施設設備運営基準第27条に基づき、母

子支援員、嘱託医、少年を指導する職員、調理員又はこれに代わるべき者を置くことが定められています。また、心理療法を行う必要がある母子がいる場合には、心理療法担当職員も置かなければなりません。このほか、個別に特別な支援を行う必要がある母子がいる場合には、個別対応職員も置くこととされています。

このうち母子支援員について、その資格要件として保育士が定められています（同基準第28条2）。

④生活について

母子生活支援施設は、母子がともに入所する形態が特徴です。そのため、母親、児童、母親と児童を含めた世帯（母子）としてのニーズを把握した上で、それぞれの課題に対応することが求められます。

母親への支援では、生育歴や現在の生活スキルを踏まえ、安定した生活を送ることができるよう、職員が家事支援を行いつつ、生活スキルの獲得を目指します。健康上の問題を抱えている母親については、適切な医療を受けられるよう医療機関に繋ぐとともに、健康管理の支援を行います。また、入所に至るまでに対人関係上の課題を抱える母親が少なくないことから、職員との信頼関係構築を基礎に、他者との繋がりをもち、社会と関わっていく中で、母親が自らの居場所を見つけられるよう支援していきます。

児童への支援では、成長発達段階に応じた支援を行います。これまでの生活環境の影響で、基本的生活習慣を獲得できていない、年齢相応の学力が身についていない児童も多いことから、児童あるいは母親からの相談に乗るとともに、生活スキルの獲得と学力向上に向け、指導していきます。母親が就労する場合は、施設が日中の保育を担うこともあります。また、DV被害や虐待被害に遭った児童の場合、その影響による発達上の遅れや情緒面の不安定さについて、児童相談所などと連携し、回復を図ります。

母子への支援では、何よりもまず世帯の安全・安心が確保されるよう努めます。特にDV防止法による一時保護委託の場合など、母子がその施設に居住していることが加害者に知られることのないよう、情報管理と配慮を徹底します。また、最終的には母子が自立し、独力で生活を営むことがゴールですので、母親の就労支援や、児童の就学（進学）についても支援し、必要に応じてアフターケアを展開します。

【参考資料】
厚生労働省「母子生活支援施設運営指針」平成24年3月29日、2012.

3）児童養護施設
①根拠法
児童養護施設は、次のことを目的とする施設です。

> 保護者のない児童（乳児を除く。ただし、安定した生活環境の確保その他の理由により特に必要のある場合には、乳児を含む。以下この条において同じ。）、虐待されている児童その他環境上養護を要する児童を入所させて、これを養護し、あわせて退所した者に対する相談その他の自立のための援助を行う。
>
> 【出典】「児童福祉法」第41条

また、同法第48条2に基づき、施設入所児童の保護に支障のない範囲で、その施設が所在する地域の住民に対し、児童の養育に関する相談対応や助言を行うことと定められています。

②児童について
児童の入所理由について、かつては両親の死亡や行方不明など、保護者のないケースが多かったが、近年は、保護者から虐待を受けた児童や、保護者の抱える様々な事情（疾患、離婚など）による入所など、「保護者がいるものの、養育できない（養育環境が不適切）」というケースが多くを占めています。また、入所に至る背景が非常に複雑化・重層化しているのも特徴です。そのため、入所に至った原因が解決したとしても、隠されていた別の課題が明らかになり、入所継続になることもしばしばです。

児童養護施設は、長らく乳児を除く満18歳までの児童を対象としてきましたが、2004（平成16）年の児童福祉法改正により、特に必要のある場合には乳児も入所させることが可能になりました。そのため、乳児と幼児のきょうだいが保護された場合など、きょうだいを一緒に入所させることが可能です。また、かつては義務教育を終了した児童が就労する場合、施設を退所していましたが、高校進学率の高まりと、児童やその家庭の抱える課題に鑑み、できる限り入所を継続する方向となっています。

さらに、児童養護施設では必要に応じて20歳までの措置延長が可能でしたが、近年は、大学等に進学する児童の事情に配慮し、最長で22歳まで措置延長できることとなりました（社会的養護自立支援事業）。

③職員について
児童養護施設には、児童福祉施設設備運営基準第42条に基づき、児童指

導員、嘱託医、保育士、個別対応職員、家庭支援専門相談員、栄養士及び調理員を置くことが定められています。また、乳児が入所している施設では看護師を置くことが定められています。なお、施設の規模や調理業務の状況によっては、栄養士や調理員を置かないことも可能です。また看護師については、乳児が入所していない施設であっても、障害や疾患を有し、服薬管理が必要な児童が増えてきていることから、置いている施設が増えてきています。このほか、心理療法を行う必要がある児童がいる場合には、心理療法担当職員も置かなければなりません。

④生活について

児童養護施設は、家庭に代わる存在として、子どものニーズを満たすことのできる「良質な当たり前の（普通の）生活」が求められます。かつては大舎制と呼ばれる大規模集団（1つの生活単位で児童20名程度）での養育形態が大半でしたが、近年は小規模化が進み、地域小規模児童養護施設や小規模グループケアなど、小舎制やユニットケア（1つの生活単位で児童5〜6名程度）の導入が進んでいます。

児童は地域の学校等に通いながら、一般家庭と同様の生活を送ります。そのため、施設と学校等との連携が重要です。生活面では、衣食住についての支援を通して、基本的生活習慣の獲得を目指します。また、それらの生活の土台として、家庭的であたたかな雰囲気の住環境を整備します。

近年は、病気や各種障害を抱える児童も増えており、施設内での服薬管理や医療機関との連携は重要な業務の1つとなっています。また、発達段階に応じた性教育を行い、正しい性知識を獲得できるよう支援します。このほか、被虐待児や発達障害、精神障害等の障害を有する児童（およびその家族）を対象に、心理療法担当職員を中心として、心理支援プログラムに基づいた心理支援を実施します。

最終的には児童は施設を離れ独力で生活することになるため、学習支援および進路選択に向けた支援を行い、退所後の安定した生活に結びつけることが重要となります。

【出典】厚生労働省「児童養護施設運営指針」平成24年3月29日、2012.
厚生労働省雇用均等・児童家庭局長通知、雇児発0331第10号「社会的養護自立支援事業等の実施について」平成29年3月31日、2017.

4）障害児入所施設
①根拠法
障害児入所施設は、次のことを目的とする施設です。

> 1. 福祉型障害児入所施設　保護、日常生活の指導及び独立自活に必要な知識技能の付与
> 2. 医療型障害児入所施設　保護、日常生活の指導、独立自活に必要な知識技能の付与及び治療
>
> 【出典】「児童福祉法」第42条

　視覚や聴覚、あるいは四肢など身体に障害のある子ども、知的障害、あるいは精神に障害のある子どもが入所して保護され、日常生活や自立のための知識や技能の指導を受ける施設です。様々な障害の特性に応じた専門的な支援のほか、障害の重複や重度化、虐待を受けた子どもへの対応や、施設を出て地域生活に移行するための支援が行われています。特に重症心身障害児については、18歳を過ぎても一貫した支援が行われています。

②福祉型障害児入所施設
　福祉型障害児入所施設には、知的障害のある子ども、自閉スペクトラム症の子ども、盲ろうあ児、肢体不自由の子どもなどがいます。また、複数の障害のある子どももいます。

　保育士や児童指導員などの職員は、食事・睡眠・排泄など基本的生活習慣の支援や、コミュニケーションや社会参加活動などの支援を行います。具体的には、着替え、歯磨き、布団敷き、布団上げ、トイレ誘導、起床の支援、遊び、食事支援、入浴支援、投薬の分配、トイレの掃除、食堂清掃、病人食の配膳、食器返却の指導、帰宅者への対応、おやつ支援など、多岐にわたる業務を行います。

　福祉型障害児入所施設の主な職員としては、嘱託医、児童指導員、保育士、栄養士、調理員、児童発達支援管理責任者などがいます。このほか、主に自閉スペクトラム症の子どもがいる施設には医師や看護師が配置され、主に肢体不自由の子どもがいる施設には看護師が配置されます。

③医療型障害児入所施設
　医療型障害児入所施設には、医療的な支援が必要な自閉スペクトラム症の子どもや肢体不自由の子ども、重症心身障害の子どもがいます。特に、重症心身障害の子どもでは、食事・衣服の着脱・排泄など、ほとんどすべ

ての日常生活の動作を自分の力で行うことができず、全面的に介助に頼って生活していることが多いです。

　保育士は、看護師と協力して、子どもの日常生活の介護を行うとともに、保育技術を活用して情緒の安定を図ったり、子どもにふさわしい生活維持に努めます。重症心身障害の子どもの多くは喉の奥の気管の入口である咽頭が狭く、特にいつもゼーゼーと音を出しているような子どもは、慢性的な呼吸不全があります。食事のときには呼吸の状態が悪化しやすく、おう吐した物が気管に入り、気管支炎や肺炎の原因になることがあります。さらに、基本的な食事に必要な、噛む、吸う、飲み込むなどの動作がうまくできないため、食事をすること自体が苦痛になっている子どももいます。

　医療型障害児入所施設の主な職員としては、医療法に規定する病院として必要な職員、児童指導員、保育士、児童発達支援管理責任者などがいます。このほか、肢体不自由の子どもがいる施設には、理学療法士または作業療法士が配置され、重症心身障害の子どもがいる施設には、理学療法士または作業療法士、および心理指導を担当する職員が配置されます。

　以下に設備及び運営に関する基準の内容の一部を示します。

福祉型及び医療型障害児入所施設における生活指導、学習指導、職業指導

生活指導
　生活指導は、児童が日常の起居の間に、当該施設を退所した後、できる限り社会に適応するようこれを行わなければならない。

学習指導
　学習指導は、児童がその適性、能力等に応じた学習を行うことができるよう、適切な相談、助言、情報の提供等の支援により行わなければならない。

職業指導
　職業指導は、児童の適性に応じ、児童が将来できる限り健全な社会生活を営むことができるようこれを行わなければならない。

【出典】「児童福祉施設の設備及び運営に関する基準」より著者作成

5）児童発達支援センター
①根拠法
児童発達支援センターは、次のことを目的とする施設です。

> 1．福祉型児童発達支援センター　日常生活における基本的動作の指導、独立自活に必要な知識技能の付与又は集団生活への適応のための訓練
> 2．医療型児童発達支援センター　日常生活における基本的動作の指導、独立自活に必要な知識技能の付与又は集団生活への適応のための訓練及び治療
>
> 【出典】『児童福祉法』第43条

　家庭で生活する身体に障害のある子どもや知的に障害のある子ども、精神に障害のある子どもが、日常生活の指導や訓練などを受ける施設です。また、通所している子ども以外にも、その施設がある地域に暮らす障害児やその家族、保育所などの障害児を預かる施設の支援を行います。「福祉型児童発達支援センター」と「医療型児童発達支援センター」があり、医療を必要とする子どもは、医療型の対象になります。

　障害児入所施設と同様に、障害児に合わせた支援が行われるほか、利用者ができるだけ身近な地域で支援が受けられるよう、柔軟な仕組みの整備が目指されています。

②福祉型児童発達支援センター
　福祉型児童発達支援センターに通所している障害児には、知的障害のある子ども、難聴のある子ども、重症心身障害のある子どもなどがいます。また、複数の障害のある子どももいます。

　児童発達支援センターでは、障害のある児童や家族にとってできるだけ身近な地域での支援と、障害特性にかかわらず適切な対応ができることを基本としています。したがって、児童への支援と同時に、家庭支援やそれらを支えるための地域の関係機関との連携が求められています。具体的には、障害のある子どもがセンターに通所し、将来、子どもができる限り社会適応することを目指した支援が行われるようにするとともに、子どもたちが住む地域の幼稚園・保育所・学校で集団生活を送れるようにすることを目標とします。

　福祉型児童発達支援センターの主な職員としては、嘱託医、児童指導員、保育士、栄養士、調理員、児童発達支援管理責任者、機能訓練担当職員（日

常生活を営むのに必要な機能訓練を行う場合）、言語聴覚士（主に難聴児を通わせる福祉型児童発達支援センター）、看護師（主に重症心身障害児を通わせる福祉型児童発達支援センター）が配置されます。

　以下に設備及び運営に関する基準の内容の一部を示します。

> **生活指導**
> 　生活指導は、児童が日常の起居の間に、当該福祉型障害児入所施設を退所した後、できる限り社会に適応するようこれを行わなければならない。
>
> 【出典】『児童福祉施設の設備及び運営に関する基準』より抜粋

③医療型児童発達支援センター

　医療型児童発達支援センターでは、主に肢体不自由のある児童を対象として、福祉型児童発達支援センターの同等の支援を行うほか、医学的訓練や治療を行います。

　医療型児童発達支援センターの主な職員としては、『医療法』に規定する診療所として必要な職員のほか、児童指導員、保育士、看護師、理学療法士または作業療法士および児童発達支援管理責任者が配置されます。

　以下に設備及び運営に関する基準の内容の一部を示します。

> **生活指導等**
> 　生活指導は、児童が日常の起居の間に、当該施設を退所した後、できる限り社会に適応するようにこれを行わなければならない。施設長は、児童の保護者及び児童の意向、児童の適性、児童の障害の特性その他の事情を踏まえた計画を作成し、これに基づき児童に対して支援を提供するとともに、その効果について継続的な評価を実施することその他の措置を講ずることにより児童に対して適切かつ効果的に支援を提供しなければならない。
>
> 【出典】「児童福祉施設の設備及び運営に関する基準」より著者作成

6）児童心理治療施設
①根拠法
児童心理治療施設は、次のことを目的とした施設です。

> 家庭環境、学校における交友関係その他の環境上の理由により社会生活への適応が困難となつた児童を、短期間、入所させ、又は保護者の下から通わせて、社会生活に適応するために必要な心理に関する治療及び生活指導を主として行い、あわせて退所した者について相談その他の援助を行う。
>
> 【出典】『児童福祉法』第43条の2

また、同法第48条2に基づき、施設入所児童の保護に支障のない範囲で、その施設が所在する地域の住民に対し、児童の養育に関する相談対応や助言を行うことと定められています。

なお、従来は情緒障害児短期治療施設と呼ばれており、通称として児童心理治療施設の名称が用いられていましたが、同法の改正により、2017（平成29）年から、「児童心理治療施設」が正式名称となりました。

②児童について
児童心理治療施設を利用する児童は、心理的困難や苦しみを抱え、日常生活の多岐にわたり生きづらさを感じており、心理治療を必要とする児童です。必要とする治療の程度によって、入所または通所の形態で利用します。入所の場合は数か月から3年程度の期間を目安としていますが、平均在所期間は2年を超えています。治療の後、家庭復帰や児童養護施設などへの措置変更を行い、家庭からの通所やアフターケアとして措置変更先の施設と連携して外来治療を行いつつ、児童が地域での生活に戻れるよう支援していきます。

なお、知的障害児や重度の精神障害児については、障害児福祉分野の他の支援機関での支援が中心となります。発達障害児の入所も増えていますが、虐待や発達障害などを背景とする問題への対応が主な支援となります。おおむね学童期から満18歳までの児童を対象としており、必要に応じて満20歳まで措置延長を行うことができます。

③職員について
児童心理治療施設には、児童福祉施設設備運営基準第73条に基づき、医師、心理療法担当職員、児童指導員、保育士、看護師、個別対応職員、家庭支援専門相談員、栄養士及び調理員を置くことが定められています。なお、

調理業務の状況によっては、調理員を置かないことも可能です。

医師については、「精神科又は小児科の診療に相当の経験を有する者」との条件が定められているほか、心理療法担当職員についても、児童自立支援施設と同様に、「大学院入学を認められた者であって、個人及び集団心理療法の技術を有し、かつ、心理療法に関する１年以上の経験を有するもの」との条件が定められており、高度な専門性が求められています。

④生活について

幼少期に適切な人間関係を経験し、養育者との間に愛着関係が形成されると、児童は「他者に対する信頼」という土台をもつことができますが、児童心理治療施設を利用する児童の多くは、その土台を十分に築くことができていません。そのため、心理的困難を抱え生きづらさを感じている児童に対し、まずは安心できる生活環境を提供することから始まります。その上で、これまで周囲の人々に対し警戒心を解けずにきた児童に、生育歴や抱えている障害等にあわせた特別な配慮と個別支援を展開することが求められます。このように、安心できる生活環境の中で、職員や他児との関わりを通して対人関係において自分自身を律する力や社会性を獲得していくため、施設での生活を土台として、福祉や医療、学校教育など様々な分野が協働し、治療や心理療法、社会経験などを結びつけて行われる「総合環境療法」が児童心理治療施設の特徴といえます。

日中の生活は、一般家庭同様に起床し、児童によって施設内の分校・分級、地域の学校に通学しています。施設内に分校・分級を持つ施設では、学校生活の中で児童がパニックを起こした際など、施設の職員が出向いてタイムアウトを取るなど、児童の状態に応じた支援を行うことが可能です。

下校後は、自由遊びやグループ活動のほか、個々の児童に応じた心理療法や医療機関への通院も行われます。また、子どもへの支援は保護者（親）と切り離して考えることはできないことから、保護者が来所してのグループ面接や親子面接、児童の家庭復帰後に備えて保護者に養育スキルを獲得してもらうためのプログラムも実施されます。

なお、児童心理治療施設は通所での利用も可能であることから、親子での通所や、児童養護施設など他の児童福祉施設を利用しながら通所での利用（通所措置）も行われます。

【参考資料】
厚生労働省「情緒障害児短期治療施設運営指針」平成24年3月29日、2012.

7) 児童自立支援施設
①根拠法
児童自立支援施設は、次のことを目的とする施設です。

> 不良行為をなし、又はなすおそれのある児童及び家庭環境その他の環境上の理由により生活指導等を要する児童を入所させ、又は保護者の下から通わせて、個々の児童の状況に応じて必要な指導を行い、その自立を支援し、あわせて退所した者について相談その他の援助を行う。
>
> 【出典】『児童福祉法』第44条

また、同法第48条2に基づき、施設入所児童の保護に支障のない範囲で、その施設が所在する地域の住民に対し、児童の養育に関する相談対応や助言を行うことと定められています。

②児童について
児童自立支援施設を利用する児童は、不良行為をなし、又はなすおそれのある児童で、生活指導等を必要とする児童です。かつては非行事実ばかりが注目されていましたが、近年は、児童が非行に至る背景として、虐待など不適切な養育を受けて育ちトラウマを抱えていることや、乳幼児期に保護者をはじめとする大人との基本的信頼関係が形成できていないことがあると指摘されています。また、知的障害やAD/HD（注意欠如・多動性障害）、自閉症スペクトラム障害などの発達障害を抱えている児童、抑うつ・不安といったメンタルヘルス上の課題を抱えている児童も少なくありません。

児童自立支援施設は満18歳までの児童を対象としており、必要に応じて満20歳まで措置延長を行うことができます。年齢分布としては、12〜15歳の中学生年齢の児童が多くを占めています。

③職員について
児童自立支援施設には、児童福祉施設設備運営基準第80条に基づき、児童自立支援専門員、児童生活支援員、嘱託医及び精神科の診療経験を有する医師又は嘱託医、個別対応職員、家庭支援専門相談員、栄養士並びに調理員を置くことが定められています。なお、施設の規模や調理業務の状況によっては、栄養士や調理員を置かないことも可能です。

また、心理療法を行う必要がある児童がいる場合には、心理療法担当職員も置くことが定められていますが、上記のような重層する様々な課題に

対応するため、心理療法担当職員の要件として、「大学院入学を認められた者であって、個人及び集団心理療法の技術を有し、かつ、心理療法に関する1年以上の経験を有するもの」との条件が付されています。

なお、同基準第82条により、児童自立支援専門員の資格要件として、医師や社会福祉士など8つの項目が定められています。また、同基準第83条により、児童生活支援員の資格要件として、保育士、社会福祉士など3つの項目が定められています。

④生活について

児童自立支援施設に入所する児童は、不適切な養育環境や社会的に有害とされる環境の中で生活してきた場合が多く、年齢に応じた基本的生活習慣が獲得できていない児童も少なくありません。また、そもそも自ら進んで入・通所する児童は少ないため、職員に対して挑発的行動に出るなど、行動上の問題を表すことがしばしばです。そのため、児童の生活を規則正しいものとし、基本的生活習慣を獲得させるとともに、自らを律することができるよう、時間的・空間的に一定の制限を掛けた「枠のある生活」とも言うべき保護・支援基盤が重要とされています。さらに、アセスメントによって個々の児童のニーズを把握し、その児童にあったオーダーメイドの養育・教育を展開していきます。

日中は一般家庭での生活と同様に朝の身支度を済ませ、施設内に設置された学校（分校、分教室）で学んだ後、下校後は余暇活動やグループ活動、作業などをして過ごします。学校教育の提供は、施設を退所した児童の自立にとって極めて重要であることから、学校側との連携が不可欠です。また、外出等には基本的に制限があり、日中、夜間も含めて自由に施設から外出することはできません。

暴力や不適応など、行動上の問題を抱える児童については、他者への暴力行為や、自分自身を傷つけてしまう行為（リストカットなど）のリスクに留意し、児童（他の児童も含めて）の安全を図ります。また、行動上の問題を抱えた児童について、子どもの安全確保等のために必要であり、他に取るべき手段がない場合は、行動などに制限を設けた特別支援日課を設定する場合があります。ただし、特別支援日課を含め、児童自立支援施設における行動上の制限は、あくまで「子どもの最善の利益に繋がるもの」でなければならず、懲罰的意味合いをもたないよう留意することが大切です。

【参考資料】厚生労働省「児童自立支援施設運営指針」平成24年3月29日、2012.

8）児童厚生施設
①根拠法
児童厚生施設は、次のことを目的する施設です。

> 児童遊園、児童館等児童に健全な遊びを与えて、その健康を増進し、又は情操をゆたかにする
>
> 【出典】『児童福祉法』第40条

児童福祉施設の設備及び運営に関する基準第37条により、広場や遊具などを備えた屋外型の児童厚生施設である「児童遊園」と、集会室や遊戯室、図書室などを備えた屋内型の児童厚生施設である「児童館」が定められています。

②児童遊園について
児童遊園は、地域の児童を対象に、健全な遊びの場を提供するための施設です。遊びを通して児童の健康増進や、自主性、社会性を高めることなどを目的としており、遊び場が少ない都市部を中心に整備されています。

児童遊園は、標準的児童遊園設置運営要綱により、敷地面積や備えるべき設備、運営について定められています。職員として、児童の遊びを指導する者（旧、児童厚生員）の配置が定められていますが、他の児童厚生施設との兼務や巡回でも差し支えないとされているため、小規模な公園程度の規模の児童遊園など、職員が常時在園しない児童遊園もあります。

大規模な児童遊園としては、神奈川県横浜市の「こどもの国」があります。同施設は1959（昭和34）年の皇太子殿下（現上皇陛下）の御成婚を記念し、全国から寄せられたお祝い金を基金として、1965（昭和40）年5月5日に開園したもので、次世代を担う児童の健全育成のため、多くの民間企業等の協力によって整備されました。

③児童館について
児童館は、児童館の設置運営要綱により、「小型児童館」、「児童センター」、「大型児童館」の3つに分類されます。

小型児童館は、小地域を対象とした児童の遊び場の提供と、子ども会等の組織活動の助長を図ることを目的としています。児童センターは、小型児童館に加え児童の体力増進に関する指導機能をもつもので、児童センターの中でも特に中高生の育成機能をもつものは大型児童センターと呼ばれます。大型児童館については、都道府県内の小型児童館や児童センターの

指導的役割を果たすA型児童館、豊かな自然環境の中で宿泊や野外活動を通じた児童育成を図るB型児童館、広域を対象とし芸術・教育・体育等の総合的な活動ができるよう整備されたC型児童館の3つに分かれています。

④職員について

児童厚生施設には、児童福祉施設の設備及び運営に関する基準第38条に基づき、児童の遊びを指導する者を置くことが定められています。資格要件として、保育士、社会福祉士など6つの項目が定められており、児童の自主性、社会性、創造性を高めるため、創作活動や野外活動、スポーツ、読み聞かせなどのアクティビティを行うほか、様々な行事の企画運営を行います。

⑤役割と機能について

児童館の利用者は、制度上、児童福祉法上の児童（0～18歳）とその保護者になりますが、そこで提供される活動やプログラムに応じて様々な人たちが関わります。

近年の児童に関する課題の変化に対応するため、2018年10月に、「改正児童館ガイドライン」が通知されました。旧児童館ガイドライン（2011年）から改正されたポイントとしては、①児童の権利に関する条約の精神を踏まえた改正児童福祉法を踏まえ、「子どもの最善の利益」の優先について示したこと、②児童福祉施設としての役割に基づき、児童館の施設特性を（1）拠点性、（2）多機能性、（3）地域性の3点に整理したこと、③子どもの理解を深めるため、発達段階に応じた留意点を示したこと、④児童館の職員に対し、いじめや、保護者の不適切な養育が疑われる場合の適切な対応を求めたこと、⑤子育て支援において、乳幼児支援や、中・高校生世代と乳幼児の触れ合い体験の実施に言及したこと、⑥大型児童館の機能・役割について新たに示したこと、の6点を挙げることができます。

なお、子どもの安全対策・衛生管理として、アレルギーや感染症への対策、防災・防犯対策も盛り込まれるなど、近年の子どもを取り巻く環境を反映し、児童館が担うべき役割と機能について整理されています。

【参考資料】厚生労働省「児童館の設置運営要綱」1990.
厚生労働省「標準的児童遊園設置運営要綱」1992.
児童健全育成推進財団「じどうかんまるわかりBOOK」2005.
厚生労働省子ども家庭局長通知 子発1001第1号、「児童館ガイドラインの改正について（通知）」平成30年10月1日、2018.

(3) 障害者支援施設

1）障害者支援施設とは
①根拠法
　障害者支援施設とは、『障害者の日常生活及び社会生活を総合的に支援するための法律』(通称『障害者総合支援法』)に基づく施設のことです。

> 　この法律において「障害者支援施設」とは、障害者につき、施設入所支援を行うとともに、施設入所支援以外の施設障害福祉サービスを行う施設（のぞみの園及び第一項の厚生労働省令で定める施設を除く。）をいう。
>
> 【出典】「障害者の日常生活及び社会生活を総合的に支援するための法律」第5条第11項

　具体的には、障害者に対し、夜間から早朝にかけては「施設入所支援」を提供すると共に、昼間は「生活介護」などの「日中活動系サービス（昼間実施サービス）」を行う社会福祉施設です。

　利用者は、24時間施設を利用している者が多いが、施設入所支援は、法的には夜間から早朝に限定されるサービスであるため、日中活動系サービスについては、入所している障害者支援施設で提供されるサービスを利用する者もいれば、他施設で提供される支援を利用する者もいます。日中活動系サービス（昼間実施サービス）には、生活介護、自立訓練（生活訓練）、自立訓練（機能訓練）、就労移行支援、就労継続支援B型があります。これらのサービスを複数組み合わせて提供することもできますが、人員と設備の基準は、『障害者の日常生活及び社会生活を総合的に支援するための法律に基づく障害者支援施設の設備及び運営に関する基準』により、それぞれのサービスごとに決められています。

②暮らしの場と生活上の支援を提供するサービス
　障害者支援施設では、生活介護などの日中活動とあわせて、こうした夜間におけるサービスを提供することで、障害のある方の日常生活を一体的に支援しています。

　対象者とサービスの内容を具体的に見ていきましょう。

対象者
1. 生活介護を受けている者であって障害支援区分が区分4（50歳以上の者にあっては区分3）以上である者
2. 自立訓練、就労移行支援又は就労継続支援B型の利用者のうち、入

所させながら訓練等を実施することが必要かつ効果的であると認められる者又は通所によって訓練を受けることが困難な者
3．特定旧法指定施設に入所していた者であって継続して入所している者又は、地域における障害福祉サービスの提供体制の状況その他やむを得ない事情により通所によって介護等を受けることが困難な者のうち、1または2に該当しない者もしくは就労継続支援A型を利用する者
4．平成24年4月の改正児童福祉法の施行の際に、障害児施設（指定医療機関を含む）に入所していた者であって継続して入所している者

サービスの内容

生活介護、自立訓練または就労移行支援の対象者に対し、日中活動とあわせて、主に夜間に次のようなサービスを行っています。
1．居住の場の提供
2．入浴、排せつ、食事、着替え等の介助
3．食事の提供
4．生活等に関する相談、助言
5．健康管理

利用料

18歳以上の場合は利用者とその配偶者の所得、18歳未満の場合は児童を監護する保護者の属する世帯（住民基本台帳上の世帯）の所得に応じた自己負担の上限月額があります。ただし、月額上限よりもサービスに係る費用の1割の金額の方が低い場合には、その金額を支払います。そのほかに、食費、光熱水費などについての実費負担があります。

2）国立重度知的障害者総合施設のぞみの園

障害者支援施設とは別に、重度の知的障害がある人を対象とした支援を行う施設として、のぞみの園があります。その目的は次のとおりです。

> 独立行政法人国立重度知的障害者総合施設のぞみの園（以下「のぞみの園」という。）は、重度の知的障害者に対する自立のための先導的かつ総合的な支援の提供、知的障害者の支援に関する調査及び研究等を行うことにより、知的障害者の福祉の向上を図ることを目的とする。
>
> 【出典】「独立行政法人国立重度知的障害者総合施設のぞみの園法」第3条

（4）児童相談所一時保護施設

①根拠法

児童相談所は、児童福祉法に基づき設置される施設です。

> 都道府県は、児童相談所を設置しなければならない。
> 【出典】「児童福祉法」第12条

都道府県および指定都市に設置が義務づけられています。児童や妊産婦の福祉に関する実情の把握、児童に関する家庭その他の相談への対応、各種判定業務、法に定める各種の措置（児童福祉施設への入所・里親委託・家庭裁判所への送致など）、児童の一時保護、里親への支援などを業務としています。その一時保護業務を行うのが児童相談所一時保護施設（以下、一時保護所）であり、児童福祉法に基づき設置されています。

> 児童相談所には、必要に応じ、児童を一時保護する施設を設けなければならない。
> 【出典】「児童福祉法」第12条の4

被虐待児童の保護など、同法第33条による一時保護を行います。具体的には、①家出などによる保護者の不在や放任、虐待、児童の行動が自他への深刻な危害を及ぼす恐れがあるなどの緊急保護が必要な場合、②処遇方針を定めるための行動観察や生活指導が必要な場合、③短期間の心理療法や生活指導が有効であると判定された場合、④様々な原因で、施設入所ができるまで待機する場合などが考えられます。③および④については、児童の継続的なアセスメントに繋がるものと考えられることから、①を緊急保護、②③④をアセスメント保護として大別することができます。

②児童について

一時保護所は、児童福祉法に基づき、満18歳までの児童を対象としています。緊急保護の場合は、棄児や家出した児童、被虐待等により一時的に家庭から引き離す必要がある児童、触法少年などが該当します。児童の安全確保のために必要と認められる場合には、自由な外出を制限する環境において保護する場合があります。アセスメント保護の場合は、緊急保護から引き続いてアセスメントの必要がある児童や、施設や家庭などの養育環境から引き離してアセスメントを行う必要がある児童が該当します。今後の援助指針を立てるために、社会診断、医学診断、行動診断等による情報

を総合してアセスメントを実施します。なお一時保護の期間は、原則として2か月を超えてはならないとされており、保護者らの意に反して保護を延長する場合には、家庭裁判所の承認を得ることとされています。また乳児については、一時保護所の多くで適切な養育環境を準備することが難しいことから、多くの場合、乳児院に一時保護委託されています。

③職員について

一時保護所の職員配置については、児童福祉法施行規則第35条により、「児童養護施設に係る児童福祉施設最低基準（現児童福祉施設の設備及び運営に関する基準）を準用する」こととされ、児童指導員、嘱託医、保育士、心理療法担当職員、栄養士、調理員、看護師などが配置されています。

④生活について

一時保護期間中は、保護者による児童の強引な奪還などの被害を防ぐ観点から、原則として地域の学校等に通うことができません。そのため日中は、未就学児であれば自由遊びやグループ活動をして過ごし、就学児（小学生以上）であれば学習や運動、余暇活動をして過ごします。基本的生活習慣が身についていない児童や、年齢相応の学力が身についていない児童も多いことから、個々の発達状況や学力に応じて職員が指導を行います。

一時保護は児童の生命や健全な発育発達を守るための措置ですが、児童の権利を制限するものでもあります。そのため児童の意見が適切に表明されるよう配慮が求められます。外出などの行動についても、冒頭述べた理由から制限されることがありますが、児童が納得できるよう、その必要性について説明し、理解を得る努力が大切です。

さらに、一時保護された児童は、生育環境から引き離されたことや虐待被害から緊急保護されたことにより、強い不安や緊張状態にあります。職員に対し時に乱暴な言動に出ることもありますが、落ち着きを持って対応することが求められます。また、乱暴な言動が、同じく一時保護されている他の児童に向かわぬよう、年齢や背景、生育歴などを考慮するとともに、児童がすぐに職員に相談できるような体制が求められます。

なお近年、障害のある児童や医療的ケアを必要とする児童、外国籍の児童で文化や生活、宗教上の習慣が異なる児童の一時保護も増えています。こうした児童の一時保護においては、その権利が十分に守られるよう、入所方法や支援方法について十分に検討しておくことが求められます。

【参考資料】
厚生労働省「一時保護ガイドライン」2018．／「児童相談所運営指針」2018．

2. 調べてプレゼンテーションしてみよう!!!

　保育士資格取得のために、「施設実習」が必須条件であることは既に前の項で理解できました。しかし、自分がいったいどのような種別の施設で実習をするのか、どのような人たちと関わるのか、どこで行うのか、宿泊なのか通勤なのかなど、とても不安だと思います。ましてや、保育所や幼稚園のように私たちの住んでいる地域に施設が必ずあるとは限りません。日常、保育所や幼稚園に通園している子どもと出会うことはあっても、施設に入所している子どもや、大人との出会いはなかなかないのが現状です。つまり、保育所や幼稚園のことについては想像できても、施設のことについて想像することはなかなか難しいものです。ですから、施設実習が不安だと思っている人はとても多いと思います。「不安」を解消するためには、自分がどの施設で実習をすることになっても有意義に臨めるよう施設について知ることです。知らないということが「不安」にさせるのです。施設について知るためには、図書館で関連の本を探して読むことや、インターネットで検索するなどをし、調べて理解することです。理解した後には、レポートを作成し、レポートの内容を発表することによって、さらに理解が深まります。このようなプロセスを経ることによって、施設実習が「不安」から「楽しみ」に変わります。そして最終的には、施設の種別ごとにファイリングされた「世界でひとつの My File」を作ります。このファイルが完成すれば、施設実習が待ち遠しくなるに違いありません。
　では、さっそく「プレゼンテーション」をするまでの手順を示します。

（1）グループ作り

　ひとりで何もかも調べるのは大変です。そこで、実習へ行く施設の種別数のグループを作ります。おおむね1グループ5～6人で構成したほうが、多くの内容を調べて知ることができます（人数は、実習へ行く種別数によって調整をする）。なかには、自分はどこの施設を調べたらよいのか決めかねてしまうという人もいると思います。しかし、知らないからこそ調べるのですから迷う必要はありません。子どもの施設または大人の施設、どちらの施設を知りたいのか、あるいは聞いたことのある施設がある場合はそ

の施設について調べてみるなど、とにかく施設を知ることが大切なのです。
はじめに、黒板（もしくはホワイトボード）に施設名をあげ、その下に自分の名前を書いてグループを決定していきます。

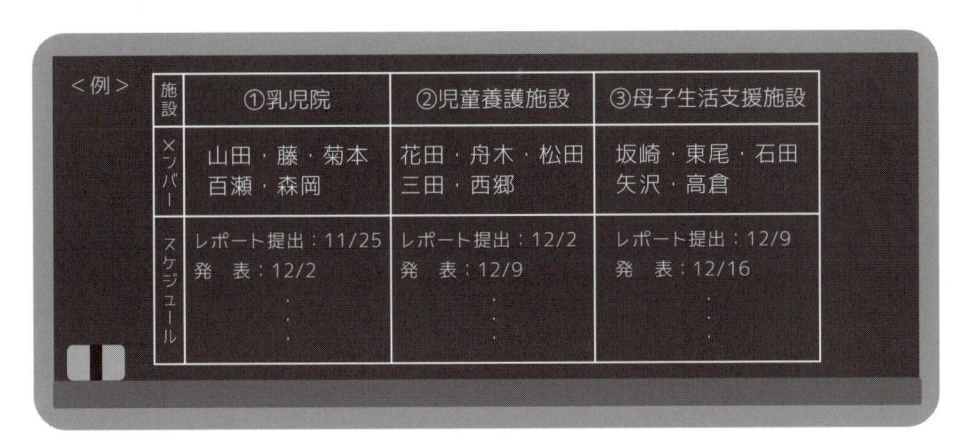

施設	①乳児院	②児童養護施設	③母子生活支援施設
メンバー	山田・藤・菊本 百瀬・森岡	花田・舟木・松田 三田・西郷	坂崎・東尾・石田 矢沢・高倉
スケジュール	レポート提出：11/25 発　表：12/2 ・ ・	レポート提出：12/2 発　表：12/9 ・ ・	レポート提出：12/9 発　表：12/16 ・ ・

・すでにレポートの提出日、プレゼンテーションの日が示されている
・人数が多いところは、お互いに譲り合って調整をする
・グループが決定したら、グループごとに着席をする

例）以下に授業の流れについての一例を示します。

＜15コマ分シラバス＞

第1回内容　：オリエンテーション・児童福祉施設の種別を知る（DVD等視聴）
第2回内容　：実習の目的と概要を知る・実習の意義等を確認
第3回内容　：プレゼンテーションをする施設のグループを決める
　　　　　　リーダーを決める・調べる内容の確認
第4回内容　：子どもの人権と最善の利益を考える
　　　　　　グループで調べ学習
第5回内容　：実習生としての心構えについて考える
　　　　　　グループで調べ学習
第6回内容　：プライバシーの保護と守秘義務について考える
　　　　　　グループで調べ学習
第7回内容　：グループで調べ学習
　　　　　　プレゼンテーションの内容のまとめとリハーサル
第8回内容　：「乳児院」について発表
第9回内容　：「児童養護施設」について発表

第10回内容：「母子生活支援施設」について発表
第11回内容：「児童自立支援施設」について発表
第12回内容：「障害児入所施設（福祉型障害児入所施設）（医療型障害児入所施設）」について発表
第13回内容：「児童発達支援センター（福祉型発達支援センター）（医療型児童発達支援センター）」について発表
第14回内容：「障害者支援施設」について発表
第15回内容：まとめ

＊あくまでも一例です。各学校の状況に合わせたシラバスの内容にすることが必要で、基本的には、実習へ行く施設についてプレゼンテーションをすることです。

1）リーダーの決定と役割

　グループが決定したら、リーダーを決めます。リーダーは、グループのメンバーから出された調べる内容をまとめていくことや、調べ学習をした時間に誰がどこで何について調べたのかなどを「調べ学習状況メモ」に書いて、授業の終わりに提出をします。また、発表の際にはどのように発表するかなど、中心になって決めていきます。わかりやすい発表にするためには、メンバーはリーダー任せにすることなく、グループのみんなで考えることが大切です。

2）調べる内容を話し合う

　施設についてどのような内容を調べたらよいか話し合いますが、漠然と話していても明確になっていきません。そこで、疑問に思っていることや実習へ行ったときに知っているとよいと思うことを出し合い、書き留めていきます。

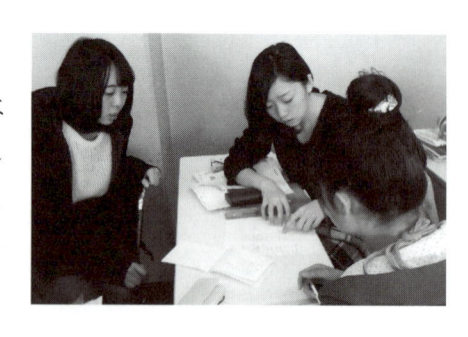

　例）・法律ではどのように定義されているのだろうか？
　　　・この種別の施設はいつ誰が設立したのか（歴史）

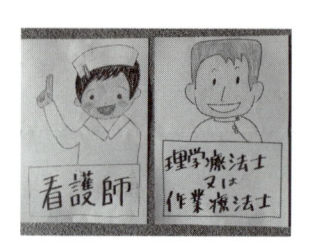

・利用児（者）が入所するまでの経緯
・費用はかかるのだろうか？
・施設で働いている人はどのような職種の人たちなのか
・毎日どのような生活をしているのだろうか（1日の流れ）
・日曜や祝日はどのように過ごしているのか（平日と休日の過ごし方の違い）
・私たちが季節に応じて行うような行事はあるのだろうか

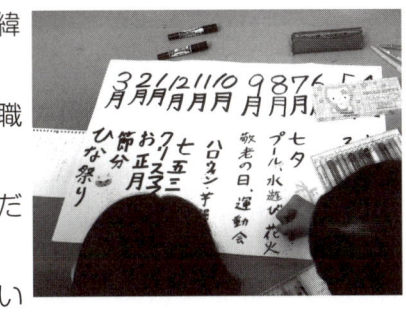

　など、このように出し合っていくと、おのずと調べる内容が決定していきます。基本は、実習へ行く前の予備知識ですから、調べた内容がその施設を知る鍵になることを忘れてはいけません。

＜調べ学習の内容のヒント＞
　はじめは、何を調べたらよいかわからないと思いますが、基本的には自分が実習に行くためにはどんなことを知って実習に臨んだらよいかを考えることです。つまり、どんな職種の人が働いているのか、どのようにして入所したのかなど、いくつかヒントを示しますので、そこから調べる内容を広げてみるとよいでしょう。

　例）乳児院………………赤ちゃんポストについて
　　　児童養護施設…………虐待について
　　　母子生活支援施設……ドメスティックバイオレンス（DV）について
　　　児童自立支援施設……反・非社会的行動について
　　　障害児入所施設……さまざまな食器について
　　　児童発達支援センター………てんかんについて
　　　障害者支援施設………知的障害の基準について

3）誰が何を調べるか決める
　ひとつのことをメンバー全員で調べるのは効率的ではありません。そこで、調べる内容をメンバーで割り振ります。それぞれの内容は、本（教科書も含む）やインターネットで調べることができます。しかし、インターネットの情報をうのみにしてはいけませんし、それが最新のデータであるかを確認する必要があります。さらに、施設へ訪問することが可能であれば、

現場の様子や雰囲気を肌で感じることができますから、ぜひ行ってみるのもよいと思います。その際には、先方に訪問する日時を伝えて許可をいただいてから訪問します。失礼のないように心がけてください。

4）調べ学習状況メモ

　毎回の調べ学習時間終了後に、各グループに「調べ学習状況メモ」を配布します。誰が・どこで・何をしていたか・どんな内容を調べたか、などをリーダーがメモに記します。各自が調べた内容は、メンバー全員が把握しておく必要があります。それを知ることによって、調べ学習の進み具合と内容が把握できるからです。メモは、次のように書きます。

　　例）百瀬…図書館へ行き、乳児院のデイリープログラムを調べた
　　　　菊本…入所までの経緯を寸劇にするため、教室で台本作りをしていた……など

　この「調べ学習状況メモ」は、毎回授業終了後、担当教員へ提出します。

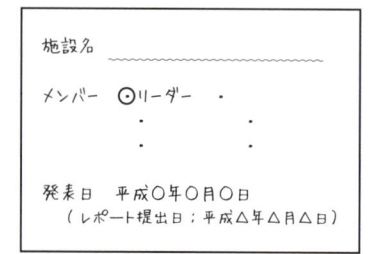

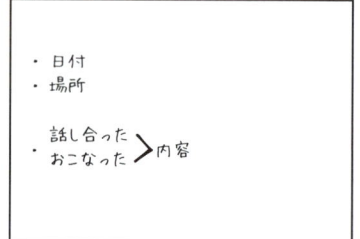

（2）図書館へ行ってみよう

　学校の図書館へ行って、調べる施設の内容が書かれている本を探します。
　施設名が本の題名として書かれているものもありますが、それほど多くはありません。施設に関係する本をたくさん探す必要があります。インターネットで本の検索もできますが、自分の大学にはない本が他大学にある場合は、図書館の司書の方に相談をして取り寄せてもらうこともできます。
　また、自分の住んでいる地域の図書館に行って調べてみることも必要です。例えば、厚生労働省が出している様々な「白書」も、参考になります。参考にする本は、各自3冊以上は必要です。

（3）レポートの内容

1）レポートの作成方法

レポートは、次のような方法に従って作成をします。

【レポート作成上の注意】

- ◆A4サイズで作成する。
- ◆表紙をつける。
- ◆表紙には次の内容を書く。
  - ・プレゼンテーションの日にち
  - ・調べた施設名
  - ・クラス
  - ・メンバーの氏名
- ◆作成する文書のポイントは、10.5とする。
  （ただし、表紙の文字のポイントは自由でよい）
- ◆最後のページに参考文献を書く。
  著者名・書籍名・出版社・発行年
  例）松本峰雄（編）『実習の手引き』萌文書林 2015
  なお、インターネットを参考にした場合はURLを明記する。
- ◆インターネットからそのままプリントアウトしたものを、レポートの中に組み込んではいけない。文章をそのまま載せる場合は、「引用」として明記する。内容をよく読んで要約をするなど、載せるためには注意をする。
- ◆データは、できるだけ新しい数値を載せる。何かの資料から図や表を用いた場合は、その都度出典を記入する。
- ◆フロアーの学生へ配布する資料は 3枚まで とする。内容をよく吟味して、必要な資料を作成し配布できるように準備をしておく。
  なお、資料の印刷は教員が行いプレゼンテーション前日までにリーダーへ渡す。
- ◆目次を作成する。
- ◆ページを入れる。
- ◆文章は、「〜である」調で書く。
- ◆レポートの提出は、授業担当教員から指示された日時に提出をする。

表紙例：
```
保育実習指導Ⅰ（施設）

発表日：  12/23
施設名：  児童養護施設
クラス：  ○クラス
氏　名：  △△ △△
　　　　 □□ □□
　　　　 ○○ ○○
```

2）プレゼンテーションのための台本作り

　プレゼンテーションをするためには、自分たちがその施設について調べた内容をひとつのレポートにします（プレゼンテーションのための原稿）。調べる内容を割り振りしているので、それぞれの調べた内容が盛り込まれるようにレポートとして体裁を整える必要があります。

　どのような順番でプレゼンテーションをするのか、フロアーの学生（プ

レゼンテーションを聞いている学生のこと）へ施設のことを理解できるように伝えるにはどのような方法がよいのかなど、グループ全員でまとめていく作業をします。つまり、プレゼンテーションをするための台本作りだと考えればよいのです。ここでしっかりとグループ全員が内容を把握し、プレゼンテーションがスムーズに進むよう、読み合わせをしておく必要があります。常にレポートを見ながらの発表では、きちんと内容を理解していないように見えてしまいますので、時折原稿を見て確認する程度とし、特に自分の発表箇所は入念に覚えておき、説明ができるようにしておくのがベストです。その際には、読めない漢字もきちんと読めるように調べておかなくてはいけません。そして、フロアーの学生がその施設を理解できる内容になっているかを何度も見直し、プレゼンテーションに臨みます。レポートは授業担当教員へ提出し、メンバー全員も提出したレポートと同じものを持ってプレゼンテーションに臨みます。

（4）プレゼンテーションの方法

　プレゼンテーションは、自分たちが調べて理解した施設のことをほかの学生へわかるように情報を提供することです。このプレゼンテーションをもとに、フロアーの学生は自分たちが調べていない施設についても理解ができ、実習先としてどの施設に配当されても事前の準備は十分になされていることになるのです。
　そして施設実習が「不安」から「楽しみ」へと変わっていきます。次に、プレゼンテーションの方法を具体的に示します。

1）時間

　プレゼンテーションを行う時間は約60分とし、役割などを決めて全員が発表に臨みます。60分の時間内で、調べた施設の内容をフロアーの学生へ伝えます。
　時間は、短くても長くてもいけません。そのために、しっかりと読み合わせをして時間を計っておく必要があります。

2）視覚効果

　レポートをただ読んでいるだけでは、フロアーの学生へ施設の内容が伝わりません。模造紙に図や表を書いたり、さらにはパワーポイントを使用

して視覚的に興味を引くようにします。パワーポイントは、内容を示し読むだけになりがちですから、丁寧に説明を加える必要があります。また、フロアーの学生はパワーポイントに示されている内容の全てを書き写そうとしがちです。必要な所については、「ここは書いてください」というように、指示をすることも大切です。

3）ビデオ視聴

施設を理解するために、10分位の放映であればビデオを取り入れても効果的です。

4）クイズ形式

プレゼンテーションの途中や最後に、その施設についてフロアーの学生へ○×などのクイズを出し、理解力を確認してみるのも一つの方法です。

5）紙芝居やペープサート

施設の内容を、紙芝居やペープサートなどにして伝えると印象的です。

紙芝居のペープサートなどの準備の様子

虐待から入所までを紙芝居で伝えた一例

6）寸劇

施設に入所（通所）するまでの経緯を、短い劇にして表現すると、その流れがより理解できます。

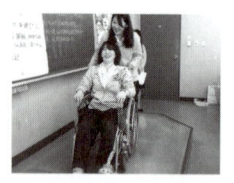

　レポートをただ読むだけのプレゼンテーションでは印象に残らないだけでなく、フロアーの学生が内容を理解することは困難です。したがって、先に示したようにできるだけ工夫をこらし、理解できるようなプレゼンテーションを心がけることが必要です。そうすれば、自分が調べた以外の施設についても深く理解をすることができます。

（5）実際にプレゼンテーションをしてみよう

　レポートが作成できたら、どの順番で誰がどのように発表をするのか、グループのメンバー全員で打ち合わせをします。その際、次の点に注意をして、プレゼンテーションに臨みます。

- 一人ひとりの発表箇所で、読めない漢字はないか
- 調べた内容をメンバー全員が理解をしているか
- データは最新の数値で、どこから得た情報かが伝えられるか
- ペープサートの内容や出し方など、順番がわかっているか
- 実際にプレゼンテーションを想定したリハーサルを行ったか
- 実物を準備しているか（例：車いすなど）

これらの準備を経て、プレゼンテーションに臨みます。

フロアーの学生は、プレゼンテーションをただ聞くのではなく、その施設の様子を想像することが大切です。聞きながら疑問に思ったことは必ず後で質問をし、理解しておくことが重要です。そのためには、「気づき・学びメモ」に1.概要、2.質問事項・回答、3.発表を聞いての気づき・学び、などを書き留めておくと、施設の理解が深まります。プレゼンテーションを聞きながら常に疑問をもつことによって、その施設をより知ることができます。

　どこの施設へ誰が実習に行っても、各プレゼンテーションの内容を個々がしっかり理解することでそれぞれの施設を把握できることになります。したがって、各グループのプレゼンテーションは、実際に施設実習へ行くにあたり非常に重要な内容となることは言うまでもありません。

図表1-7　気づき・学びメモ

第　回　発表施設名　　　　発表者名：
1　概要
2　質問事項・回答
3　発表を聞いての気づき・学び

3. 世界でひとつの "My File" を作ろう！

　各グループがプレゼンテーションをした際に配布された資料や気づき・学びメモ、自分自身がメモをした資料などをファイリングします。このファイルがあれば、どこの施設へ配当になっても不安はありません。なぜならば、その施設についての内容が書かれているからです。

（1）資料を施設別にファイリングする

　プレゼンテーションの後には、毎回必ず資料を施設種別にファイリングします。さらに各自で学習を行い、その施設について理解を深めておくことが大切です。配布された資料のほかに各自で学習をした内容もファイリングしておくと、内容の濃い充実したファイルになります。

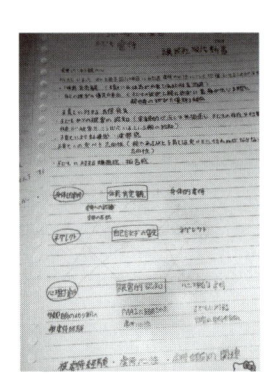

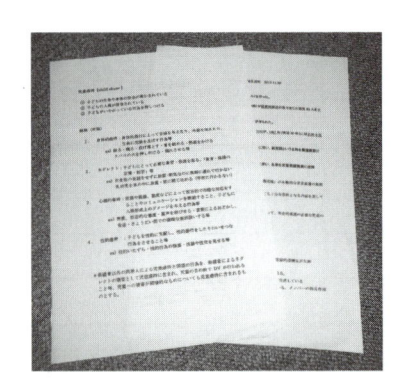

手書きのメモ（左）と配布資料（右）

（2）見やすい工夫をする

　施設別にインデックスを付けると、知りたい施設のページを開くことができ、必要な資料をすぐに見ることができます。各施設のはじめのページに色分けをした表紙をつけるなど、見ても楽しいファイルになると開くのも嬉しくなります。

(3)"My File"完成！

　資料をただ綴るのではなく、様々な工夫をすることで「世界でひとつのMy File」が完成です。プレゼンテーション時に得た資料、気づき・学びメモ、そして各自で学習した内容が全て含まれたこのファイルは、どこを探しても自分の手元にしかありません。そして、施設実習を実施するにあたり、あなたの良きサポーターとして役に立つことになります。

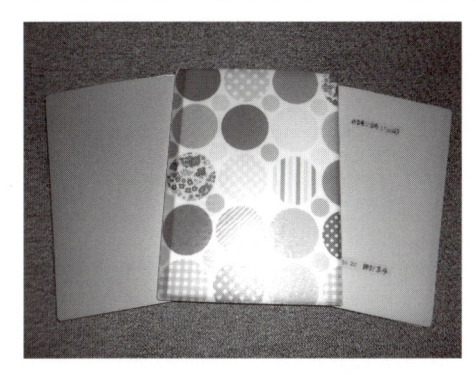

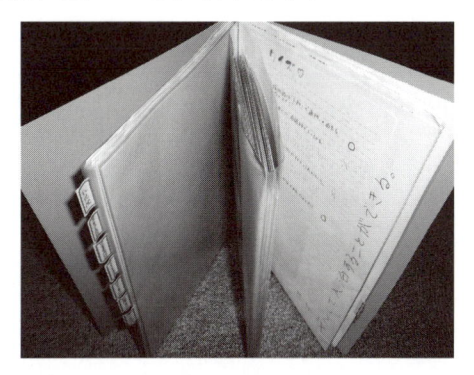

ファイルは、ポケット式のＡ４サイズのファイルがとても便利です

第 2 部

施設実習の準備と心構え

1. オリエンテーション

　実習の実際は、本来養成校（以下学校）へ入学した時から始まっていると考えたほうがよいでしょう。実習が円滑に行われるためには、学内オリエンテーションや実習先のオリエンテーションを受けます。実習先が決定し、どのような心構えでオリエンテーションを受ければよいのか、その方法を示します。

(1) 実習先の選定

　実習先は、本来自分が実習をしてみたい施設で行うことがベストなのですが、ほとんどの養成校では学校側が学生に実習先を配当します。仮に希望の施設へ実習に行けなくても、"My File"がありますから心配はいりません。ただし、実家が遠方で下宿して通学している場合などは、地元に帰って実習を行うことができます。その際には、自分で実習先を探した後に施設へ行き、内諾をいただいてきます。その後、書類を発送するなど、諸々の手続きは学校側で行います。

(2) 学内オリエンテーション

　自分の行く実習先が決定した後は、配当された施設についてどのような方が入所されているのか、どのような職種の人たちが協働をしているのかなど、改めて"My File"を見ながら内容を把握します。そして、学内でのオリエンテーションを受けます。
　学内オリエンテーションでは、実習の期間や日時を確認します。実習先へ持参する書類についても、足りないものがないかなどのチェックを怠らないようにするのは当然です。実習へ行くための持ち物、実習先での過ごし方、子どもや利用者との関わり方、休日の過ごし方など、様々な内容を把握します。学内オリエンテーションは、実習先のオリエンテーションへ

行く準備でもありますから、しっかりと内容を理解しておくことが大切です。
　実習先でのオリエンテーション時に、持参する主な書類を示しておきます。

　□実習生個人票……誤字・脱字がないかを確認する。写真の裏には、氏名を明記する。
　□健康診断書の写し……原則3か月以内のもの。施設によって指定期間は様々。
　□腸内細菌検査結果……O157・赤痢菌・サルモネラ菌の検査結果票（実習当日に持参の場合もある）
　□実習成績評価票……実習先からの評価票と返信用封筒……など

　特に、腸内細菌検査票を紛失しないよう、しっかりと保管をしておく必要があります。また、持参した健康診断結果の写しに示されている項目のほかに、B型肝炎の検査やインフルエンザの予防接種などをしてくるように指示される場合もあります。指示された検査をせずに実習当日を迎えた場合は、検査結果を得てからの実習になります。この場合、スケジュールに遅れが生じ、実習先に迷惑がかかることは当然です。くれぐれも、書類の不備がないように注意をする必要があります。

（3）実習先でのオリエンテーション

　実習先でオリエンテーションを受けることによって、その施設の沿革やどのような職員の方々が協働されているのかなどがわかります。入所児・者の人数や、日常の作業内容、また入所児・者の様子や施設の環境なども知ることができます。特に、自分がどのような勤務形態で実習をさせていただくのかを知っておかなくてはいけません。

（4）オリエンテーションの依頼電話

　実習開始の約1か月前に、実習先へオリエンテーションをしていただくための電話をします。
　いつ、何時ごろ伺えばよいのかを確認します。電話をするこの段階からすでに実習は始まっています。同じ施設に複数の学生で行く場合には、代表者を決めてその学生が施設に電話をします（詳細はp.48参照）。

（5）麻しん・風しん抗体検査について

①麻しん（はしか）とは

「はしか」とは、麻しんウイルスへの感染で引き起こされる感染症です。くしゃみや咳で患者から吐き出されたウイルスを他の人が吸い込むことによる空気感染（飛沫感染）や、ウイルスが付着した手で口や鼻に触れることによる接触感染で感染します。感染力が極めて高く、免疫がない人が感染した場合、90％が発症するといわれています。

症状としては、約10日前後の潜伏期間を経て、発熱や喉の痛み、発疹といった症状が現れます。さらに肺炎や脳炎などの様々な合併症を引き起こすため、感染し発症すると命の危険があります。

②風しん（三日はしか）とは

「三日はしか」とは、風しんウイルスに感染することで引き起こされる感染症です。麻しんと同様に感染しますが、感染しても症状が出ない（不顕性感染）人も15～30％程度いるといわれています。

症状としては、2～3週間の潜伏期間を経て、発熱や発疹、リンパ節の腫れなどの症状が現れます。特に妊娠中の女性が発症すると、胎児も風しんウイルスに感染し、難聴・白内障・先天性心臓疾患を発症する可能性があります（先天性風しん症候群）。

③抗体検査について

麻しん・風しんとも、有効な治療方法がないため、ワクチンを接種し免疫を獲得しておくことが唯一の予防手段です（予防接種）。実習において学生が感染源となることは絶対に避けなければなりません。免疫が獲得できているかを判断するために実施するのが「抗体検査」です。

学校によっては、抗体検査を学校で一括受検させる場合もありますが、個人が実費で受ける場合は4,000円程度です。また、抗体がなかった場合のワクチン接種費用（麻しん・風しん混合のMRワクチン）もほぼ同額です。しかし近年、麻しん・風しんの流行が問題となったことから、多くの自治体では抗体検査および予防接種の費用助成を行っていますので、自分の住む自治体のホームページ等を調べてみましょう。

④抗体検査の見方

```
陽　性（＋）：抗体あり、感染リスクなし
擬陽性（±）：抗体はあったが弱くなっている、感染リスクあり
陰　性（－）：抗体なし、感染リスク大
```

陽性の場合、十分な抗体があるため、感染リスクはありません。

擬陽性の場合、過去に受けた予防接種で抗体ができたものの、その働きが弱くなっているため、感染する可能性があります。できれば再度、予防接種を受け、十分な抗体をつけておく方がよいでしょう。

陰性の場合、抗体がない（免疫がない）ため、かなりの確率で感染します。ぜひ予防接種を受けておくべきです。

なお通常、2回のワクチン接種を行えば抗体がつきます。人によってはワクチン接種後の抗体検査でも「擬陽性」を示す場合がありますが、その場合は保育実習を行っても差し支えないとされています。

図表2-1　検査方法と判断基準の目安

疾患名	検査方法	十分な免疫なし（基準に満たない）		十分な免疫あり
		（−）	（±）〜（＋）	（＋）
麻疹 （はしか）	EIA法-IgG	2.0未満	2.0〜15.9	16.0以上
	PA法	16倍未満	16倍、32倍、64倍、128倍	256倍以上
	NT法	4倍未満	4倍	8倍以上
風疹 （三日はしか）	HI法	8倍未満	8倍、16倍	32倍以上
	EIA法-IgG	2.0未満	2.0〜7.9	8.0以上
水痘 （水ぼうそう）	EIA法-IgG	2.0未満	2.0〜3.9	4.0以上
	IAHA法	2倍未満	2倍	4倍以上
	NT法	2倍未満	2倍	4倍以上
流行性耳下腺炎 （おたふくかぜ）	EIA法-IgG	2.0未満	2.0〜3.9	4.0以上

【参考文献】
「医療関係者のためのワクチンガイドライン第2版」、日本環境感染学会、2014.　※一部省略

【参考資料】
厚生労働省雇用均等・児童家庭局保育課長通知「指定保育士養成施設の保育実習における麻しん及び風しんの予防接種の実施について」、雇児保発0417第1号、平成27年4月17日.
国立感染症研究所感染症情報センター、「麻疹（ましん、はしか）について」、
http://idsc.nih.go.jp/disease/measles/QA.html

📞依頼電話をする際の確認事項

①メモ用紙の準備はいいですか。

　電話をする際には、自分が先方に聞く内容をあらかじめメモに書いておくと慌てないで聞くことができます。また、電話での内容をメモできる準備も必要です。緊張のあまり、電話をしている最中はオリエンテーションの日時を覚えていたのに、電話を切ったら忘れてしまったということがあります。その時のために、日時を確認しながらメモをしておくことが必要です。

②丁寧な言葉遣いで話せますか。

　電話では、相手の顔や表情が見えません。ましてや初めての方とお話をするのですから、敬語といわないまでも丁寧な言葉で話をすることが大切です。丁寧な言葉遣いは急にはできないので、このような時に失敗をしないためには、日頃から丁寧な言葉で話すように心がけなくてはいけません。

③電話の事例（施設の方：（施）学生：（学））

　　♪プルルルルル〜♪
（施）「はい、こちら○○施設でございます。」
（学）「私○○大学の○○と申します。○月○日から実習でお世話になる者です。
　　　本日は、オリエンテーションの日時を決めていただくためにお電話をしました。」＊
　　　「実習ご担当の先生は、いらっしゃいますでしょうか。」
（施）「少しお待ちください。担当の者に代わります。」
（学）「はい、お願い致します。」
↓少し待った後に
（施）「お電話、変わりました。実習担当の○○です。」
（学）「こんにちは。（＊をもう一度繰り返す）」
　　　　　　　　　⋮
（施）「……という日時で来てください。」
（学）「はい、繰り返させていただきます。
　　　○月○日○時でよろしいでしょうか。
　　　お忙しい中、どうもありがとうございました。
　　　○月○日は、よろしくお願い致します。
　　　失礼いたします。」
　　　（日時などは復唱することによって、間違えがないようにします）

> 👆**Check!**
> 電話をした時に、大学名と自分の名前を伝えますが、担当者に代わった場合には、もう一度大学名と自分の名前を名乗ることを忘れないようにします。

（6）服装

　オリエンテーションへ行くときの服装は、フォーマルなものを選びます。基本的にはスーツを着用し、相手に失礼のないようにします。言うまでもありませんが、装飾品は必要ありません。女子は、化粧も薄化粧程度なら構いません。長い髪はたばね、前髪が目にかからないようにするなど、身だしなみには気を配ることが大切です。その他、持っていく鞄、履いていく靴など、標準的なスタイルを示します。

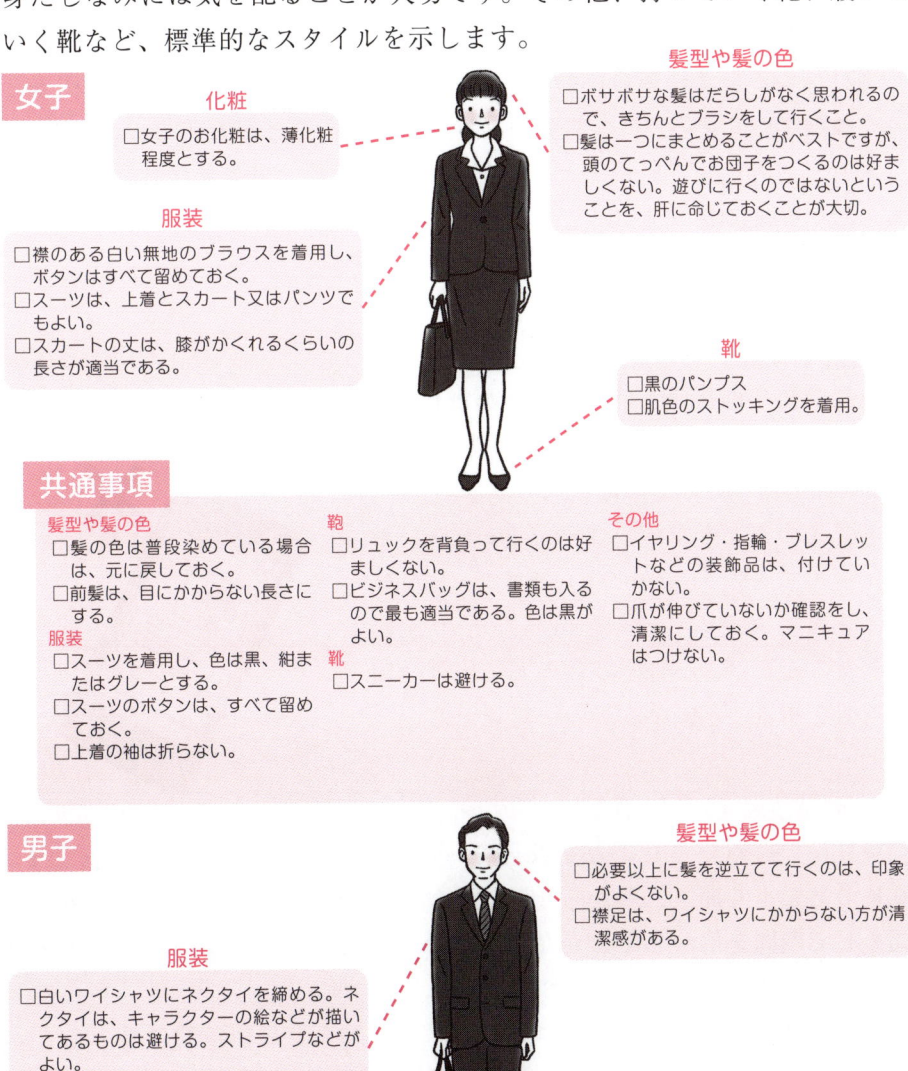

女子

化粧
- 女子のお化粧は、薄化粧程度とする。

髪型や髪の色
- ボサボサな髪はだらしがなく思われるので、きちんとブラシをして行くこと。
- 髪は一つにまとめることがベストですが、頭のてっぺんでお団子をつくるのは好ましくない。遊びに行くのではないということを、肝に命じておくことが大切。

服装
- 襟のある白い無地のブラウスを着用し、ボタンはすべて留めておく。
- スーツは、上着とスカート又はパンツでもよい。
- スカートの丈は、膝がかくれるくらいの長さが適当である。

靴
- 黒のパンプス
- 肌色のストッキングを着用。

共通事項

髪型や髪の色
- 髪の色は普段染めている場合は、元に戻しておく。
- 前髪は、目にかからない長さにする。

服装
- スーツを着用し、色は黒、紺またはグレーとする。
- スーツのボタンは、すべて留めておく。
- 上着の袖は折らない。

鞄
- リュックを背負って行くのは好ましくない。
- ビジネスバッグは、書類も入るので最も適当である。色は黒がよい。

靴
- スニーカーは避ける。

その他
- イヤリング・指輪・ブレスレットなどの装飾品は、付けていかない。
- 爪が伸びていないか確認をし、清潔にしておく。マニキュアはつけない。

男子

髪型や髪の色
- 必要以上に髪を逆立てて行くのは、印象がよくない。
- 襟足は、ワイシャツにかからない方が清潔感がある。

服装
- 白いワイシャツにネクタイを締める。ネクタイは、キャラクターの絵などが描いてあるものは避ける。ストライプなどがよい。

靴
- 黒のビジネスシューズ
- 白の靴下は避け、黒の靴下を着用。

（7）態度・姿勢

実習をさせていただく立場をわきまえて、実習生としての自覚をもって実習に臨むことが大切です。

1）実習生の態度

入所（通所）している子どもや利用者に対しては、平等な態度で接するのは言うまでもありません。

施設にいる全ての職員に対しては、保育士の職務を学ばせていただくという謙虚な態度を心がけ、自分の立場を自覚することが大切です。

入所（通所）している子どもや利用者の保護者、来客者に対しては、礼儀正しい態度で接するようにしなくてはいけません。基本的には、来客者への対応は職員にお願いをするのが望ましいです。

2）個人情報

施設で知り得た個人情報は、あなた自身の中だけに留めておく必要があります。乗り物の中や公共の場で、施設内のことを話してはいけません。

実習先のことをツイッター（Twitter）やフェイスブック（Facebook）、ライン（LINE）やインスタグラム（Instagram）などのSNSに載せることは、不特定多数の人が施設の個人情報を知ることになるため厳禁です。

3）実習生としての姿勢

職員に、いろいろなことを教えていただくのだという姿勢が大切です。職員の話をよく聞き、わからないことはそのままにしないで、その場で質問をして疑問を解決しておかなくてはいけません。聞けないような状況の時は、後で聞いて解決をしておくことが大切です。

職員の勤務体系に準じて、早番や遅番、夜勤などは積極的にやらせていただくよう自ら申し出ることも必要です。それらを体験することによって、利用者や子どもの日常を深く理解することができます。

実習中は勿論、実習前や後に行われる行事などには、積極的に参加をさせていただきます。

2. 実習の準備

　実習に臨む際、忘れ物をしないように注意しましょう。特に、宿泊で実習を行う場合は、忘れ物を取りに行くことはできないので、持ち物を入念に確認しておく必要があります。次ページに、『持ち物リスト』を示しておきます。いずれにしても、実習先のオリエンテーションへ行った際に、確認できることは聞いておくことが大切です。

(1) 実習生としての心構え

　施設実習は、そこで生活をしている人の生活の場で実習をさせていただくのですから、実習生はそのことをしっかりと認識して実習に臨まなくてはいけません。資格を取得するためだけに実習を行うという安易な気持ちでは、受け入れてくださった施設の職員や利用者に対して失礼なことです。職員の方は、日常の業務のほかに実習生の指導をし、さらに日誌を見てコメントを書いて下さるのです。実習生は、目的をもち積極的に取り組むことを心がけなくてはいけません。

　充実した実習を行うために、心構えを示します。

1) 実習前

　実習へ行くにあたり、体調を整えておくことが大切です。食事は3度しっかり食べて、適度な運動と休息をとるように心がけます。特に、アルバイトは、実習に備えて控えた方がよいのは言うまでもありません。

　授業で行った内容は、どれも実習に深く関わっています。授業の復習をすると共に"My File"を見直して、自分の実習先について把握をしておきます。実習先のオリエンテーションへ行った時に指示された内容や持ち物についても確認をしておく必要があります。事前にレポートの課題が出されている場合は、持参できるように準備をしておかなくてはいけません。

　実習中の余暇時間などに、ペープサートやパネルシアター、ゲームなど自分の得意なことを積極的にやらせていただくために、その用意をしておくことも大切です。実習先の対象者が大人でも、ペープサートやゲームは楽しめます。幼稚園・保育所実習の際に作った物があれば、それを活用し

持ち物リスト

＜通勤実習＞

★通勤での実習、宿泊での実習に関わらず、準備をしておく物を示します。

- □ **三角巾**…調理または配膳時に必要な場合があります。特に、児童養護施設では、子どもと一緒に食事を作ることがあります。
- □ **マスク**…調理の際にも必要ですが、咳が出た時にも必要になりますので、複数枚持って行きます。
- □ **下履き**…庭や施設の外で作業をする時に履きます。
- □ **上履き**…施設内で履きますが、別途体育館履きなどが必要な場合があります。
- □ **健康保険証**…体調が悪くなり、急きょ病院へ行く際に必要となります。所持していないとほとんどの場合、治療費を一時全額払うことになります。
- □ **電子辞書（国語辞典）**…日誌や書類を書く時に必要となります。漢字が曖昧な場合は調べて、字の間違いがないか確認しましょう。
- □ **筆記用具**…日誌を書く時にはもちろんですが、ポケットへ入るサイズの筆記用具とメモ帳を用意しておくと便利です。
- □ **ハンカチ・ティッシュ**…常に携帯しておくのが常識です。
- □ **帽子**…外遊びや野外での作業をする時に必要です。
- □ **印鑑**…毎日、出勤簿に押印をします。

＜夏期実習＞

★実習に行く季節によって、持ち物が若干違ってきます。夏は、海やプールに入ることもあります。炎天下の中で作業をする時には、日よけのためにつばの広い帽子が便利です。

- □ **水着**…子どもや利用者と、プールまたは海へ行くことがあります。女子はワンピースタイプの水着、男子はバミューダパンツ丈の水着を着用するとよいでしょう。
- □ **つばの広い帽子**…暑い夏は、熱中症にかからないためにつばの広い帽子が効率的です。
- □ **サンダル**…海やプールへ行ったときに使います。

＜宿泊実習＞

★通常の持ち物に加え次に示す物も準備しておく必要があります。

- □ **箸・コップ**…施設によっては、持参するように指示があります。
- □ **バスタオル・フェイスタオル**…お風呂に入った時、洗顔をした際に必要です。タオルの貸し借りは、衛生上好ましくありません。
- □ **洗面用具**…朝晩の歯磨き、髪を整えるブラシなどが必要です。身だしなみには配慮することが大切です。
- □ **シャンプー・リンス**…施設のお風呂場に備え付けの物があると思いますが、旅行用の小さい物を準備しておくと安心です。石鹸も同様です。
- □ **洗濯用洗剤**…下着や小物などは、洗って部屋に干せます。洗剤が置いてある施設もありますが、念のため持参すると安心です。
- □ **洗濯干し**…下着やハンカチ程度が干せる、洗濯ばさみのついた洗濯干しがあると便利です。
- □ **着替え**…汗をかいた時や汚した時に、服の着替えが必要です。下着は、日々の替えを持って行かなくてはいけません。
- □ **パジャマ**…パジャマは、ジャージなどの上下がよいでしょう。災害や病人が発生した時に、すぐにそのまま行動ができます。
- □ **常備薬**…いつも服薬しているものがあれば、持って行きます。
- □ **折り畳み傘**…いつ雨が降ってもぬれないために、携帯しておくと便利です。
- □ **目覚まし時計**…出勤時間に遅れてはいけません。準備の時間を含めて、自分で起きるのは当然です。

☞ Check!

着替えの下着は何枚あったらよいか、実習中に着ている服が汚れた場合の着替えなど、様々な状況を想定して持ち物をチェックする必要があります。宿泊費や食事代など、費用がかかることもあるので、少しお金が必要になります。大金を持って行き紛失すると先方に迷惑をかけますので、最小限の額に留めておきます。

てもよいのです。幼稚園・保育所・施設実習は対象者こそ異なりますが、それぞれの実習は分断されているのではなく関連していることを忘れてはいけません。

2）実習中

　実習の初日は、時間に遅れることのないよう余裕をもって施設に行きましょう。ただし、実習先のオリエンテーションの際に前日に施設へ入るよう指示されることがありますので、事前に確認をしておく必要があります。

手作りのパタパタの絵本を使っての自己紹介

　施設に行ったら、明るくあいさつをするように心がけることが大切です。自分から、職員や利用者とよい関係を築いていこうとする姿勢と努力は欠かせません。自己紹介などをして相手に自分を知ってもらうことは、関わりのきっかけになります。その際にも、ただ名を名乗るだけではなく、印象に残るような工夫が大切です。

　先にも示しましたが、資格を取得するためにのみ実習を行うのではありません。しっかりと、目的と課題を明らかにして臨むことが大切です。施設保育士の実際を知ることにより、その職務や役割、支援技術を学びます。実習先の日々の流れを崩すことのないように、留意しなくてはなりません。実習生は、感謝の気持ちと謙虚な態度、さらに責任をもって実習に臨みます。

　実習生は、子どもや利用者の排泄支援も行います。その際の支援技術などは、まさに現場の職員から学べるまたとないチャンスです。施設の実際を知るためには、様々な勤務形態をさせていただくことです。日勤・早番・遅番・夜勤など、施設によって勤務形態は異なりますが、あらゆる状況を経験させていただくことにより、より深い実習になります。子どもや利用者の日常見られない姿が、夜勤を経験することによって知ることのできる機会にもなります。これらの勤務形態は、自分から申し出ます。

　やむを得ず、欠勤・遅刻・早退をするような状況が起きた場合は、速やかに実習先へ連絡をして承諾を得る必要があります。そして、養成校への連絡も忘れないようにします。

子どもや利用者を、施設の職員に許可なく勝手に外部へ連れ出したりしてはいけません。子どもの要求を叶えてあげたいがゆえに、その要求通りの行動を起こすことのないようにします。そのような時には、トラブルのもとにならないよう必ず職員に相談をし、実習生個人の判断で動いてはいけません。

3）実習後

　実習の終了後1週間以内に、お礼の手紙を書き投函します。その内容は、具体的にどういうことが学べたのかを書きます。ただ「楽しかった」、「勉強になった」という抽象的な表現では、相手に学んだ内容が伝わりません。それと同時に、実習を受け入れて下さったことへの感謝の気持ちも書き記します。

　また、日々の日誌のまとめをし、自分自身の新たな課題を明らかにしておく必要があります。実習先での反省会の内容についても、もう一度振り返りつつ自己反省を行います。実習後のボランティアには、積極的に参加をさせていただきましょう。子どもや利用者の、新たな一面や成長した姿に出会えるからです。

　これらの内容を基本に、充実した意義ある実習にすることが大切です。

第3部

実習の実際

1. 部分実習計画の作成

(1) 部分実習計画の立て方

1) 部分実習とは

　施設実習では、自由時間や余暇時間を利用して、実習生が部分実習をすることがあります。部分実習では、ゲームなどのレクリエーションや絵本、紙芝居、手遊び、エプロンシアター、楽器を使った活動、運動などを、実習生が主担当となって実施します。

　部分実習を実施する場合、事前に部分実習計画を立てておきます。実習生が何の計画もなしに、その場で部分実習をすることは難しいため、部分実習計画を立てておき、実習指導担当者のチェックを受けてから取り組むことになります。部分実習計画を立てるために、「部分実習指導案」を作成します。

2) 部分実習指導案とは

　部分実習指導案は、利用児・者が経験してほしいねらいや活動内容の計画だけでなく、その活動の中でどのような行動が予想され、どのように対応するのかを記述していきます。また、指導案をもとにして部分実習を実践しますが、大切なのは実践した結果を振り返り、自分自身の保育を見直していくことです。その際、指導案をもとにどの点がよかったのか、どの点が課題であったのかを明確にします。このように、部分実習指導案は部分実習の計画としての役割だけでなく、実践した結果を評価し、見直すためにも重要な役割をもっています。

3) 部分実習指導案の立て方
①作成の流れ

　部分実習指導案はどのような手順で作成していくのでしょうか。利用児・者ごとに、興味・関心があったり、年間を通して育てていきたい目標があります。したがって、個別の計画をもとに、一人ひとりの利用児・者の状況を考慮して活動を決定します。施設実習の場合、利用児・者の発達の状況や障害などの状態、興味・関心が個々に異なっているため、様々なタイ

プの人が楽しめる活動を設定することになります。

　部分実習の活動は、まず、どんな活動を実施したいかを実習生側が考え、利用児・者の状況に合うかどうかについて、実習指導担当者からの助言を受けながら、指導計画を立てていくことになります。また、あらかじめ部分実習指導案を複数用意しておき、実習指導担当者との話し合いの中で、最も適した活動を選ぶ場合もあります。

②部分実習指導案の構成と概要

　部分実習指導案の様式は、実習施設あるいは養成校によって異なりますが、必要となる情報としては、主に次のものがあります。それぞれの概要について説明します。

○基本的事項

　実施日、班・グループ、利用児・者の人数などの基本的な情報です。どのような情報が入るかは部分実習指導案の様式によって異なりますが、もれなく記入していきましょう。

○利用児・者の姿

　どのような利用児・者に対し、部分実習を行うのかを明確にします。利用児・者の発達状況や普段の様子などについて書いていきます。個々の様子だけでなく、集団の中での様子などをおさえておくことで、活動を設定する際にどのようなことをねらいとしたらよいかを明確にすることができます。

○ねらい

　利用児・者にどのようなことを経験してほしいのかを明確にします。「子どもの姿」をもとにして設定しますが、必ずしも1回の活動のみで何かを身につけたり学んだりするというものではありません。利用児・者は、様々な活動を経験していく中で、興味・関心の幅が広がったり、日常生活スキルや他者との関係性に関するよいやり方に気づいたりします。ねらいを設定するにあたっては、利用児・者にとっての長期的な学びにつながるように設定していくとよいでしょう。したがって、ねらいを表す言葉も、「○○を知る」「○○を学ぶ」といったもののほか、「○○を経験する」「○○を楽しむ」「○○を過ごす」などがあります。

○メインとなる活動の内容

　ねらいを達成するために、実施する活動の内容を書きます。本来は、「子どもの姿」や「ねらい」をもとにして、主活動の内容を決めていくもので

すが、部分実習をすることになった場合、多くの実習生は、主活動を何にするかということを最初に悩みます。現実の実習では、利用児・者の様子がまだわからないまま部分実習指導案を考えていかなければならない場合もあるからです。施設実習では、利用児・者が多様であるため、可能な限り、どのような利用児・者がいるのかを把握した上で、全員が楽しめる活動を検討しましょう。例えば、児童養護施設であれば、利用児の年齢は幅広いものになることが考えられますし、障害児・者の施設であれば、身体を動かすことに制限があるかもしれません。そうした各施設の利用児・者の特徴を考慮して活動を設定していくとよいでしょう。よく行われる主活動としては、製作、音楽・リズム、運動、読み聞かせや紙芝居、エプロンシアターなどがあります。

○予想される利用児・者の活動

活動の中で、利用児・者がどのような動きをするのかを明確にするものです。活動のまとまりごとに時系列で書いていきます。例えば、メインとなる活動の前に、手遊びや絵本などの導入となる活動を入れるのであれば、どの時間に導入の活動を入れ、どの時間からメインの活動に入るのかを時間と共に記入していきます。また、すべての利用児・者が計画通りの動きをするとは限りません。利用児・者の特徴やそのときの気分などにより、実習生の声かけに、すぐに応じられない場合もあります。そのようなイレギュラーな行動についても、想定できる範囲で明確にしておくことが大切です。実際の部分実習では、計画通りにできずに戸惑うこともありますが、事前に起こり得る事態を想定し、対応方法を明確にしておくことで、できるだけ活動の流れを止めないようにします。部分実習では、利用児・者が楽しめたと思えるようにしていくことが大切です。

○環境構成

活動を実施するにあたりどのような準備が必要なのか、実習生や利用児・者はどのような位置にいればよいのかを明確にします。これも活動のまとまりごとに書いておくとよいでしょう。また、製作などを実施するのであれば、机の上に何をどのような位置で置くのかを示しておくことも大切です。環境構成は、活動する部屋における人物や物の位置、製作の際の机上の物の位置などを図で示しておくと、わかりやすくなります。

○保育者の援助・配慮

活動を実施する上で、実習生は活動の説明をしたり、利用児・者に行動を促したりします。その手順をあらかじめ時系列で明確にしておきます。

説明や声かけの内容を一字一句書く必要はありませんが、どのような手順で説明するのかなどを明らかにしておきましょう。また、「予想される利用児・者の活動」に書いた、利用児・者の行動やイレギュラーな行動をとった場合の対応の仕方についても明確にしておきます。

③部分実習指導案の作成の注意点

　部分実習指導案の様式は実習施設や養成校によって異なるため、ここで示した項目とは名称が異なっている場合もあります。しかし、基本的にはここで取り上げた項目を細分化したり、まとめたものになるため、それぞれの様式に照らし合わせて作成しましょう。

　部分実習指導案を作成するにあたり、注意点としては、何をどのように進めていくかという手順ばかりを思い描かないことです。部分実習では、利用児・者が「また活動に参加してみようかな」と思えるように実施することが大切です。利用児・者の立場に立って、彼らが楽しみながら活動に参加できるように作成していくことが大切です。

（2）実際に立ててみよう

1）児童福祉施設
①乳児院
◆乳児院について（概要）
　乳児院に入所している乳幼児は、主として2歳前後の乳幼児が中心です。現在は小学校就学前まで入所することができますが、やはり中心は0～2歳前後の乳幼児となります。そのため実習生は、子どもたちの側からの意思表示に頼るのではなく、子どもたちの意思（意図）を積極的にくみ取るよう努める必要があります。

◆実習課題（下線部①）
　部分実習について考えるにあたって、まずは施設の概要（＝全体像）の理解が必要です。乳児院の場合、生活面のケアのほぼ全てについて、保育士などの援助者が主導権を握っていると言えます。そのため、まずは「子どもたちの安全確保」を大前提に考える必要があります。

◆心構えと抱負（下線部②）
　実習課題の理解を踏まえて、実習に臨（のぞ）む基本姿勢（心構え）を考えてみる必要があります。あなた自身が、何を重要視してこの実習期間に臨むのか、また、実習期間を経てどのように成長したいのか、実習中の自分の姿を具体的にイメージしながら考えてみましょう。
　例えば、「信頼関係」や「安心感」はどのようにして形成されるのでしょうか。あなた自身が、普段の人との関わりの中で信頼関係や安心感を得るのはどのような場面、あるいは相手なのか、イメージしてみましょう。

◆実習中に取り組む内容（下線部③④⑤）
　実習期間を通じて、自分自身の成長のステップをイメージしやすいよう、ここでは「実習前期（導入期）」「実習中期（実践期）」「実習後期（まとめ期）」の段階ごとに、取り組むべき課題を整理しておきます。
　「導入期」では、まず入所児の名前を覚えることや、1日の業務を理解することから始めます。子どもたちに、実習生（＝あなた）の存在を受け入れてもらうことが第一です。「実践期」では、導入期での施設概要や子どもの様子についての大まかな把握を踏まえて、個別的関わりに力を注ぎます。そして「まとめ期」では、導入期～実践期で自分が感じた問題意識や苦手とする課題を克服するため、部分実習などへの取り組みを通じて、子どもたちに深く関わることになります。

《実習にあたっての目標（実習課題）及び実習計画書》

◎実習の目標（実習課題）と抱負

　目標や課題を持って実習に参加することはきわめて大切なことです。実習で学習しようとしていることを体験したいと考えている目標（実習課題）を記入して下さい。

- 施設を利用している家庭（家族）の状況を理解する。
- 乳幼児との関わり方、家庭支援の具体的方法について、保育士以外の職種の職員の方の話を聞き、理解を深める。
- <u>乳幼児の生活管理、健康管理、安全管理</u>について学ぶ。❶
- 入所児の個別支援（指導）目標および計画について、その立案の根拠、過程、方法を学ぶ。

◎今回の実習に対する自分自身の心構えや抱負などをまとめておきましょう。

- 施設について、事前自己学習および授業で学んだことを振り返り、知識を蓄えて実習に臨む。
- 乳幼児が楽しく過ごすことができるよう、安全面に配慮しながら、笑顔でやさしく接する。
- （上記を通じて）<u>大人との信頼関係、安心感の獲得</u>に努める。❷
- 自分でできることは積極的に行い、学ぶ姿勢、謙虚さを忘れない。

◎実習中に取り組むべき内容

実習前期（導入期）	実習中期（実践期）	実習後期（まとめをする時期）
・1日の流れを理解する。 ・入所児の名前を覚える。 ・<u>一人ひとりの月齢を把握し、発達段階を理解する。</u>❸ ・月齢と発達段階を理解した上で、親（保護者）と離れて生活することで生じる問題・課題について理解する。 ・養育担当制を導入することによる利点を考えながら、職員の言葉かけ、それを受けての乳幼児の表情、行動などを観察する。 ・入所に至るまでの、一人ひとりの背景を理解する。 ・背景を踏まえた上で、職員の関わり方の違いを観察し、理解する。	・1日の流れを掴み、それに応じて動く。 ・乳幼児との関わりの中で、一人ひとりの性格や特徴を理解できるよう努める。 ・乳幼児の安全を第一に考えながら関わりをもつ。 ・<u>職員の、乳幼児との関わり方を参考に、自分自身も実践していく。</u>❹ ・自分のできることは積極的に取り組み、乳幼児が笑顔で楽しく過ごすことができるよう努力する。 ・他機関との連携や、保育士以外の他職種の役割、連携方法などを理解し、どのような支援を行っているかについて学ぶ。	・観察して学んだことを実践し、新たな課題に取り組む。 ・実習や事前自己学習を通じて学んだ内容を振り返り、保育者として必要な知識、今後の課題、施設や地域の抱える課題などについて考える。 ・<u>上記の取り組みを踏まえて、自分自身の児童観、保育観、人間観について、考えを深める。</u>❺ ・実習全体を振り返り、自身の課題点を探る。

※　施設実習で、自分自身がどのようなことを体験し学びたいのかを考え記載すること。

◆部分実習（デイリープログラム）

　乳児院は、子どもたちにとっての「生活の場」であり、家庭の代替となる場所です。また、現在は小学校就学前の児童まで入所できるものの、中心はやはり０～２歳前後の乳幼児です。そのため、保育所や幼稚園での部分実習とは異なり、子どもたちへの指導よりも、遊びや生活の一部分を構成する要素の方が強くなります。

◆時間の管理（下線部⑥）

　時間の管理についても、細かく５分刻みや10分刻みで計画するというよりは、「午前中の活動」や「今日の自由遊びの内容」というように、ある程度の柔軟性をもって計画することになります。特に乳児の場合、排泄や水分補給などの生活への援助が適宜必要になることから、どうしても計画通りに進まないこともあります。ある程度柔軟性をもって実施できるよう、プログラムの中身には余裕をもたせておき、時間を自由にコントロールできるような内容にしておく方がよいでしょう。

◆安全面（下線部⑦）

　乳幼児は、物事に対する関心や好奇心が旺盛です。そのため、遊具は危険性のないものにする必要があります。とはいえ、完璧に安全な遊具というのも難しいため、プログラムで用いる素材や遊具についてはその安全性を確認した上で、自分を含めたその場面に関わる保育士と、その情報を共有しておくことが大切です。

◆様々な場面（下線部⑧⑨）

　部分実習というと、そのための時間を確保するようなイメージがありますが、例えば１日の活動の中で"こま切れ的"に部分実習をいくつも組み込み、取り組む方法もあります。昼食時やおやつの時間にも、食事に関係するような歌を歌ったり、手遊びを組み込むことがあります。季節感を感じられる遊びや歌、行儀よく食事することをテーマにした遊びなど、「どのような場面であっても、その場面を部分実習にしてしまう」方法があります。

◆飽きた子どもへの対応（下線部⑩）

　様々な素材や遊具を準備していたとしても、どうしても飽きてしまう子どもがいることがあります。そのため、前もって、「次の遊び」や次の遊びに移行していく手順などを考えておくことが大切です。子どもによって関心のある遊びやその度合いに差があるのは当然ですので、準備してきた遊びにこだわりすぎることなく、柔軟に対応していくことが大切です。

【デイリープログラム】	( )学年 ( )組　氏名 ( )	
○月　○日　○曜日　天候　晴れ	実習時刻 開始　8:30　～　終了　18:00	
居室・グループ　　　さくら	計4名 　男：1歳10か月、1歳3か月 　女：2歳1か月、1歳4か月	
時刻	乳幼児の活動	指導上の留意点
AM 保育	・手遊び 　（ころころたまご） ・パネルシアター 　（いろんな帽子）	・実習生の周囲に子どもたちを集める。 ・手遊びは大きい声ではっきり、ゆっくり歌いながら、製作した卵、ひよこ、にわとりを使用していく。 ・パネルはTVの前に立てかけておく。 ・落ち着いて観られるよう、泣いている子どもは抱っこしたり、膝の上で観られるようにする。 ・事前に空気を入れた傘袋を見せて、興味をもたせる。 ・傘袋に空気を入れて膨らませ、ロケットのように投げたり、剣のように持って遊ぶ。他児の目や顔に当たらないよう注意。 ・空気だけでなく、新聞紙を詰めたりして感触の違いを出す。 ・中に入っているものを落として、誤飲しないよう声かけをしていく。
昼食	・手遊び（あたま・かた・ひざ・ぽん） ・お食事のうた（ピアノ）	
おやつ	・絵本（きいろいことり） ・ミニ手袋（青いことり、赤いことり） ・おやつのうた（ピアノ）	
PM 保育	・くまさんおでかけ 　（くまのパペット） ・製作したおもちゃで遊ぶ 　（ガチャガチャ容器） 　（おままごと）	・実習生の周囲に子どもたちを集める。 ・くまのおでかけの話を、パペットを使って進める。 ・話の後で、「ぼく、今日いいものを持ってきたよ」と言って、ガチャガチャ容器を見せて興味をもたせる。実際に転がしてみる。 ・ガチャガチャ容器の中にビーズや色紙を入れて、ふたが外れないようにボンドで止め、透明のビニールテープで二重に固定する。 ・布滑り台を使用して、牛乳パックのレールを固定し、傾斜を作る。 ・レールに転がして遊んだり、マラカスのように振って、音の鳴るのを楽しむ。 ・投げて他児に当たらないよう注意し、声かけをしていく。 ・飽きてしまった子から、ガチャガチャ容器を園バッグに入れて、お買い物に行く感じに変更していく。 ・レールを片付け、フェルトの野菜を並べておき、買い物のように遊んだり、食べる真似をしながら自由に遊ぶ。

②母子生活支援施設
◆母子生活支援施設について（概要）

　母子生活支援施設がほかの児童福祉施設と決定的に異なる点は、「母子が一緒に生活する場」であるということです。つまり、母親個人に対する支援と子ども個人に対する支援を同時並行的に、母親と子どもの関係性に着目した支援（母子を１つの単位として捉えた支援）が必要となる点が特徴です。

　また、母子生活支援施設への入所理由としては、大半が離婚による生別であることから、父親（夫）の存在も忘れてはなりません。DVを背景とした入所の場合には、母子の安全確保の問題も出てくるため、実習前後を含め、守秘義務には細心の注意が必要です。

◆実習課題（下線部①）

　母子生活支援施設の多くは、施設全体としての日課を大まかにしか決めておらず、それぞれの世帯（ユニット）で生活時間帯が異なります。とはいえ、業務全体を通して大まかな流れをつかんでおくことは大切ですので、いくつかのユニットの生活時間を参考にしながら、理解を深めるようにしましょう。

◆心構えと抱負（下線部②）

　母子生活支援施設での母子支援員（保育士）は、あくまで母子を側面的に支援することが特徴です。仕事や求職活動、通院などと子どもの養育を両立させることは時に多忙を極めるため、職員や実習生の家事援助は重要なサポートとなります。実習前に、家事全般について経験を深めておくことが求められます。

◆利用者の背景（下線部③）

　母子生活支援施設は、様々な背景や課題を抱えた母子が利用しています。慎重に取り扱うべき課題を抱えた母子も少なくないため、事前学習時の参考文献や、実習先で閲覧可能な資料から、その背景について理解を深めておきましょう。

◆利用者の背景（下線部④⑤）

　母親が抱える課題、子どもが抱える課題について、それぞれどのようにして個別具体的な支援が展開されているか、閲覧可能な資料や、職員から

《実習にあたっての目標（実習課題）及び実習計画書》

◎実習の目標（実習課題）と抱負

　目標や課題を持って実習に参加することはきわめて大切なことです。実習で学習しようとしていることを体験したいと考えている目標（実習課題）を記入して下さい。

- 母子生活支援施設での生活について、1日の流れを理解する。 ①
- 母子生活支援施設で保育士が担う、母親に対する支援、子どもに対する支援を学ぶ。
- 母子家庭と生活を共にする中で、母子（家庭）がどのような点に課題や困難を抱えているかを学ぶ。

◎今回の実習に対する自分自身の心構えや抱負などをまとめておきましょう。

- 母子生活支援施設で、母子家庭の生活支援にあたることから、家事援助全般について、実習前に技術を高めておく。 ②
- オリエンテーション時に事前準備、事前学習について確認し、実習までに学びを深めておく。
- 母子生活支援施設を利用している母子（母親）の多くは、DV被害の経験があることから、DV問題について理解を深める。

◎実習中に取り組むべき内容

実習前期（導入期）	実習中期（実践期）	実習後期（まとめをする時期）
・子どもたちと関わり、関係を築く。 ・実習するユニットで、生活支援について学び、実践する。 ・母子生活支援施設の1日の流れを把握する。 ・母子生活支援施設を利用する母子の背景（利用に至る理由、経緯、法制度、手続きなど）について、資料などから理解を深める。 ③	・子どもが抱える課題、母親が抱える課題を、それぞれ理解する。 ・それぞれのユニットの生活について理解する。 ・母親の自立支援について、理解を深める。 ④ （例．就労支援、疾病やDV被害からの回復、など） ・子どもの自立支援について、理解を深める ⑤ （例．進路問題、虐待被害からの回復、など）	・必要な家事援助を行う。 ・母親との関係を深める。 ・母子支援員（保育士）の役割と、何ができるかを考え、実践する。

※　施設実習で、自分自身がどのようなことを体験し学びたいのかを考え記載すること。

の指導をもとに学びを深めましょう。

◆部分実習

　母子生活支援施設では、各世帯の生活時間帯は厳密には定められていません。そのため、細かい部分実習計画を立てることは現実的ではありません。右の例では、午後、小学生や幼児について施設に下校後（降園後）、園内保育で預かるところから、夕方〜夜の生活支援について大まかな計画を立ててみました。

◆施設内の保育（下線部⑥）

　母子生活支援施設に入所している母親は、日中、働きに出ていたり、求職活動などで不在になることがあります。そういった世帯で母親が帰宅（帰園）するまでの間、下校後の子どもたちを預かる「施設内保育（学童）」を設置しているケースです。

　単に「夕方まで預かるだけ」の場ではなく、必要に応じて学習指導なども行います。

◆病児対応（下線部⑦）

　病児がおり、保育所や幼稚園を休ませている場合、上記と同様、母子生活支援施設の園内保育で子どもを預かります。その間、けがや病気の治療のため近隣医療機関に子どもを通院させます。特に母親が働いている場合、終業時刻との兼ね合いから子どもを病院に連れて行くことが難しいため、母親の負担軽減の意味から、施設の職員が通院補助を行うケースがあります。

　なお、通院該当の児童がいなかった場合も想定して、学年別（年齢層別）に遊びの準備もしています。

◆母親へ、児童の引き渡し（下線部⑧）

　園内の学童保育や施設内保育で預かっていた子どもを、各家庭（母親）のところまで連れて行き、今日１日の様子などを報告した上で引き渡します。

◆夕食（下線部⑨）

　母子生活支援施設では、利用者の生活の主体は母親です。母親の意向を確認しつつ、可能な範囲で夕食準備などを手伝います。場合によって、「実習生が子どもの面倒を見ている間に、母親と職員が調理を行う」といったケースも想定されます。いずれにせよ、「母親の主体性を極力尊重する」という方針が大切です。

【デイリープログラム】	( )学年 ( )組　氏名( )	
○月　○日　○曜日　天候　晴れ	実習時刻 開始　15:00　～　終了　21:00	
居室・グループ 　103号室（Bさん宅）	2名（男：1名、女：1名）	
時刻	入所者（母子）の活動	支援上の留意点
15:00	・学童下校	・<u>施設内の学童保育で、学童を迎える</u>❻ ・学習指導（宿題）
16:00	・通院 　（病欠児、定期通院児）	・<u>病欠した児童がいた場合、通院補助</u>❼ 　（毎週木曜日に歯科通院している児童の付き添い） ・病欠児童がいない場合、自由遊び 　園庭で子どもたちの遊び相手をする 　　・幼児～小学校低学年：絵本を用意 　　・小学校高学年：自由遊び
17:00	・各ホームへ移動 ・夕食準備	・<u>学童および幼児を、園内保育室から各ホームへ連れて行く（母親に直接）</u>❽ ・Bさん宅で夕食の準備の手伝い
18:00	・夕食	・<u>夕食 　（幼児の食事補助に付く）</u>❾
19:30	・入浴（幼児）	・食事を終え一休みさせたら、入浴させる ・食後の歯みがきチェック
20:00	・就寝準備	・幼児の就寝準備 　（寝る前の絵本の読み聞かせを準備） ・寝る前のトイレ誘導
20:30	・就寝（幼児）	・就寝、絵本の読み聞かせ

③児童養護施設
◆児童養護施設について（概要）
　児童養護施設は乳児院と同様、子どもたちにとっての「生活の場」です。しかし、入所児童の年齢が2～18歳（措置延長の場合20歳）までと非常に幅広いため、担当する児童の年齢層や構成、性別などによって、部分実習の中身も大きく異なってきます。

　養成校で学ぶ内容が、どうしても低年齢児の保育（保育所や幼稚園での関わり）に重きを置いたものになりがちですので、小学生以上の就学児に対する関わりはなかなか難しいところがあります。この点は、実習で担当するユニットの担当職員などに、早い時期からそのユニットの特徴などを尋ね、子どもたちの概要を理解した上で部分実習の準備に取りかかるべきでしょう。

◆実習課題（下線部①）
　児童養護施設の多くは大舎制です。近年、少しずつ小規模化やユニット化が進みつつありますが、それでも一般家庭とは違いがあります。その違いを理解した上で、可能な限り、一般家庭に近い環境で子どもたちを養育するということに主眼を置く必要があります。

◆心構えと抱負（下線部②）
　入所児童の多くは、虐待など様々な問題を抱えて入所に至っています。そのため、大人に対する不信感が強い児童がいる場合もあります。短い実習期間内で、関わる全ての子どもと信頼関係を築くことは難しいかもしれませんが、実習生の方から、子どもの心のドアをノックし続けることは重要です。

◆実習中に取り組む内容（下線部③④⑤）
　短い実習期間の中で、子どもたちとの信頼関係を築くことは容易ではありません。まずは子どもたちの名前をできるだけ早く覚え、積極的に実習生から声をかけ、話しかけていくことが大切です。子どもによっては、警戒心やあるいは気恥ずかしさから実習生と距離を置く子どももいますが、少しずつ関係を深めていけるよう努力を惜しまないことが大切です。

《実習にあたっての目標（実習課題）及び実習計画書》

◎実習の目標（実習課題）と抱負

　目標や課題を持って実習に参加することはきわめて大切なことです。実習で学習しようとしていることを体験したいと考えている目標（実習課題）を記入して下さい。

- ・児童養護施設での生活と、一般家庭での生活の違いを理解する。❶
- ・保育士の役割とは何か。
- ・生活の場で働くということを体験する。
- ・子どもたちとの関わる上で大切なことを学ぶ。
- ・1人でいる子や話しかけてこない子に、こちらから積極的に声をかけていく。

◎今回の実習に対する自分自身の心構えや抱負などをまとめておきましょう。

- ・緊張や不安はあるが、笑顔でいることを心がける。
- ・10日間で信頼関係を築くことは難しいかもしれないが、担当する子どもたちと、少しでも多く関わる。❷
- ・児童養護施設で暮らしている子どもたちの現状を理解する。
- ・一人ひとりの子どもとの関わりを大切にし、丁寧に対応する。
- ・実習生と年齢が近い児童（高校生など）との関わり方、接し方に留意する。

◎実習中に取り組むべき内容

実習前期（導入期）	実習中期（実践期）	実習後期（まとめをする時期）
・1日の流れを掴む。 ・子どもたちの名前を覚える。❸ ・生活に慣れる。 ・子どもたちに心を開き、少しでも安心してもらえるよう笑顔でいる。 ・職員の動きや働きかけを観察し、子どもたちとの関わり方を学ぶ。 ・生活の場で実習させて頂くので、施設のやり方に慣れる。	・子どもたちの特徴を掴む。 ・一人ひとりとの関わりを大切にする。 ・受容、共感、傾聴の実践。 ・一人ひとりに合った対応をする。 ・積極的に話しかける。❹ ・小さな変化にも気づくことができるよう、気を配る。	・子どもたちにとって安心できる環境の一部となれるよう、笑顔で明るくすることを忘れない。 ・生活の場での仕事をしっかり身につけ、自ら進んで行動できるよう努力する。 ・一人ひとりをよく観て、それぞれに合った接し方をする。❺ ・保育士の役割を考えながら、実習に取り組む。

※　施設実習で、自分自身がどのようなことを体験し学びたいのかを考え記載すること。

第❸部　実習の実際

◆**部分実習**

　児童養護施設の場合、子どもたちの「生活の場」であることから、何か特別なプログラムではなく、"1日の生活の一部分を、担当職員に代わって担当する"という形態での部分実習がほとんどです。右の例は、起床から登校（登園）までの部分実習です。

◆**起床の支援（下線部⑥⑦）**

　一般家庭でも朝は慌ただしいものです。右の例では6時30分に子どもたちを起こしていますので、その10分前には出勤しましょう。部活動の朝練習がある子どもだと、職員（実習生）の出勤よりも早く起きて、自分で身支度を始めていることもあります。

　また、夜尿癖のある子どもがいる場合には必ず布団を確認し、汚れていた場合には交換や洗濯が必要です。比較的年齢の高い児童の場合、できる限り他児に知られないよう配慮することなども大切です。

◆**食事の際のマナー（下線部⑧）**

　マナーや好き嫌い（嗜好）に関する指導も、食事時間に行う重要な支援の一つです。実習生自身がマナーの悪さやひどい好き嫌いがあると、子どもたちへの指導もままなりません。実習前に、自分自身のマナーなどについても考えてみておくべきでしょう。

◆**登校（下線部⑨）**

　子どもたちが登校する時には、できるだけ一人ひとりに声をかけて見送りましょう。忘れ物がないか確認することなども大切ですが、それよりも、子どもたちに声をかけることによる「大人が見守っている」というメッセージこそが大切です。

◆**園内保育（下線部⑩）**

　施設の形態にもよりますが、3歳未満児〜幼稚園児を園内で一括して日中保育する施設もあります。その場合、幼児は一度園内保育に登園し、幼稚園児はそこから幼稚園に登園するという形態をとります。小舎制やグループホームの場合は、それぞれのホームで日中も継続して保育していることが一般的です。

◆**ホーム清掃（下線部⑪）**

　子どもたちが登園した後は、ホーム清掃や洗濯などの家事にあてます。

◆**職員朝礼（下線部⑫）**

　朝礼では、他ホーム児童の様子や、昨晩の施設全体の動きなどを確認します。必要に応じて、担当保育士から園全体に、ホーム児童の情報を周知するなどします。

【デイリープログラム】　　　　（　）学年　（　）組　氏名（　　　　　　）

○月　○日　○曜日　天候　曇り	実習時刻 開始　06:30　～　終了　09:30
居室・グループ　　かえでホーム	計4名（男：4名　女：0名）

実習の目標
・起床から登校（登園）までの一連の流れを理解し、適切に支援する。
・食事や着脱衣など、場面に応じて生活上のマナーやルールについて指導する。

時刻	児童の活動	実習生の行動および指導上の留意点
06:30	・起床、身支度 ◆6	・中高生へは声かけ、小学生と幼児へは起床、身支度の支援（直接起こす、洗面などの確認） →夜尿がある児童、布団の確認 ◆7 （あった場合、担当保育士へ報告と、布団の処理） ・並行して、朝食の準備（味噌汁と卵料理の調理） →ゆで卵が苦手な児童が3名
07:00	・朝食	・低年齢児の隣に座り、食事の援助、マナー指導 ◆8 ・健康状態の確認（発赤、元気の無さ、普段との違い） →体調不良児がいた場合、担当保育士に報告
07:30	・朝食の後片付け、歯みがき ・中学生：登校（随時）	・部活の朝練習で早く登校する中学生への声かけ ・食事が終わった子どもから、食器の片付け、歯みがきの声かけ
07:50	・小学生：登校（集団） ・幼稚園児：身支度 ◆9	・小学生：低学年児中心に、忘れ物がないか確認 ・幼稚園児：小学生の見送りと並行して、身支度（食後の歯みがき、洗面、トイレ、幼稚園制服への着替え）
08:20	・幼稚園児：園内保育へ	・幼稚園児：園内保育へ移動 ◆10 （幼稚園登園バッグの中身確認）
08:30	・ホーム清掃 ◆11	・リビング（掃除機、雑巾がけ） ・児童居室（同上） →中学生以上は、プライバシーに配慮し簡易清掃。
08:45	・職員朝礼	・職員室にて朝礼 ◆12 →事前に担当保育士に、児童の今朝の様子を報告しておく（健康状態、学校欠席者の有無など） ・昨晩の様子について夜勤者からの報告 →重要事項、メモしておく
09:00	・ホーム清掃 ・洗濯 ・朝の様子、記録	・清掃の続き ・洗濯（小学生以下のみ、中学生以上は各自） →裏返しで脱いでいないか確認 ・記録 →特に気になった児童の様子、食事の状況など

④障害児入所施設・児童発達支援センター

知的障害児のいる障害児入所施設

1 部分実習指導案の例

　知的障害児の施設では、生活プログラムの余暇活動として部分実習をすることがあります。知的障害児は、全般的な知的発達に遅れがありますので、言葉の理解が難しかったり、集中力が途切れやすかったり、個人差が大きいなどの特徴があります。部分実習においてもこのような点に配慮していきます。部分実習の指導案の例を示します。右ページの「作成のポイント」を踏まえながら見ていきましょう。

部分実習指導案例

知的障害児のいる障害児入所施設の部分実習指導案の例

子どもの姿	・活動に見通しがもてないと、集中していられなくなる。 ・手に力が入らず、小さい物を掴んだりすることが苦手な子どもがいる。	**Point 1**
ねらい	●どんな音が鳴るか期待しながら、マラカス作りを楽しむ。 ●物を入れる作業を繰り返して、マラカスを完成させ、達成感を得る。	**Point 2**
内容	ペットボトルにビーズなどを入れ、マラカスを作り、音が鳴るのを楽しむ。	**Point 3**

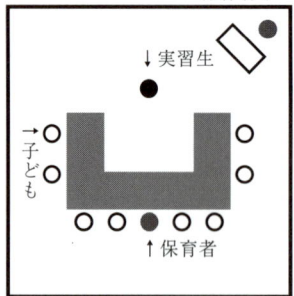

時間	子どもの活動	環境構成	保育者の援助・配慮
10:50 導入	<絵本を聞く> ●実習生の話を聞く。 ●『くるくるなあに』の絵本を聞く。 ●声かけに対し答える。	<始まり・絵本> 保育者↓ ↓実習生 →子ども ↑保育者	・「今からお話を読みます。『くるくるなあに』だよ」 ・子どもが一緒に言いやすいように「せーの」と言う。 ・くるくるの部分を指差し、「何かな」と声かけをする。 ・最後のロールケーキの所を子どもたちと一緒に食べる。 ・「ロールケーキ食べたい人」と聞く。1人ずつ「はい、どうぞ」と渡す。 **Point 4** ・「おいしかったね」と言う。

2 作成のポイント

Point 1 子どもの姿では、日々の実習の中で捉えた対象児の発達、興味、関心などを書きます。知的障害児は、知的発達に遅れはありますが、基本的な発達の流れは障害のない乳幼児とほぼ同じと考えてよいでしょう。そのため、現在、子どもたちがどのような発達段階にいるのかを押さえて、子どもの姿を捉えていきます。また、ねらいや活動を設定するにあたり、子どもの特性を把握することも大切です。例えば、言葉による理解はどのくらいできるのか、視覚的な手がかりがあれば理解できるのかなどを把握しておけば、活動内容を説明する時にどのような配慮が必要なのかがわかります。その他、集中力や運動能力、子ども同士の関係性などを日々の実習を通して捉えておき、必要に応じて部分実習指導案を計画する上で役立てていきましょう。

Point 2 ねらいでは、子どもの姿から、どのように育ってほしいのかを書きます。知的障害児の場合、基本的には障害のない乳幼児と同じように、その発達課題に合わせてねらいを立てていきます。それと共に、知的障害児では、過去の失敗経験や叱責経験が多く、自尊心が低下していることもよくあるため、達成感を得られるようにしていくことも考えられます。子どもが今どのようなことができるかを理解し、ねらいを設定するようにしましょう。

Point 3 内容は、ねらいを達成するために、子どもが経験する活動を書きます。知的障害児が対象の場合、活動の内容をどのくらい理解できるのか、手先などを含めた運動面のコントロールはどのくらいできるのかなどによって、どのような活動を設定すればよいのか変わってきます。知的障害児にとって理解しやすいこと、見通しをもちやすいこと、少し努力すれば達成できることに配慮して活動を設定することが大切です。

Point 4 部分実習の指導案を作成する場合、主活動の前に導入となる活動を行います。子どもの気持ちが主活動に向けられるように、主活動に関連した手遊びや絵本などを取り入れるとよいでしょう。知的障害児の集中力が途切れないよう、適度な時間で終えられるように配慮しましょう。

3 部分実習指導案の例（つづき）

部分実習指導案のつづきを示しますので、見ていきましょう。

部分実習指導案例

知的障害児のいる障害児入所施設の部分実習指導案の例（つづき）

時間	子どもの活動	環境構成	保育者の援助・配慮
11：00 展開	＜マラカスを作る＞ **Point 1** ●シールを貼る ・個人差があり、時間にばらつきが出る。 ・同じ面だけにシールを貼る子がいる。 ●鈴、ビーズを入れる。 ・ビーズを口に入れようとする子がいる。 ・ビーズを落としてしまう子がいる。 **Point 2** ●ペットボトルを振って音を鳴らす。	＜用意するもの＞ ［棚／実習生／子ども／保育者の配置図］ ・ペットボトル ・シール ・鈴 ・トレー ・ビーズ	・「次はマラカスを作るよ」と言い、見本のマラカスを鳴らす。 ・「最初はペットボトルにシールをペタン、ペタンと貼るよ」と言い、シールを貼る。 ・「じゃあ、やってみようね」と言い、シールを配る。 ・「上手だね」「こっちにも貼ってごらん」「すごいね」と励ましの声かけをする。 ・「上手に貼れたかな？次はビーズを入れるよ」と言って見本を見せる。 ・「みんなどこに入れてるかな」と声をかける。 **Point 3** ・必要に応じて、ペットボトルを支える。 ・キャップを閉めたら開かないようにテープで固定する。 ・「上手にできたね」「鳴らしてみよう」と言い音を出す。

74

4　作成のポイント

　部分実習指導案は、基本的には、障害のない乳幼児と同じように考えます。ただし、言葉の理解が難しいことや、集中力の持続が難しいこと、注目する場所がわからなくなること、個人差が大きいこと、運動面のコントロールが難しいことなどがあるため、これらの点に注意して、子どもの活動や予想される行動、保育者の援助・配慮を書いていきましょう。

Point 1　子どもの活動については、実際に活動の中で、子どもがどのような行動を取るのかを書いていきます。知的障害があっても、簡単な言葉や身振りを使ってコミュニケーションが取れたり、少し時間がかかっても、状況に応じた動作ができることがあります。子どもが無理なく活動に参加できるように、適度に反応を促すようにしていきましょう。

Point 2　子どもの活動には、予想される行動や様子も書くようにしましょう。実習生からの働きかけに対し、自発的な反応が現れないこともありますし、思いがけない言動が現れることもあります。知的障害児であれば、注目してほしいところに注目していなかったり、集中力が途切れたりすることもよくあります。そのような予定とは異なる反応が現れる場合を想定しておくことで、子どもの様々な反応に対応できるようにしておきましょう。

Point 3　保育者の援助・配慮では、実習生が活動をどのように進めていくのか、どのような声かけを行うのかを書いていきます。また、子どもの反応に対して、どのような働きかけをするのかといった対応も書いておきます。実習生が働きかけても、予定していた反応が現れなかったり、注目していなかったりすることがありますので、日々の実習において、どのような反応が現れるのかをよく把握しておくことが大切です。

5　まとめ

　知的障害児は全般的な知的発達に遅れはありますが、子どもの特性に配慮すれば、自発的な行動が取れる場合もあります。子どもが主体的に活動に参加できるように指導案を計画することが大切です。

身体障害児のいる障害児入所施設

1 部分実習指導案の例

　身体障害児の施設では、肢体不自由児を対象として、部分実習をすることがあります。肢体不自由児は動きの制限がありますし、脳性まひがある子どもでは発音が不明瞭になりやすいため、コミュニケーションが取りにくくなります。部分実習においてもこのような点に配慮していきます。部分実習の指導案の例を示します。右ページの「作成のポイント」を踏まえながら見ていきましょう。

部分実習指導案例

身体障害児のいる障害児入所施設の部分実習指導案の例

子どもの姿	・発音が不明瞭なため、時間はかかるが、簡単な言葉のやり取りができる。 ・手を使った簡単な動作ができる。 **Point 1**
ねらい	●牛乳パックシアターを見てお話を想像しながら楽しむ。 ●手を使った遊びを経験して楽しむ。 **Point 2**
内容	牛乳パックシアターをする。話の途中で卵をたくさん割る際に、ポンッと牛乳パックを叩いたり、触れたりする。 **Point 3**

時間	子どもの活動	環境構成	保育者の援助・配慮
14:00 導入	●保育室に集まる。 ●「ひげじいさん」の手遊びをする。 ●「卵」と言う子がいる。	［ピアノ／実習生／ロッカー／出入口の配置図］ 実習生を囲むように座る	・「帰りの会をやります」など声をかけ、子ども・保護者が座っているか確認する。 ・「いつもと違う遊びでお話を始めます」「この前も1度やった手遊びです」「みんなも覚えていたら一緒にやってね」と声をかける。 **Point 4** ・表紙が卵なので「これは何でしょう」と声をかけ、物語を進めていく。 ・絵を指差し、「そうですね。これは卵です」と声をかける。

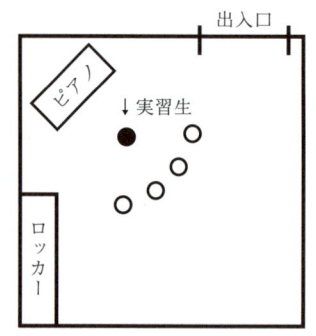

2　作成のポイント

Point 1　子どもの姿では、日々の実習の中で捉えた対象児の発達、興味、関心などを書きます。肢体不自由児の施設であれば、部分実習を実施するにあたり、対象となる子どもの特性を日頃の実習から捉えておくことが大切です。例えば、子どもの自立への意欲を損なわずに、必要な援助をするためにはどこまで見守って、どこから援助が必要なのかを把握しておきます。また、どのようなことを楽しみとしているのかなどを押さえておきます。対象児とのコミュニケーションにおいては、子どもの表情の変化や声などのサインをキャッチできるよう日頃から観察することが必要です。それと共に、子ども同士の関わりの様子を捉えて、子どもの様子を記述していくことも大切です。

Point 2　ねらいでは、子どもの姿から、どのように育ってほしいのかを書きます。肢体不自由児を対象とした場合、身体の動きやコミュニケーション能力に制限のある子どもも多いのですが、スキンシップや音楽などを通して、興味や関心、感覚を育てることが考えられます。また、動きに制限があっても何もかも援助が必要なのではなく、子どもが自分の力でできることもあります。子どもが今どのようなことができるかを理解し、ねらいを設定するようにしましょう。

Point 3　内容は、ねらいを達成するために、子どもが経験する活動を書きます。肢体不自由児が対象の場合、どのくらいの動作が可能なのか、コミュニケーションがどれくらい取れるのかによって、どのような活動を設定すればよいのか変わってくるでしょう。肢体不自由のある子どもが可能な限り活動に参加して楽しめるように、簡単な言葉や動ける部分を使って、踊り、合奏、描画、制作、ゲームなどの活動を取り入れていくようにしましょう。

Point 4　部分実習の指導案を作成する場合、主活動の前に導入となる活動を行います。子どもの気持ちが主活動に向けられるように、主活動に関連した絵本や紙芝居、お話などがよいでしょう。肢体不自由児は動きに制限があり、時間がかかりますが、手遊びや言葉による反応が可能な場合もあります。子どもが活動に参加できるように配慮しましょう。

3 部分実習指導案の例（つづき）

部分実習指導案のつづきを示しますので、見ていきましょう。

部分実習指導案例

身体障害児のいる障害児入所施設の部分実習指導案の例（つづき）

時間	子どもの活動	環境構成	保育者の援助・配慮
14：10 展開	●牛乳パックシアターを見る。 **Point 1** ・牛乳パックシアターに注目しない子どもがいる。 ●牛乳パックを叩く。触れる。 ・触れない子ども、手を出さない子どもがいる。 **Point 2** ●牛乳パックシアターの続きをみる。 ●お話のおしまいをする。	＜用意するもの＞ ・牛乳パックシアター	・子どもたち一人ひとりに見えるように牛乳パックの向きを変えていく。 ・「見えなかったかな？ ひよこさんが生まれたよ」など、声をかけ、絵を見せ興味がもてるようにする。 ・卵を割る場面でポンッと叩くため、子どもが叩けるように近づく。牛乳パックに触れるように声をかける。 ・「おてて貸して」など、声をかけたり、子どもの手を取って牛乳パックに触れるように一緒に行う。 ・「ママと一緒にやろう」と声をかけ、保護者の協力をいただき牛乳パックに触れてもらう。 **Point 3** ・子どもたちが触れた後、「ほら、みんながポンッと叩いてくれたので、たくさんのひよこさんが生まれたよ」と声をかけ、話を進める。 ・牛乳パックシアターの最後のページがおしまいと出たら、「これで今日のお話はおしまい」と言う。

4 作成のポイント

部分実習指導案は、肢体不自由児のいる障害児入所施設においても、基本的には、障害のない乳幼児と同じように考えます。ただし、身体の動きやコミュニケーションに制限があるため、見守りながら必要なところで援助をしたり、言葉で動作を促します。この点に注意して、子どもの活動や予想される行動、保育者の援助・配慮を書いていきましょう。

Point 1 子どもの活動については、実際に活動の中で子どもがどのような行動を取るのかを書いていきます。肢体不自由児は時間をかければ手を動かしたり、言葉などで表現できることもあります。活動の中で、子どもが、無理なく自発的に物に触れたり叩いたりなどの行動が現れるようにすることが望ましいです。

Point 2 子どもの活動には、予想される行動や様子も書くようにしましょう。実習生からの働きかけに対し、肢体不自由児の自発的な反応が現れないことも度々見られます。また、注目してほしいところに注目していなかったり、集中力が途切れたりすることもあります。そのような予定とは異なる反応が現れる場合を想定しておくことで、子どもの様々な反応に対応できるようにしておきましょう。

Point 3 保育者の援助・配慮では、実習生が活動をどのように進めていくのか、どのような声かけを行うのかを書いていきます。また、子どもの反応に対して、どのような働きかけをするのかといった対応も書いておきます。実習生が働きかけても、予定していた反応が現れなかったり、注目していなかったりすることがありますので、日々の実習において、どのような反応が現れるのかをよく把握しておくことが大切です。

5 まとめ

肢体不自由児を対象とした部分実習指導案は、身体の動きやコミュニケーションに制限がありますが、手を動かしたり言葉による表現が可能な場合もあります。そのような子どもの特性を活用し、主体的に活動に参加できるように指導案を計画することが大切です。

重症心身障害児のいる障害児入所施設

1 部分実習指導案の例

　重症心身障害のある子どもを対象として、部分実習をすることがあります。重症心身障害児は、動きの制限があったり、コミュニケーションが取りづらかったり、寝たきりの場合もあって、実習生にとっては、どのような部分実習を設定すればよいのか悩むところでしょう。

　以下に、重症心身障害のある子どもを対象とした部分実習の指導案の例を示します。右ページの「作成のポイント」を踏まえながら見ていきましょう。

部分実習指導案例

重症心身障害児のいる障害児入所施設の部分実習指導案の例

子どもの姿	・表情や身体の動きで反応することができる。 ・介助をすれば、手で物を押したり押さえたりすることができる。 **Point 1**	ねらい	●お花を作ることで色に関心をもつ。 ●どんなお花ができるか想像することを楽しむ。 **Point 2**

内容	画用紙に色紙を貼って、お花を作る。 **Point 3**

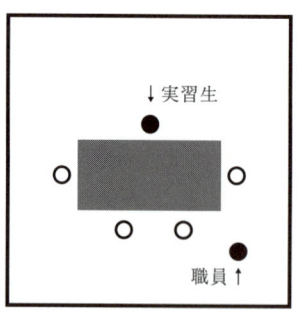

時間	子どもの活動	環境構成	保育者の援助・配慮
14:00 導入	●移動が完了し、静かに待つ。 ●実習生の話を聞く。	↓実習生 ○　　○ ○　　● 職員↑	・実習生の声かけで始める。 ・<u>これから何の季節になるか声かけを行い、春は、お花がたくさん咲くことを伝える。</u> **Point 4** ・自分の作品を見本として見せ、子どもたちが見本の方を見ているのを確認したら、「みんなで作ってみましょう」と声かけをする。

2 作成のポイント

Point 1
子どもの姿では、日々の実習の中で捉えた対象児の発達、興味、関心などを書きます。部分実習を実施するにあたり、重症心身障害のある子どもがコミュニケーションをどのくらい取れるのか、どのような活動が可能かなどを押さえておく必要があります。そのため、日々の実習において対象児と関わりながら、どのようなことに反応するのか、どのような援助があればできるのか、どのようなことを楽しみにしているのか、などを把握するようにしましょう。

Point 2
ねらいでは、子どもの姿から、どのように育ってほしいのかを書きます。重症心身障害児を対象として、どのようなねらいが考えられるでしょうか。重症心身障害児は身体の動きに制限のある子どもも多いのですが、スキンシップや音楽などを通して、興味や関心、感覚を育てることが考えられます。

また、反応が乏しくても、声かけに対して表情などで簡単な反応を示したり、やり取りを楽しむこともできます。重症心身障害があっても、今どのようなことができるかを理解し、ねらいを設定するようにしましょう。

Point 3
内容は、ねらいを達成するために、子どもが経験する活動を書きます。これは、対象児がどれくらいのことができるかによりますので、重症心身障害児が対象の場合、どのような活動を設定すればよいのか、特に悩むところになります。例えば、動きに制限があっても動かせる部分を使った活動ができるのか、ほとんど寝たきりの状態なのかによって設定できる活動内容は変わってきます。活動の例としては、音楽を取り入れたレクリエーションであったり、手などを少し動かしてできる制作などを実施することが考えられます。

Point 4
部分実習の指導案を作成する場合、主活動の前に導入となる活動を取り入れることが多いです。子どもの気持ちが主活動に向けられるように、主活動に関連した絵本や紙芝居、お話などがよいでしょう。重症心身障害児に対しては理解しやすいお話にし、反応を求めるのであれば、単純な反応で済むようにしましょう。

第❸部 実習の実際

3 部分実習指導案の例（つづき）

部分実習指導案のつづきを示しますので、見ていきましょう。

部分実習指導案例

重症心身障害児のいる障害児入所施設の部分実習指導案の例（つづき）

時間	子どもの活動	環境構成	保育者の援助・配慮
14：05 展開	**Point 1** ● 色を楽しみながら、好きな花びらを5枚選ぶ。 ● 画用紙に花びらを貼っていく。 ・お花ができ上がるにつれ利用者が楽しむ様子。 **Point 2** ● 職員、実習生にのり付けをしてもらい、次々と貼っていく。 ● 完成したら、職員・実習生の援助により、名前を書き、貼る。 ・完成して嬉しい様子。	＜用意するもの＞ ・白い画用紙（4枚） ・葉っぱ（1人2枚、計8枚） ・花びら（20枚以上） ・花の中心のパーツ（4つ） ・のり（2個） ・マッキー	・作り方の説明をする（花びらの好きな色を選ぶ。花びらと葉っぱを貼る。書ける利用者は名前を、職員・実習生と一緒に書く。のり付けは実習生、職員がする）。 ・お花を実際に作る。 ・花びらを何色にするか利用者と相談して選ぶ。 ・お花の形になるよう心がけて、声かけを行う。 ・常に利用者に声かけをし、すてきな作品になるよう心がける。 ・完成した利用者の名前をひらがなで書く。 ・のり付けをし、画用紙の下に貼る。
14：35 まとめ	● でき上がった作品をみんなで見せ合う。 （時間がある場合は1人ずつ）		**Point 3** ・「できたね」などと声かけを行う。 ・実習生が声かけをし、みんなで作品を見せ合う。 ・「早く春になってお花見たいね」などと声かけし、終わりと伝える。

4　作成のポイント

　部分実習指導案は、重症心身障害児のいる障害児入所施設においても、基本的には、障害のない乳幼児と同じように考えます。ただし、身体の動きやコミュニケーションに制限があるため、実習生や職員が援助をしたり、子どもに働きかけることが特に必要となります。この点に注意して、子どもの活動や予想される行動、保育者の援助・配慮を書いていきましょう。

Point 1　子どもの活動については、実際に活動の中で、子どもがどのような行動を取るのかを書いていきます。重症心身障害があっても、できるだけ活動に参加している状況をつくっていきましょう。例えば、制作であれば、動かせる部分を使って、物を動かしたり貼ったりすることができるかもしれません。音楽を取り入れた活動でも、手などに楽器をくっつけて、職員と協力しながら音を出すということも考えられます。

Point 2　子どもの活動のところには、予想される行動や様子も書くようにしましょう。実習生からの働きかけに対し、声や表情の変化など予想される反応を書くと共に、反応がない場合でも、予定とは異なる反応が現れる場合などを想定しておくことで、子どもの様々な反応に対応できるようにしておきましょう。

Point 3　保育者の援助・配慮では、実習生が活動をどのように進めていくのか、どのような声かけを行うのかを書いていきます。また、子どもの反応に対してどのような働きかけをするのかといった対応も書いておきます。実習生が働きかけても反応が乏しい場合が多いのですが、日々の実習を通して、どのような反応が現れるのかをよく把握しておくことが大切です。また、できるだけ楽しい雰囲気をつくるために、オーバーな動作で、表情豊かに関わることを心がけましょう。

5　まとめ

　重症心身障害児を対象とした部分実習指導案は、身体の動きやコミュニケーションに制限があるため、どのような活動がよいのかは悩むことが多いでしょう。また、子どもができるだけ活動に参加できるようにすることも考慮して主活動を設定することが大切です。子どもにどのようなことが可能なのかをよく把握し、活動を設定していきましょう。

⑤児童心理治療施設
◆児童心理治療施設について（概要）

児童心理治療施設は、児童の生活の場であると同時に、心理治療の場です。被虐待経験を有する児童や、発達障害などの障害を抱える児童が多いことから、その特性を理解した上で部分実習の中身を考える必要があります。

計画を立てる際には、実習で配属されたユニットの年齢層や児童の特性に応じて中身を検討する必要がありますが、児童の突発的な状態の変化（悪化）に対応できるよう早い時期にユニット担当職員に概要を相談し、突発的な変更に対応できるよう複数のプランを用意する、あるいは、柔軟に変更可能なプランを設計しておくとよいでしょう。

◆実習課題（下線部①）

児童心理治療施設の特徴の1つは、「心理療法担当職員による心理療法が集中的に行われる施設である」ことです。しかし、単に心理療法を実施するだけでは児童の抱える不適応症状を改善することはできません。保育士や児童指導員により、安定した生活環境が保持されることによって、治療、教育、生活を総合的に展開する「総合環境療法」の効果が期待できることから、職員間の連携に注目しましょう。

◆心構えと抱負（下線部②）

児童心理治療施設は、「入所」、「通所」のいずれかの形態で利用する施設です。一般的には入所利用する児童の方が重篤な課題を有し、集中的な心理治療を必要とする児童となっています。それぞれの利用形態について、厚生労働省の資料などをもとに概要を理解しておくことで、実習の際に児童の背景をより深く理解することができるでしょう。

◆実習中に取り組む内容（下線部③④⑤）

児童が心身ともに安定した生活を送ることができるよう、児童心理治療施設では、生活における一定のルールが定められています。そのルールが何のために定められているのか、理由や背景を理解しておくことが大切です。

また、不安症状や感情の爆発から、児童に自分や他者を傷つけてしまうおそれがある場合、タイムアウトと呼ばれる手法や、学校（施設内分校・通級等）から施設に一時帰宅させるなどの処置がとられます。児童に「調子の波」があることを踏まえ、突発的な事態への対応や、その際の注意点について、理解を深めましょう。

《実習にあたっての目標（実習課題）及び実習計画書》

◎実習の目標（実習課題）と抱負

　目標や課題を持って実習に参加することはきわめて大切なことです。実習で学習しようとしていることを体験したいと考えている目標（実習課題）を記入して下さい。

- 児童心理治療施設と、他の社会的養護関連施設との違いを理解する。
- **① 心理職の役割と、保育士との連携を理解する。**
- 児童にとっての「安定した生活」を考える。
- 学校（分校・分級・通級）との連携を理解する。

◎今回の実習に対する自分自身の心構えや抱負などをまとめておきましょう。

- 児童の突発的な変化に対応できるよう、障害特性を理解しておく。
- **②（入所利用について）**入所に至る背景や、退所後について学んでおく。
- **（通所利用について）**通所児童の普段の生活、家庭への支援について学んでおく。

◎実習中に取り組むべき内容

実習前期（導入期）	実習中期（実践期）	実習後期（まとめをする時期）
・1日の流れを理解する。	・学校との連携を理解する。	・実習施設における総合環境療法の取り組みについて全体像、多職種連携を理解する。
・子どもの名前を覚える。	・児童1人ひとりの特徴を把握する。	
・**③ 生活上のルール、約束事を理解する。**	・**④ 不安症状や感情の爆発など、突発的な事態への対応について学ぶ。**	・児童の状況を踏まえ、落ち着いた対処ができるよう努力する。
・職員の動き（ローテーション勤務、業務分担など）を把握する。	・グループワークや心理面接などの治療的関わりについて理解する。	・**⑤ 児童の「調子の波」を踏まえた上で、1人ひとりの児童に対応する。**
・環境構成における工夫を理解する。		・かかわりの苦手な児童、接点の少なかった児童に、より積極的に関わる。

※　施設実習で、自分自身がどのようなことを体験し学びたいのかを考え記載すること。

◆部分実習

　児童心理治療施設では、施設と同じ敷地内に設けられた分校・分級に通学する場合と、近隣の学校（普通学級・支援学級）に通学する場合があります。この計画表では、敷地内に設けられた分校に通学する場合を想定して、朝の登校支援と、その後の突発的な事態への対応について、部分実習として計画を立てています。

◆起床の支援（下線部⑥）

　起床時の声かけでは、児童の様子（心身の調子）を把握しつつ支援します。高年齢児でも朝が苦手な児童もいます。また、心身の状態によっては、起床を（登校を）渋る児童もいます。できるだけ気持ちよく起床し、その後の身支度に繋げることができるような配慮が大切です。

◆登校支援（下線部⑦）

　施設と同じ敷地内に分校が設置されている場合、建物も繋がっていることがありますが、通常の登校と同様に、施設の昇降口を出て学校に向かうのが一般的です。これは、施設での生活と学校での生活を区別し、児童の気持ちの切り替えのために重要です。

　集団登校させる際は、他の児童との間でトラブルが起きないよう見守っておく必要があります。

◆登校しない児童への支援（下線部⑧）

　心身の不調などにより、登校しない児童がいることもあります。その場合は担当職員と相談した上で、個別のかかわりを持つことになります。学習指導や、心理療法担当職員による心理指導や通院に付き添うなどが考えられます。

◆分校見学（下線部⑨⑩）

　授業の妨げにならないよう十分に注意しつつ、分校での様子を見学します。児童によっては、施設職員や実習生が来ることで、集中が削がれてしまう児童もいるため、教員の指示に従います。

　また、授業を受ける中でトラブルが生じた場合など、一旦、児童を施設に戻して、落ち着かせるなどの対応を取ることがあります（タイムアウト）。このような事態が生じた場合の対応についても、あらかじめ担当職員に相談しておきます。この例では、ユニットに戻した後、心理療法担当職員とともに児童に対応し、児童が落ち着きを取り戻せば、再度分校に登校させる形を採ります。

【部分実習計画表】　　　　　（　）学年（　）組　氏名（　　　　　　　）

○月　○日（○曜日）天候　晴れ	実習時刻 開始　06:30　～　終了　10:00
ユニット・グループ名　○○○○	○○名（男○名、女○名）

実習の目標
・起床から登校までの支援（身支度、登校見送り）を行う
・分校を見学し、学校教育との連携を理解する
※ 突発的な対応が必要な児童への対応について（場合により対応）

時刻	入所者の活動・状況	実習生の行動および指導上の留意点
06:30	・起床、身支度	・中高生へは声かけにとどめる。 ・小学生と幼児へは起床、身支度の支援（直接起こす、洗面などの確認） ・気持ちよく起床し、登校まで繋げられるよう、児童の心身の状態に気を配りながら声かけをする ❻
07:00	・朝食、後片付け、登校準備	・メニューによって気分の変化（嫌いな食べ物が出たことによる不安定さ）が生じる児童に配慮する。 ・健康状態チェック（表情、会話の内容など） 　→小学生と幼児については検温も実施 　→異常の有無を担当職員に報告する
08:00	・登校（敷地内の分校へ）❼	・施設昇降口にユニットごとに集合 ・忘れ物等チェックし、見送り ・他ユニット児童との関わりに注意 ・必要に応じて、授業見学に行くことをあらかじめ児童に伝えておく
08:30	・午前中授業（1時間目）	・職員朝礼（申し送り） ・ユニット内の清掃 ・登校しない児童がいた場合は、ユニットにて見守り ❽ （状況により、学習指導、自由時間、心理療法、通院等）
09:00	・午前中授業（2〜3時間目） ※ 突発的な対応が必要な児童がいる場合あり	・分校見学（授業参観）❾ ・児童の注意力が逸れ、授業の妨げにならないよう教諭の指示に従う ※ 突発的な対応が必要な児童がいた場合、その児童への対応 ・タイムアウト、施設ユニットに一旦戻る。❿ 　→ユニット担当職員、心理療法担当職員とともに児童に対応する（状況により再び分校へ）。
10:00		・部分実習終了 　→担当職員に、児童の様子、感想等報告する。

⑥児童自立支援施設

◆児童自立支援施設について（概要）

児童自立支援施設に入所する児童は、児童相談所による児童福祉施設入所措置と、家庭裁判所による少年審判（保護処分）のいずれかで入所するため、児童の自由を一定程度制限する強制力を持った措置（強制的措置）であるという点が、他の児童福祉施設と大きく異なります。

「枠のある生活」と呼ばれる、児童が自分自身を律することを手助けする枠組みの中で、児童自立支援員や児童生活支援員による生活支援を土台とし、心理療法担当職員による心理療法などを実施することで、児童が自らの課題や非行事実と向き合い、より良い自己実現に向けた生活を送ります。

◆実習課題（下線部①）

先に述べた通り、入所児童は様々な背景や理由、生育歴を抱えています。一般的な非行問題についてあらかじめ理解を深めておくのはもちろん、実習開始後は、一人ひとりの児童と向き合い、児童にとってどのような支援が求められているのか、職員の実践から学びましょう。

◆心構えと抱負（下線部②）

入所児童は、主に義務教育期間中の児童が多くを占めています。保育士養成校での学びは低年齢児（乳幼児）に関するものが中心になりがちであるため、実習に際し、小中学生の興味・関心のある事柄や話題について予習しておくことで、共通の話題をつくり児童と話す中で距離感を縮めていく一助になります。

◆実習中に取り組む内容（下線部③④⑤）

児童自立支援施設では様々なルールや制約が設けられています。実習生の目から見れば疑問に感じられるルールや、一般家庭よりも厳しいとも思えるルールが設けられていることもありますが、児童の最善の利益を考え、施設が設定しているルールですので、その目的や意味、効果について考えてみることが大切です。

なお、児童を深く知るためには、児童自立支援計画や個別のケース記録の閲覧が有効と言えますが、様々な事情を抱えた児童が入所していることに鑑み、施設側の判断で閲覧が許可されない（あるいは一部分のみ許可される、特定児童のみ許可される）ことがありますので、施設側の判断に従いましょう。

《実習にあたっての目標（実習課題）及び実習計画書》

◎実習の目標（実習課題）と抱負
　目標や課題を持って実習に参加することはきわめて大切なことです。実習で学習しようとしていることを体験したいと考えている目標（実習課題）を記入して下さい。

- 児童自立支援施設入所児童の、入所に至る経緯を理解する。❶
- 児童自立支援施設での生活支援の特徴を理解する。
- 児童の家庭復帰（退所）への流れを理解する。
- 非行問題について理解を深める。

◎今回の実習に対する自分自身の心構えや抱負などをまとめておきましょう。

- 児童の背景や心情に配慮した言葉遣い、話題、態度を心がける。
- ❶ 非行問題と措置の流れについて学習しておく。
- 児童の性別や年齢を踏まえ、興味のある話題や関心事を予習しておく。❷

◎実習中に取り組むべき内容

実習前期（導入期）	実習中期（実践期）	実習後期（まとめをする時期）
・児童一人ひとりの名前を覚える。 ・児童の1日の生活の流れを覚える。 ・児童と関わる上でのルールや配慮すべき事柄を理解する。❸ ・生活支援を通じて、児童との関係を築く。	・児童の背景（入所理由や非行事実）を踏まえて関わる。 ・施設内で行われる様々な活動について、目的・意味・効果を理解する。❹ ・児童との「適切な距離感」を意識しつつ関わる。 ・関わりの頻度の少ない児童に、こちらからより積極的に関わる。	・（可能な範囲で）児童自立支援計画や、ケース記録等も参考にしつつ、児童一人ひとりをより深く理解する。❺ ・児童に適切な注意や声かけを行えるよう努力する。 ・児童自立支援施設における保育士（児童生活支援員）の役割、他職種との違いを意識しつつ、実習に取り組む。

※　施設実習で、自分自身がどのようなことを体験し学びたいのかを考え記載すること。

◆ **部分実習**

児童自立支援施設では、寮・ユニットなどの単位で、農業・園芸などの作業や、スポーツ活動を取り入れている施設が多くあります。これは、1つの作業に協働して向き合うことで協調性を養うとともに、自らが立てた目標をクリアする達成感、身体の健全な成長促進など、様々な狙いがあります。

この例は、毎週土曜日の午後、約半日のスポーツ活動を行っている施設で、実習生が活動の一部（持久走）を任された場合を想定し、部分実習として計画したものです。

◆ **準備物（下線部⑥）**

今回の活動（持久走）では、活動に伴う準備物はさほどありません。接触による大きなケガの可能性は低いものの、過呼吸や、時期によっては熱中症のリスクがあるため、救急箱や、給水、氷などの準備がその日の気候に応じて必要です。なお、実際に児童がケガをした場合の処置は、実習生が行うのではなく、職員に報告した上で、職員に任せましょう。また、目標設定（下線部⑦）して取り組むためにストップウォッチを準備します。

◆ **目標設定（下線部⑦）**

継続的に持久走を実施している施設ですので、これまでの記録（タイムもしくは距離）をもとに、今日の活動での目標設定ができるよう、「目標カード」を準備します。"少し高め"の目標設定とすることで児童が自分の目標と向き合い、結果として達成感を得ることができるよう配慮します。計画表の中に簡単な例を示しました。厚紙等で B6 ないし A5 サイズ程度で作成し、児童の年齢等を考慮してイラストを加えたり、コメント欄に工夫したりすると、児童とのコミュニケーションの一助となるでしょう。

◆ **児童の様子に目を配る（下線部⑧）**

普段の活動とは違い、実習生とともに活動することでより意欲的に取り組む児童もいますが、一方で、無理をしてしまう場合も少なくありません。実習生も一緒に取り組みながら、周囲の児童に広く目を配ることが大切です。

◆ **振り返り（下線部⑨）**

持久走（所定のタイムもしくは距離）を終えたら児童に促し、目標カードに今日の成果（タイムもしくは距離）を記入してもらい、実習生が回収します。夜までの間にコメントを記入し、その日のうちに児童に返却します。今日の活動を振り返り、次の目標に繋げられるような前向きなコメントになるよう留意します。

なお、コメント内容については、児童に渡すものとして内容が適切かどうか、あらかじめ職員に確認してもらいましょう。

【部分実習計画表】　　　　（　）学年（　）組　氏名（　　　　　　　　）

○月　○日（○曜日）天候　晴れ	実習時刻 開始　12:30　～　終了　14:00
寮名　○○○○寮	○○名（男　○名、女　○名）

活動の目標 ・スポーツ活動（持久走）を通して、協調性・忍耐力を身につける ・グループ構成等に注意し、児童間のかかわりを促す

時刻	環境構成・準備物	想定される 利用者・子どもの活動	実習生の動き・活動上の留意点
12:30	（昼食の状況次第で、準備に取りかかる）	・昼食後の片付け	・昼食の状況次第で、午後の活動の準備に素早く取りかかる。 ・実習生自身の着替え
12:50	・持久走の準備物 ❻ 　→ストップウォッチ 　→給水 　→救急箱	・苦手な児童ほど園舎から出てくるのをためらう場合あり	・動きの遅い児童への声かけ ・昼食を食べ終わる時間が遅かった児童に留意（奨励するが無理はさせない）
13:00	・朝礼台（通常設置済） 【持久走目標カード】（例） 最高タイム　　分　　秒 今日の目標　　分　　秒　→　結果　　分　　秒 ●●さんより（コメント） [　　　　　　　　　　　　]	・朝礼台の前に、寮ごとに集合 ・食事の終了が遅かった児童は遅れて参加（実習生による促し）	・準備運動 　→寮の児童全体の様子に目を配る。 　→他の寮の児童との関わりに留意。 ・体調の確認 　→食後時間が空いていない児童には、無理をさせない。 ・目標カードの準備 ❼ 　→児童それぞれの目標設定 　→「目標カード（普段のタイム,距離と、今日のタイム,距離）」の準備 　→"少しだけ高め"の目標設定
13:10	（持久走開始）		・実習生も一緒に参加し、声かけ ❽ 　→児童の様子に目を配る（トラブル、体調不良、等） 　→途中の走行距離、タイム等を声かけし、達成感を実感できるよう留意。
13:40	（持久走終了）		・終了の2〜3分前から、「終了前」の声かけ（「あと〜分頑張ろう」） 　→児童の様子、体調に留意 ・目標カードへの記入 ❾ 　→夜までにひと言コメントして返却
14:00	・物品の片付け		・次の活動への促し

⑦児童厚生施設
◆児童厚生施設について（概要）
　児童厚生施設は、子どもに健全な遊び（遊び場）を提供することを目的とした施設です。子育てイベントや子ども会などの拠点機能も担う「児童館」と、公園など遊び場の少ない地域で都市公園の補完的役割を果たす「児童遊園」とに大別されます。

　児童館は、不特定多数の児童や保護者が利用する施設であり、年齢構成もまちまちです。そのため、支援計画などの立案よりも施設全体の業務を把握することから始め、実習が進む中で、その時々の課題について計画を立てる方が理解が進みやすいと思われます。

◆実習課題（下線部①）
　児童館に来る子どもたちは、基本的にその地域の子どもたちです。地域の実情（そこに生活する家庭・家族の状況、交通事情、学校の状況、行政の子育て支援施策など）を理解しておくことで、子どもたちに必要とされる支援や、ふさわしい活動内容を考えることができます。

◆心構えと抱負（下線部②）
　保育分野の実習では、子どもやその保護者にばかり目が向きがちですが、実はどのような施設も、地域の人たちの支えや理解の上に成り立っています。特に児童館は、地域の人たちが子どもの遊びの指導などで参加されるケースがあることから、そのような方たちと関わり、理解を深める絶好の機会と言えます。

◆実習中に取り組む内容（下線部③④⑤）
　児童館は、利用者自身が利用方法を自由に選ぶことができる施設であるため、特定の利用者（子ども・保護者・親子）との関わりよりも、季節や1日の流れをベースとして実習を組み立てる方が、スムーズな導入を図ることができます。

　「導入期」では実習がスタートする前（ここ最近）の児童館の行事や活動を理解し、全体像を掴みます。「実践期」では導入期で得た情報を踏まえて、児童館の活動内容を具体的に把握し、様々な活動に取り組みます。特に、児童厚生二級指導員資格の取得を目指している場合には、児童の遊びを指導する者（児童厚生員）の業務内容の理解と共に、実践経験を積むよう努めましょう。「まとめ期」では児童館の取り組みや、子どもたちが抱える課題について考え、自分自身の保育観や子育て支援のあり方について整理します。特に学童保育については、地域によっては低学力の子どもが増えているケースがあり、子どもの貧困問題についても考察を深めることが大切です。

《実習にあたっての目標（実習課題）及び実習計画書》

◎**実習の目標（実習課題）と抱負**

目標や課題を持って実習に参加することはきわめて大切なことです。実習で学習しようとしていることを体験したいと考えている目標（実習課題）を記入して下さい。

- 施設を利用している子どもや、家庭（家族）の状況を理解する。
- 施設の所在する地域を理解する。
- 施設の所在する地域の、行政サービス（子育て支援施策）を理解する。❶
- 子どもの年齢に応じた活動や、支援方法について学ぶ。
- 児童の遊びを指導する者について、業務内容などを理解する。

◎**今回の実習に対する自分自身の心構えや抱負などをまとめておきましょう。**

- オリエンテーション時のほか事前に見学をさせて頂き、実習に入る前に、児童館の様子を把握しておく。
- 子どもたちだけでなく、親御さん（保護者の方）とも積極的に関わる。
- クラブ活動などの指導に来られる、地域の方たちとの関係を深める。❷

◎**実習中に取り組むべき内容**

実習前期（導入期）	実習中期（実践期）	実習後期（まとめをする時期）
・児童館の1日の流れを理解する ・実習直前（おおむね1か月程度）の、児童館の活動内容などを理解する。❸ ・利用児童（親子）の名前を覚える。 ・放課後児童クラブ（学童保育）の現状を理解する。 ・児童館の運営（プログラムの立案や、利用登録、各種準備など）を理解する。	・それぞれの行事や活動の内容を理解した上で、準備や、作業の補助に積極的に関わる。 ・利用頻度の高い児童（親子）に、個別的に関わる。 ・学童保育での学習指導や、その補助を行い、学童保育の実践を理解する。 ・児童の遊びを指導する者（児童厚生員）の業務について、理解を深める。❹	・学童保育での指導経験を通して、子どもたちの学力や、成長の個人差について、理解を深める。❺ ・児童館として、あるいは児童の遊びを指導する者が取り組んでいる課題について考え、自分なりの解決策や援助方法を考えてみる。 ・これまでの取り組みを総合して、子育て支援のあり方や、自分自身の保育者としての保育観を考える。 ・実習全体を振り返り、自身の課題点を探る。

※ 施設実習で、自分自身がどのようなことを体験し学びたいのかを考え記載すること。

◆実習計画表

児童館は多様なプログラムを提供しています。本来、利用者が自由に訪れプログラムに参加する施設でしたが、近年は学童保育の拠点としての機能をもち、特に午後において学童保育での実習を経験することが少なくありません。

ここでは、午前中を児童館の実施する子育て支援、午後を学童保育と設定し、実習計画を立案してみます。

◆手遊び、リトミックなど（下線部⑥）

子育てサロンの実習では、手遊びやリトミックなどのスキルが、子どもたちと関わる上で大変重要です。初対面の子どもや保護者と関係をつくり、特に子どもたちとの距離感を縮める上でどのような内容が有効か、子どもたちの年齢や児童館の利用経験の多寡などを参考に、職員の助言を仰ぎつつ考えてみましょう。

◆利用者についての情報共有（下線部⑦⑩）

親子サロンの活動が終わった後は、職員間で気になる子ども（親子）についての情報を共有します。保護者の子どもに対する関わり方（例、厳しい叱責、異常に距離がある、子どもと目を合わせないなど）に異常が見られるような場合には、虐待の可能性も考え、サロン終了後に適宜声かけをするなどの対応が求められます。実習生としても、何気ない遊びの時間にも子どもや保護者のSOSのサインが見え隠れすることに留意し、職員の対応を大いに参考にしましょう。

同様に学童保育終了後も、職員間での情報共有がなされます。学習進度や子どもたち同士の関わり方など、様々な情報を職員間で検討し、適切な支援につなげることが求められます。

◆行事計画会議（下線部⑧）

実習時期によっては、翌月の行事計画の会議などに同席できることがあります。いわゆる裏方仕事の部分を詳細に学ぶことができるので、保育所や幼稚園などのフィールドでも役立つでしょう。実習中に予定されている行事がある場合、活動を担当させて頂ければさらなる経験となりますので、会議から吸収するだけでなく積極的に活動の機会を頂くことも大切です。

◆帰宅する小学生の見送り（下線部⑨）

学童保育中で気になった事柄や、学習状況、子どもたち同士のトラブルがあった場合などはその報告をします。実習生が単独で、直接保護者に報告をすることは少ないと思いますが、支援者として大切なことは、評価や批評をするのではなく、子どもの成長を保護者が感じ取ることができるよう様子を伝え、場合によっては課題とその対応方法を助言することです。

【実習計画表】　　　　　（　　）学年（　　）組　氏名（　　　　　　　　）

○月　○日（○曜日）天候　晴れ	実習時刻 開始　09:00　〜　終了　18:00

実習ユニット・部門など、利用者の情報
　子育てサロン（午前〜午後）、利用者：7親子（大人8名、子ども11名）
　学童保育（午後）、利用者：小学生7名、中学生5名、高校生3名

時刻	入所者の活動・状況	実習生の行動および指導上の留意点
09:00	―	・出勤 　・出勤簿押印等を済ませたら、子育てサロンの準備
10:00 10:30	子育てサロン（親子来訪） サロン開始	・子育てサロンでの実習 　・清掃、用具等の準備、受付など ・体操、自由遊びの補助 　・手遊び、リトミックなど ❻
12:00	サロン終了	・片付け、見送り、忘れ物などのチェック 　・残る親子については、個別対応 ・利用者についての情報共有 ❼
12:00 〜 13:00	―	・休憩（昼食） 　・午前中の活動について、簡単にまとめておく
13:00	（会議） 一般来園（児童、親子）	❽ ・行事計画会議に同席させて頂く 　・今週末の親子行事についての確認 　・人員配置 　・準備物 　・受付など ・来月の行事全般についての検討 　・週末行事について ・学童保育の利用状況確認（今月分） 　・気になる子どもの情報共有 　・その他 ※ 来園者の状況によって、そちらの補助に回る
14:00	学童保育 （主に小学校低学年が来園）	・学童保育の補助 　・レクリエーション活動の補助 　・学習指導の補助
16:00	学童保育 （中学生、高校生が来園）	・幼児の就寝準備 　・学習指導の補助 ・帰宅する小学生の見送り（保護者への引き渡し） ❾
18:00	学童保育終了	・振り返りと確認 　・清掃、忘れ物などのチェック 　・気になった児童などについての情報共有 ❿

⑧児童相談所一時保護施設
◆児童相談所一時保護施設について（概要）

　児童相談所一時保護施設（以下、一時保護所）は、虐待被害による緊急一時保護をはじめとして、非行、不登校、障害による子育て上の課題など、様々な理由によって保護者のもとから保護された児童が生活する施設です。0～1歳児の場合は、乳児院への一時保護委託となることが大半であるため、2～18歳程度の児童が対象となります。

　一時保護所は、生活環境や生育歴が異なる児童が入所しており、時間帯を問わず新規入所が行われます。また、退所（家庭復帰、措置）も頻繁なため、児童の入れ替わりが激しいことから、個々の状況にあわせた対応と、児童集団の変化への留意が求められます。

◆実習課題（下線部①）

　一時保護施設に入所する児童は、児童相談所（本体）からの措置により入所するため、児童相談所そのものの業務についても、一定程度理解しておきましょう（相談業務、一時保護、措置決定など）。

◆心構えと抱負（下線部②）

　入所児童の多くは、様々な家庭問題を抱えて入所に至っています。そのため、大人に対する不信感が強いことも多く、短い実習期間内で、関わる全ての子どもと信頼関係を築くことは容易ではありません。児童にとって、入所理由について尋ねられることは家庭環境など思い出したくない事実と向き合わせてしまう場合もあるため、興味本位で尋ねるようなことは慎みましょう。

　また、児童の入れ替わりによる集団の関係性の変化にも注意が必要です。特に、暴力行為などの非行による入所児童と、虐待から保護するために入所してきた児童がいる場合など、児童間のトラブルにならないよう目を配ることが大切です。

◆実習中に取り組む内容（下線部③④⑤）

　児童の入れ替わりが激しい一時保護所では、短い実習期間の中で子どもたちとの信頼関係を築くことは容易ではありません。まずは子どもたちの名前をできるだけ早く覚え、特定の児童だけでなく、広く多くの児童と関わるよう心がけましょう。実習が進むにつれて関係ができてくる児童も出てくることから、一人ひとりの課題を理解し、より深い関わりを心がけます。最終的には、数名の児童について、その児童の状況理解と、児童にとって必要な支援について考察することを目標とします。

《実習にあたっての目標（実習課題）及び実習計画書》

◎実習の目標（実習課題）と抱負

　目標や課題を持って実習に参加することはきわめて大切なことです。実習で学習しようとしていることを体験したいと考えている目標（実習課題）を記入して下さい。

- 児童相談所の業務を理解する。❶
- 児童相談所一時保護施設への入所に至る手続きと、その業務を理解する。
- 児童相談所一時保護施設における保育士の役割を理解する。

◎今回の実習に対する自分自身の心構えや抱負などをまとめておきましょう。

- 児童の心情に配慮し、入所理由等について安易に尋ねたりしない。❷
- （新規入所があった場合など）児童間の関係性の変化に注意して関わる。
- ❷一時保護所という児童にとって不慣れな場所で関わる大人の1人として、児童の安心につながるよう、言葉遣いや態度に留意する。

◎実習中に取り組むべき内容

実習前期（導入期）	実習中期（実践期）	実習後期（まとめをする時期）
・児童相談所の業務を理解する。	・それぞれの児童が抱えた背景を理解する。	・入所、退所に際しての職員の動き、児童への関わりを観察し、その業務を理解する。
・児童相談所一時保護施設への入所手続きを理解する。	・児童一人ひとりの課題を理解し、より深く関わる。❹	・児童と個別に深く関わるとともに、その児童にとって必要な支援について考察する。❺
・できるだけ多くの入所児童を観察し、広く関わる。❸	・突発的な事態への職員の対応を観察し、対処方法を学ぶ。	・児童相談所一時保護施設において保育士が担う業務、役割について考える。
・職員の動きに注目し、基本的な1日の流れを理解する。		

※　施設実習で、自分自身がどのようなことを体験し学びたいのかを考え記載すること。

◆実習計画表

　一時保護所の生活は、大きく、幼児（未就学児）と学齢児とで分かれており、幼児は幼稚園や保育所と同様の遊び中心の日課、学齢児は学年（本来通学する学校）に応じた日課となっています。

　ここでは、学齢児を中心に、朝食後～昼食までの午前中に行う学習指導の時間について、部分実習として計画を立てています。

◆学習室へ移動（下線部⑥）

　一時保護所では、児童の安全確保の観点から、基本的に外出（通学）が認められていません。そのため一般的には、学校の始業時刻と同等の時間から学習指導を開始し、児童が家庭復帰や施設措置後に、スムーズに学校生活に移行できるようにしています。

◆文房具等の準備（下線部⑦）

　一時保護の経緯によっては、私物をほとんど持たずに入所してくる児童もいます。そのため、一時保護所の物品として、一定の学用品、文房具が準備されています。教材についても同様で、学校で使う教科書等は、所有していないか、自宅に置いたまま一時保護された児童もいますので、基本的には一時保護所側で（今回の場合は実習生が職員と相談して）準備します。

◆面接や心理療法への対応（下線部⑧）

　一時保護中は、児童福祉司による社会診断のための面接や、児童心理司による心理診断（心理療法、心理テスト）等が行われます。また、保護者面会や、措置予定の施設の職員との面談、施設への訪問が入ることがあります。予定が入っている児童については、あらかじめ職員に確認しておき、予定に支障なく活動できるよう配慮することが大切です。

◆ゲーム等（下線部⑨）

　長時間の学習に集中できない児童もいることから、1時間弱の学習指導の後、トランプ（ゲーム）を予定しています。参加する児童の年齢や人数、学力などに応じて、どのようなゲームが適しているか、あらかじめ職員にアドバイスを求めましょう。ゲームとして楽しみつつ、ルールや数字の概念、絵札の読み方など、少し難しいことにチャレンジできる程度が好適です。

◆ホーム清掃（下線部⑩）

　様々な工夫をしても学習に向き合えない、ゲームに上手く参加できない児童がいることも想定されます。最後の片付けの際、そのような児童に手伝ってくれるよう促し、すべての児童が活動を楽しむことができるよう配慮しましょう。

【部分実習計画表】　　　　（　）学年　（　）組　氏名（　　　　　）

○月　○日（○曜日）天候　晴れ	実習時刻 開始　08:40　〜　終了　10:30
ユニット・グループ名　○○○○	○○名（男○名、女○名）

実習の目標
・児童の学習指導補助を通じて、児童の学力を把握する（小学校低学年想定）。
・児童が達成感を得ることのできる指導を工夫する。

時刻	入所者の活動・状況	実習生の行動および指導上の留意点
08:40	・居室から学習室へ移動 ⑥	・小学校の1時間目と合わせて、基本は8:40に学習室へ移動となっているので、まだ来ていない児童には声をかける。 ・文房具類の準備
08:50	・朝の挨拶、説明	・児童の様子を確認（健康状態、表情、児童間の様子） ・文房具類の配布 ・教材（ドリル等）の配布 ⑦ ・説明（実習生が学習指導に加わる旨）
09:00	・学習指導	・対象とする小学校高学年児童を集め、学習指導 ・教材の所定の範囲（事前に職員と確認）に取り組ませる。 ・途中、個別に状況を確認して指導（20分程度で終わる内容に区切る） →小学校の45授業を想定して、20分程度×2回分、集中して取り組めるよう観察し、指導する。 ・面接、心理療法等で途中で抜ける児童への対応 ⑧
09:50	・休憩	・児童の学力、集中度合いに応じて調整する。 ・進度の遅かった児童に、丁寧に指導する。
10:00	・カードゲーム（トランプ）	・学習指導の一部（延長上）として、トランプを用いてゲームをする。 ⑨ ・参加児童数と学力等を考慮しゲームを決める。 　→数字を使うゲーム：大富豪など 　→あまり数字を使わないゲーム：ばばぬきなど
10:30	・終了	・片付け 　→カードを"数字の順"に揃えてもらう等の工夫 ・活動を通しての「手伝い」などで、児童をほめることができるよう工夫する。 ⑩

【準備物等】　文房具（私物のない児童用）、教材（ドリル等）、トランプ

第❸部　実習の実際

2）障害者支援施設

①通所型

1 部分実習指導案の例

　障害者支援施設では、レクリエーション活動として部分実習をすることがあります。音楽や運動など様々な活動を経験する機会になると共に、日々の生活に変化をもたらす意味でも重要な役割を持っています。利用者の特性を踏まえ、楽しめる活動を設定していきましょう。部分実習の指導案の例を示します。次ページの「作成のポイント」を踏まえながら見ていきましょう。

部分実習指導案例

障害者支援施設（通所型）の部分実習指導案の例

利用者の姿
- 目と手の協応動作が苦手な利用者がいる。
- 仲間と一緒に活動することが好きな利用者と、自分からはなかなか入っていけない利用者がいる。

Point 1

ねらい
- ゆっくり落ちてくる風船をよく見てトスすることで、目と手の協応を養う。
- 風船バレーを通して、他者と協力することを楽しむ。

Point 2

内容
仲間と協力しながら、風船バレーをして、グループの得点を競う。

Point 3

時間	利用者の活動	環境構成	保育者の援助・配慮
13:00 導入	＜準備運動＞ ●運動できるように広がる。 ・どこに行けばよいのかわからない利用者がいる。 ●実習生の動きに合わせて、「あたま肩ひざポン」をする。 ・触る場所がわからない利用者がいる。 ●終わったら、実習生の合図で集合する。	↓ホワイトボード ●←実習生 ○ ○ ○ ○ ○ ○ ○ ○ ○ ○ ○ ○ ○ ○ ○	・「準備運動をします。隣の人とぶつからないように、広がってください」 ・近くの職員が「○○さんはここに来てくださいね」と場所を示す。 ・「あたま肩ひざポン」を利用者のペースで歌いながら、実習生が見本を示す。 **Point 4** ・職員が近くに行って、見本を示す。必要に応じて、手をそえて教える。 ・「ここに集まってください」という。

100

2　作成のポイント

Point 1　利用者の姿では、日々の実習を通して、利用者がどのようなことができるのか、どのようなことに興味・関心があるのかなどを書きます。利用者の特性を把握し、ねらいや内容の検討に役立てます。障害者支援施設の利用者は、障害の度合いや興味・関心の幅、できることとできないことの差などが大きいといえます。運動や音楽にどのくらい興味を示すのか、他者と共に活動することがどのくらいできるのかなどを押さえておき、部分実習指導案を計画する上で役立てていきましょう。

Point 2　利用者の姿をもとにねらいを立てます。活動の中で、利用者が何を楽しむことができるのか、何を身につけてもらうのかなどを書いていくとよいでしょう。興味・関心などは、利用者によって様々です。すべての利用者に共通のねらいを立てることは実際には困難なことが多いです。したがって、特定のねらいのために利用者に無理強いしてしまうと、利用者が活動に対して拒否感をもってしまうこともあります。様々な利用者がいることを十分に理解し、利用者が活動を楽しめるように配慮して、ねらいを設定するようにしましょう。

Point 3　内容は、ねらいを達成するために利用者が経験する活動を書きます。利用者によって参加しやすい活動とそうでない活動がありますが、運動や音楽、ダンス、ゲームなどは比較的多くの利用者が参加しやすいといえます。一方で、みんなと一緒に活動すること自体が難しい利用者もいるため、可能な範囲で参加すればよいぐらいの気持ちをもつことも大事です。直接参加できなくても、その場にいて、雰囲気を楽しめるように配慮することも重要となります。

Point 4　部分実習の指導案を作成する場合、主活動の前には導入となる活動を行います。運動やゲームなどを取り入れる場合、準備運動などをして、体をほぐしたり、気持ちを高めるようにすることが考えられます。ただし、障害の程度によってはすぐに疲労を感じてしまう利用者もいることがあります。利用者の様子に合わせて、軽い準備運動をするなど調整するとよいでしょう。

3 部分実習指導案の例（つづき）

部分実習指導案のつづきを示しますので、見ていきましょう。

部分実習指導案例：障害者支援施設（通所型）の部分実習指導案の例（つづき）

時間	利用者の活動	環境構成	保育者の援助・配慮
13：10 展開	＜風船バレー＞ ●ルール説明 ・職員の誘導で、4〜5人ずつのグループに分かれる。 ・実習生と職員が実演しながら説明するのを見る。（Point 1） ●風船バレー ・実習生の合図で、近くの職員からゴム風船を受け取り、トスをする。（Point 1） ・ゴム風船になかなか触れない利用者がいる。（Point 2） ・ゴム風船を落としたら終わり。	＜用意するもの＞ （図：ホワイトボードの前に実習生、周囲に職員2人と利用者のグループが配置された図） ・ホワイトボード（グループごとにトスできた回数を記録） ・ゴム風船（グループに一つ）	・「次は、風船バレーをやります」 ・「最初はグループに分かれましょう」と言い、4〜5人のグループに分かれてもらう。 ・職員2人がゴム風船でトスをして、その回数を指で示しながら、実習生が数える。 ・「○回でしたね」といって、ホワイトボードに点数を書く。「この点数が多いグループの勝ちです」と説明する。 ・「それではスタート」といって、風船バレーを開始する。 ・各グループの近くにいる職員が回数を数える。 ・「○○さん」など声かけをしながら、可能な範囲で参加できるように促す。（Point 3） ・全てのグループが終わったら、集合してもらう。 ・実習生がホワイトボードに点数を書き、結果発表する。一生懸命やったことを褒め、感想を聞く。

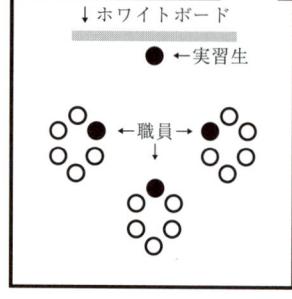

4 作成のポイント

　部分実習指導案は、利用者がレクリエーション活動を楽しめるように考えていきます。障害の程度や興味・関心などにより個人差が大きいため、活動に積極的に参加する利用者もいれば、なかなか参加できない利用者もいます。利用者の気持ちに配慮して、保育者の援助や配慮を書いていきましょう。

Point 1 利用者の活動については、実際に活動の中で、利用者がどのような行動をとるのかを書いていきます。利用者の状態によっては、運動やゲームを取り入れた活動がよい場合もあれば、音楽を聞いたり、実習生の出し物を見ることを楽しむ活動がよい場合もあります。多くの利用者が参加できるような活動を選ぶと共に、どのような援助が必要なのかを考慮しておきましょう。

Point 2 利用者の活動には、予想される行動や様子も書くようにしましょう。利用者によっては、どのようにすればよいのかわからず戸惑ってしまう場合や、状況はわかっていても、体を少しだけしか動かさない場合、ほかの利用者の動きを見ているだけになってしまう場合などの様子が予想できます。
　また、身体の動きに関して困難さがあれば、そのことも考慮する必要があります。利用者のこのような様子を予想しておくことにより、実習生や職員がどのような対応をしたらよいのかを考えておくことが可能となります。

Point 3 保育者の援助・配慮では、実習生が活動をどのように進めていくのか、どのような声かけを行うのかを書いていきます。また、利用者の反応に対して、どのような働きかけをするのかといった対応も書いておきます。実習生が働きかけても、利用者によってはなかなか活動に参加しないことがあります。あせって無理に参加させようとすると、利用者がその場にいることさえも拒否してしまうことがありますので、注意が必要です。

5 まとめ

　利用者によって個人差は大きいが、レクリエーション活動を楽しめるように計画することが大切です。利用者がどの程度参加すればよいのかについては、柔軟な考えをもつことも必要になります。

②入所型

1 部分実習指導案の例

　通所型と同様、入所型の障害者支援施設では、レクリエーション活動として部分実習をすることがあります。施設で生活する利用者の1日が充実したものとなるよう、楽しめる活動を取り入れていくとよいでしょう。障害の程度や発達状態により個人差が大きいため、部分実習指導案のポイントも通所型の障害者支援施設と同じです。部分実習の指導案の例を示します。次ページの「作成のポイント」を踏まえながら見ていきましょう。

部分実習指導案例　障害者支援施設（入所型）の部分実習指導案の例

利用者の姿	・近い距離であれば、物を投げることができる。 ・簡単なルールのゲームであれば、積極的に楽しんで取り組むことができる。　**Point 1**
ねらい	●職員が背負っているかごに向かって、お手玉を投げ入れるのを楽しむ。 ●自分のチームのかごにお手玉を投げることや、職員を捕まえないなどのルールを守って、玉入れを楽しむ。　**Point 2**
内容	チームで玉入れの点数を競いながら、かごにお手玉を投げ入れる。　**Point 3**

時間	利用者の活動	環境構成	保育者の援助・配慮
10：00 導入	＜準備運動＞ ●体操できるように広がる。 ・どこに行けばよいのかわからない利用者がいる。 ●実習生の動きに合わせて、「ラジオ体操」をする。 ・手や足を十分に動かそうとしない利用者がいる。 ●終わったら、実習生の合図で集合する。	↓ホワイトボード 　●←実習生 ○ ○ ○ ○ ○ ○ ○ ○ ○ ○ ・CDプレーヤー	・「今から準備体操です。広がって下さい。隣の人とぶつからないようにしましょう」 ・「○○さんはここに立ってくださいね」と場所を示す。 ・<u>「ラジオ体操」の曲を流し、実習生が見本になって体操をする。</u>　**Point 4** ・少しでもやろうとする素振りがあれば、「上手ですね」など励ます。 ・「ここに集まってください」という。

2 作成のポイント

Point 1 利用者の姿では、日々の実習を通して利用者がどのようなことができるのか、どのようなことに興味・関心があるのかなどを書きます。ねらいや内容を考えていくために、日頃の関わりの中から利用者の特性をよく把握しておきましょう。通所型の障害者支援施設と同様、利用者は、障害の度合いや興味・関心、物事の理解力、運動能力など個々に異なります。その違いをおさえて、部分実習指導案のねらいや内容を作成していきましょう。

Point 2 利用者の姿をもとにねらいを立てます。どのようにすると利用者が活動を楽しめるのか、利用者に何を身につけてもらいたいのかなどを書いていきます。利用者にとって部分実習の活動は日常生活を充実させるためのレクリエーションであり、活動を楽しむこと自体がねらいのひとつであるということを十分に理解することが大切です。実習生が計画した活動に参加しなかった場合を「失敗」と捉えてしまうと、利用者のペースを考えずに無理に活動に参加させることになってしまいます。利用者が活動を楽しめるように活動を計画しましょう。

Point 3 内容は、ねらいを達成するために利用者が経験する活動を書きます。利用者によって、参加しやすい活動は異なってきます。運動、音楽、ダンス、ゲームなど比較的多くの利用者が参加しやすい活動もありますが、どのような活動でもすぐには参加できない利用者もいます。しかし、ただ見ているだけの利用者も、ほかの利用者の様子を見ること自体が十分な経験になっていることも多いです。同じような活動を繰り返し実施し、ほかの利用者を見続けることで、少しずつ、「自分もやってみたい」という気持ちが育つこともあります。したがって、場合によっては、その場にいるだけでもよいと考えるような柔軟な気持ちをもつとよいでしょう。全体的に、楽しいと思えるような雰囲気にしていくことが大切です。

Point 4 部分実習の指導案を作成する場合、主活動の前に導入となる活動を行います。通所型の障害者支援施設と同様、準備運動などを取り入れながら、主活動に入っていくとよいでしょう。

3 部分実習指導案の例（つづき）

部分実習指導案のつづきを示しますので、見ていきましょう。

部分実習指導案例

障害者支援施設（入所型）の部分実習指導案の例（つづき）

時間	利用者の活動	環境構成	保育者の援助・配慮
10：10 展開	＜玉入れ＞ ● ルール説明 ・職員の誘導で、二つのチームに分かれる。 **Point 1** ・実習生と職員が実演しながら説明するのを見る。 ● 玉入れ **Point 1** ・職員の誘導で、それぞれ定位置につく。 **Point 2** ・実習生の合図で職員が早歩きで移動し、利用者が追いかけながらお手玉を投げ入れる。 ・実習生の合図でお手玉を投げ入れるのをやめる。	＜用意するもの＞ ↓ホワイトボード ● ←実習生 ●●●　○○ ●●　●○　○○ ●●　　○○ ↑↑ かごを持った職員 ・お手玉 ・ユニフォーム（赤6枚、青6枚） ・かご二つ ・ホワイトボード（チーム名と点数を書く） ・CDプレーヤー（BGMを流すため） ・ストップウォッチ	・「今日は玉入れをやります。まずは、チームに分かれましょう」と言い、職員の補助で、二つのチームに分かれてもらう。 ・「同じ色のユニフォームを着た職員さんがいます。その職員さんが背負っているかごに、お手玉を投げ入れてください」と言い、職員が背負ったかごにお手玉を投げ入れる。ホワイトボードの得点欄を指差しながら、「かごの中にあるお手玉の数をここに書きます。数が多かったチームの勝ちです」 ・「それでは準備してください」 ・「時間は3分です。よーい、スタート」といって、時間を測り、BGMを流す。 ・3分経ったら「おわり」と言い、かごの中のボールを数える。 ・ホワイトボードに各チームのお手玉の数を書き、結果発表する。

Point 3（ルール説明欄）
Point 3（時間測定欄）

4 作成のポイント

部分実習指導案は通所型の障害者支援施設と同様、利用者がレクリエーション活動を楽しめるように考えていきます。利用者の個人差も大きいため、参加の度合いも個々に異なることを理解し、全体として、楽しい雰囲気の活動となるように計画できるようにしましょう。

Point 1 利用者の活動については、実際に活動の中で、利用者がどのような行動をとるのかを書いていきます。利用者によって参加しやすい活動は異なってきます。運動やゲーム、音楽、ダンスなどは比較的多くの利用者が参加しやすい活動になりますので、そのような活動を中心に、どのような援助があればよいのかを検討していくとよいでしょう。

Point 2 利用者の活動には、予想される行動や様子も書くようにしましょう。活動を進めていく上で、予定どおりとなるような基本的な動きを記入すると共に、想定できる範囲で、利用者のイレギュラーな行動を書いておくことが大切です。指導案を書く際の注意点は、通所型の障害者支援施設と同様、利用者によって個人差が大きいといえます。利用者の様子を予想し、実習生自身や補助となる職員がどのように対応したらよいのかを考えておくことが重要となります。

Point 3 保育者の援助・配慮では、実習生が活動をどのように進めていくのか、どのような声かけを行うのかを書いていきます。また、利用者の反応に対し、どのような働きかけをするのかといった対応も書いておきます。利用者の障害の状態やそのときの気分などによってなかなか参加できない場合などが想定されますが、その場にいるだけでもよいと考えるなど、実習生自身が柔軟な考えをもつことも大切となります。

5 まとめ

指導案を計画するときは、実習生の活動に利用者がついていくものと考えるのではなく、あくまで利用者が主体であることを認識しましょう。可能な範囲でみんなに参加してもらうことも重要ですが、無理強いせず、よい雰囲気で活動を進められることも大切です。

2. 記録（日誌）の書き方

（1）記録（日誌）を書く目的

　実習では、利用児・者との関わりや職員・実習生の業務について、日々、記録を書いていきます。この記録を、実習日誌といいます。実習日誌はなぜ必要なのでしょうか。何気なく実習を過ごしていたのでは、その日その日は貴重な体験と感じられても、時間がたてば「よい思い出だった」で終わってしまいます。実習が、保育士としての知識・技能の向上につながるためには、以下のような理由から、実習で経験したことを記録することが大切です。

1）保育士の職務を学ぶため

　もし、日々の経験を記録していなかったらどうなるでしょう。施設での業務は多岐にわたります。記録として残しておかないと、何をすべきであったのかさえ思い出すことが困難になります。例えば、食事や着替えの介助の手順、どの業務が何のためにあるのか、現在の活動が終わったら次は何をするのか、そのためにどのような準備が必要か、利用者の状態に合わせてどのような配慮が必要なのかなど、実習生が把握しておかなければならない情報は膨大にあります。実習の中で、日々、経験したことを記録することにより、後で思い出すことができます。そのため、日誌に記録することは、施設における保育士の職務を学ぶために必要といえます。

2）振り返りと客観的な理解のため

　日誌に記録することにより、実習生が体験した実習の内容や考えを客観的に理解でき、翌日の実習に向けての取り組みができます。記録をとるということは、1日を振り返り、整理しながら、自分自身の行動を意識化することになります。自分自身の行動を意識化して書くという作業を通して、実習中には気づかなかった自分自身の気持ちや行動の理由などについて新たな発見をすることがあり、援助方法などを見直すことができます。それにより、次の日の実習に向けた取り組みができることになります。また、記録を通して自己評価することにより、自分自身の気持ちの変化や成長を

確認することができます。

3）コミュニケーションツールとして

　実習日誌は、実習先の職員や養成校の教員からの指導を受けるための基礎的な資料になります。実習中は、実習生が職員に質問することにより、その場その場で直接的に指導を受けることができます。しかし、職員もそれぞれ業務があるため、いつでも質問に答えられるわけではありません。そのような場合、実習日誌に、悩んだ点や自分自身の考えを書いておくことで職員から指導を受けることができます。また、実習先の職員だけでなく、養成校の教員に実習生が相談などをする場合もありますが、実習日誌に記録されていることにより、そのときの状況を正確に伝えることができます。このような意味で、実習日誌は、コミュニケーションツールとしての役割も果たします。

（2）「実習の課題」・「実習のねらい」

　養成校で保育士資格を取得する場合、実習が義務づけられています。では、そもそも何のために実習をするのでしょうか。施設実習を実施する理由は、多くの実習生からすると、「保育士資格の取得のため」ということになるかもしれません。しかし、施設実習は、福祉施設利用者の現状を学んだり、多様な利用者と触れ合うことで、保育士としての知識・技術の向上につながる等、実習生の成長に大きく貢献します。しかし、こうした知識・技能の向上のためには、あらかじめ実習生自身が、「何のために実習をするのか」という目的を明確にすることが大切です。このため、施設実習の実施にあたり、「実習の課題」と「実習のねらい」を明確にしておく必要があります。

1）実習の課題

　実習の課題は、実習が有意義なものとなるように、「何を学びたいのか」ということを明らかにしておくものです。実習は、指示された業務を行うだけではただ経験するだけにとどまってしまい、一貫性のある学びにはなりません。また、何のために実習を行うのかわからず、やりがいを見出すことができなくなってしまいます。事前に、学びたいことを明確にしておくことにより、日々の実習を有意義に過ごすことが可能となります。実習

の課題としては、例えば、以下のようなものがあげられます。
- 児童福祉の現状について実際から学ぶ
- 利用児・者に対する日常生活の指導と援助の方法を学ぶ
- 利用児・者の人間関係について把握すると共に、それに応じた支援のあり方を学ぶ
- 利用児・者の年齢や発達状況による支援内容の違いについて学ぶ
- 施設の機能と施設における保育士の職務について学ぶ
- 子どもや利用者の家族について理解すると共に、施設をとりまく地域社会の実態について理解する

2）実習のねらい

　実習のねらいとは、明確にした「実習の課題」に沿って、さらにその課題を具体化したものです。実習日誌では、日々、ねらいを設定することになります。「実習の課題」と関連づけて、日々のねらいを設定することにより、実習全体を通しての学びに一貫性をもつことができます。実習のねらいの例を以下に示します。
- 1日の生活の流れを知る
- 利用児・者の名前を覚える
- すべての利用児・者と一度はコミュニケーションをとる
- 休日の施設の生活リズムを知る
- 入浴における準備や援助内容を知る
- 個々の利用児・者に合った支援を心がける

3）実習の課題・実習のねらいの情報源

　多くの場合、実習の課題を設定するのは実習が始まる前になります。したがって、実際の利用児・者と触れ合う機会があまりないまま実習の課題を設定することになります。実習の課題を明確にしておくために、実習先への事前訪問（オリエンテーション）での説明事項の記録、見学したときに把握した環境、利用児・者の様子、職員の動きや雰囲気、施設のパンフレットやホームページなどを調べて、実習のイメージづくりを図る必要があります。そこから実習で何を学びたいのかを明確にするとよいでしょう。

　また、実習のねらいについては、実習の課題をもとに、事前にいくつか候補をあげておき、実習中に自分自身の「実習の課題」の到達状況に応じて「実習のねらい」を設定していくとよいでしょう。

（3）書くときの注意点

　実習日誌は、ただ書けばよいのではなく、書いていく上で注意しなければならない点があります。それらを守っていかないと、自分自身の評価に関わるだけでなく、利用児・者に多大な迷惑をかけてしまうことにもなりかねません。また、書きたい内容を正確に記述していかなければ、職員も、何を伝えたいのかわからなくなってしまうだけでなく、自分自身が振り返った時に何を書きたかったのかを思い出せなくなってしまいます。以下に示すような注意点を踏まえて、実習日誌を記述していきましょう。

1）基本的な注意点

　実習日誌は公的な文章です。ここで示す内容は、実習日誌に限らず、文章を書く際の基本とも言える事柄が含まれます。レポートなど、日頃書く文章から練習をしておくとよいでしょう。

- その日のうちに書き、その日に提出する（提出が次の日の朝という場合もあるため、必ず実習先に確認する）
- 公的文章のひとつなので、黒又は青のボールペンで記入する。誤った箇所の修正方法は実習先の指示に従う（例、修正液を使う、どのように間違ったかを残して修正する、認印を活用して修正するなど）
- 「〜である」または「〜です」などの文体は統一する
- 辞書を使って正しい漢字で書く
- 個人の実名は書かず、イニシャルなどで示す（例、Aさん、H.Sさん。ただし、実習先の指示に従うこと）
- 誤字・脱字、書き間違えがないように、見直しをする
- 返却された日誌はその都度確認し、翌日以降の実習と日誌の記述に活かす。利用者の個人情報に関することなど、不適切な記述について指摘されていた場合には、適宜修正や削除を行う
- 紙面が不足した場合の「用紙の追加の可否」などについては、実習先と相談する

2）内容に関する注意点

　実習日誌には、どのような内容を記録していったらよいでしょうか。実習初期では、施設の生活の流れを把握するので精一杯となるでしょう。実

習での生活に慣れてくると、利用児・者の反応や援助方法など、深い内容について目を向けられるようになってきます。したがって、日を追うごとに、実習日誌の内容は深いものになっていきます。例えば、以下のような流れで書いていくとよいでしょう。

○**実習初期（初日から3日程度）**
　この時期は、1日の生活に積極的に参加して、生活の流れを理解する段階です。その中で、職員の勤務体制や保育士の主な仕事について理解していきます。したがって、実習日誌の内容も、所属している班やグループの1日の流れを中心に書いていきます。

○**実習中期（実習4日から7日程度）**
　「実習の課題」に掲げた内容を中心に記述していきます。1日の流れを把握できてきた段階と考えられますので、より深い部分についての学びに努めます。例えば、利用児・者と関わる時間を増やし、一人ひとりを理解することや、利用児・者への働きかけの中で現れた反応について考察するなど、具体的な内容について記述していくことになります。この時期は実習の中心であり、日々の生活を通して様々な知識・技術を身につける時期となります。

○**実習後期（実習8日以降）**
　特定の利用児・者を観察し、より理解を深めると共に、関わり方を工夫し、その結果を中心に記述していきます。それまでの指導や指摘をもとに、具体的な養護技術・支援技術を高め、施設における社会的役割や保育士の職務を明確にしていきます。また、まとめの段階となりますので、「実習の課題」が達成できたか振り返ることになります。こうしたまとめを通して、保育士として果たす役割を理解し、今後に役立てていきます。

　どの時期においても共通しますが、実習日誌は、その日に起こった出来事（利用児・者の活動）や、それにともなう実習生・職員の行為だけでなく、そのことに対する気づきや考察を意識的に記述していきます。

3）日誌の取り扱いと守秘義務、信用失墜行為の禁止

　実習日誌には、利用児・者に関する様々な情報が記述されます。実習日誌を慎重に扱っていかないと、情報漏洩などの大きな問題につながることがあります。児童福祉法では、保育士の守秘義務について次のように規定しています。

児童福祉法第 18 条の 22（守秘義務）

保育士は、正当な理由がなく、その業務に関して知り得た人の秘密を漏らしてはならない。保育士でなくなった後においても、同様とする。

　守秘義務違反をした者には、1 年以下の懲役または 50 万円以下の罰金が課せられます（「児童福祉法」第 61 条の 2）。当然、実習生も施設利用児・者やその家族についての秘密を守らなければなりません。具体的には、①実習日誌の記述に配慮する、②利用者やその家族、施設の先生に関する話を友人や家族に教えないようにする、③電車など第三者がいるところで実習日誌を開かないようにするなど注意が必要です。また、これらのことは、実習中はもとより、実習が終わってからも、守っていかなければならない重要事項です。

　児童福祉法には、保育士の「信用失墜行為の禁止」も規定されています。

　保育士は、保育士の信用を傷つけるような行為をしてはならない。

【出典】「児童福祉法」第 18 条の 21

　信用失墜行為には、法に触れるような違反行為などがありますが、それは保育士の職務に直接関係しないような行為も含まれています。運転中のスマートフォンの使用や 20 歳未満の喫煙などもその 1 つです。法に触れない行為であっても、子どもや保護者に見られて困るような行為は信用を失います。保育士は、子どもにとっての手本となる存在です。日ごろから自分自身の行為に注意を払うようにしましょう。

（4）実際に書いてみよう

1）児童福祉施設
①乳児院
◆施設について

　乳児院での実習では、子どもの側からの関わりよりも職員や実習生の側からの関わりが多くなります。そのため、実習生の側からの観察や、関わった（行った）行為を中心とした記述になります。子どもの健康管理や、食事、排泄などの介助行為、それらを行う際の注意点など、子どもの安全面に直接影響が及ぶ内容が多く含まれるのが特徴です。

◆清掃（下線部①）

　「掃除」や「雑巾がけ」と言うと、その場を綺麗にする清掃行為として捉えがちですが、それを保育士が行うのは、「子どもの安全確保」という面があるからです。例えば、昨日の食事の際に食器が割れたのであれば、食器の破片が落ちていないか、いつも以上に注意しつつ清掃を行うことが求められます。

◆申し送り（下線部②）

　「引き継ぎ」や「申し送り」など表現は様々ですが、昨晩の子どもの様子について次の担当職員に引き継ぎ、重要な内容は施設全体で共有します。どのような施設でも申し送りは行われますが、特に乳児院の場合、子ども自身が体調不良などを言葉で訴えることが難しいため、職員が把握している情報をきちんと共有しておくことが大切です。

◆雰囲気作り（下線部③）

　「寝かせる」のではなく「寝付くことのできる雰囲気づくり」ができていれば、子どもはスムーズに入眠できるものです。業務が多忙になると、つい業務の最終目的ばかりに目を奪われてしまいますが、子どもたちが落ち着いて時間を過ごすことのできる「雰囲気」や、そこに流れる「空気」にも気を配りましょう。

◆調乳、授乳（下線部④）

　調乳と授乳は、乳児院で行う業務の中で、最も頻回かつ重要な業務の一つです。乳児の身体的発育のみならず、精神面や保健（医療）にも深く関わる行為ですので、施設職員の指導のもと適切に行うことが求められます。

（　　）学年（　　）組　氏名（　　　　　　　）

実習 3 日目	○月　○日　○曜日　天候　晴れ 主な実習内容 ［観察・参加・責任］実習	実習時間 開始　08:30 終了　18:00

居室・グループ　ユニットA	○○名（男：○名、女：○名）

本日の実習目標
・調乳、授乳の仕方を理解し、注意点や目的を理解する。
・乳児の個性に合わせた対応を学ぶ。

時刻	利用者の活動	職員の活動内容	学生の実習内容
08:05	・ほふく室で自由遊び	・ほふく室で子どもたちと遊ぶ ・おむつ交換 ・清掃、検温、視診	・出勤 ・朝の挨拶をし、清掃 ① ・各居室の掃除機がけ、ほふく室の畳の雑巾がけ、おもちゃラックの移動
09:00		・申し送り ②	・申し送りに参加
09:45		・乳児にやさしく声かけ、だっこをし、スキンシップを図る	・ユニットAの乳児と遊ぶ
11:00	・昼食、お食事のうた	・昼食準備、介助、片付け	・おむつ交換 ・昼食介助、片付け、夕食用のおしぼり補充
11:30	・午睡用ズボンに履き替え、ベッドルームへ移動	・午睡しやすいよう落ち着いた雰囲気をつくり、入眠を促す ③ ・昼食	・職員の昼食の準備
12:00	・午睡		
12:20		・昼食	・昼食終了後、マニュアルの転記
13:30	・おむつ交換 ・自由遊び	・おむつ交換	・ほふく室清掃、職員トイレ清掃 ・おむつ交換片付け
14:30	・おむつ交換、おやつ	・調乳、授乳の説明	・調乳、授乳の仕方について説明を受けた後、調乳、授乳 ④
15:45	・順番で入浴、自由遊び	・入浴後、かぶれ部位治療	・入浴後の着替え介助、片付け
17:00	・夕食手遊び、パネルシアター鑑賞	・夕食準備、介助、片付け	・夕食準備、介助、片付け
18:00		・ほふく室で子どもと遊ぶ	・乳児院の課題などについて調べた内容を質問、退勤

第❸部　実習の実際

◆入浴時の安全確保（下線部⑤）

浴室は、裸のためにけがのリスクが高く、特に乳幼児では、転倒から大けがに結びつく可能性があります。確実に職員が子どもの身体を保持できるよう、工夫することが大切です。

◆ケガなどへの対応（下線部⑥）

乳幼児は皮膚が弱く、おむつかぶれは適切な医療処置を行わなければ、すぐに皮膚状態が悪化してしまいます。薬の塗布（とふ）は医療行為であり、また、薬の禁忌（きんき）（アレルギー）がある子どももいるため、実習生単独での対応は厳禁です。必ず担当職員に確認し、場合によっては業務日誌や医療記録なども確認して対応するようにしましょう。

◆ほ乳瓶の準備（下線部⑦）

一般家庭の場合、ほ乳瓶の消毒は簡単な熱湯消毒などで済ませるケースもありますが、乳児院では消毒箱などに保管し、医療機関に近いレベルの取り扱いをしています。手で直接握ってしまうと、中に入っているほかのほ乳瓶にも雑菌が混入することから、鉗子（かんし）を使って取り出します。ガラスのほ乳瓶はミルクを手早く冷ますことができる点が優れていますが、鉗子（かんし）でつかむ際には滑りやすく、落とすと破損の危険が高いため注意が必要です。

◆ミルクアレルギーへの対応（下線部⑧）

ミルクに限らず、食物アレルギーをもつ乳幼児がいる場合には、食事（ミルク）を別の場所で管理し、誤って当該乳幼児の手に触れたりしないよう細心の注意を払います。また、新生児マススクリーニング検査により、先天性代謝異常症が判明している乳幼児については、それぞれの疾患に対応したミルクが必要となります。

◆快適な環境での授乳（下線部⑨⑩）

授乳の目的は、単にミルクを飲ませて栄養を摂取させるだけではありません。子どもとのスキンシップを図る重要な時間ですので、子どもができるだけ心地よく過ごすことができるよう配慮することが大切です。

授乳中は、授乳の速さ（ミルクの減り）にばかり気を取られるのではなく、誤嚥（ごえん）などにも留意しつつ子どもの目を見て話しかけ、「おいしいね」と語りかけるなど、「食事の時間」として意識した関わりに務めましょう。

実習生の活動内容	
タイトル（項目）	主な活動の記録
・入浴介助	・順番に脱衣室に子どもを連れて行く。衣服を脱がせ、浴室にいる職員に子どもを手渡すまで、転倒しないようしっかり手をつないでおく。⑤ ・入浴後の子どもの身体の水滴を、バスタオルでやさしく押さえるように拭く。布おむつ、おむつカバー、パンツを用意しておき、おむつをあてていく。皮膚にかぶれがあり薬を塗布している場合もあるため、おむつをあてる前に職員に確認をする。⑥ ・入浴時間の空いている時に、小トイレ備え付けのボックスに、おむつカバーとパンツを補充する。 ・パンツは柄や色で男・女児に分け、人数分より多めに用意する。 ・パンツは排泄訓練室から持ってくる。おむつカバーはMを3枚、Lは多めの補充。
・調乳、授乳	・手洗いをしてから、消毒済みのほ乳瓶を取り出し、キャップ、乳首、フタを鉗子を使って清潔に取り出す。⑦ ・乳首の穴は月齢や乳児の吸う力によって選ぶ。 ・ミルクの量の分だけ固形キューブを入れてフタをし、勤務室の所定の場所に置く。 ・ミルクアレルギー児の調乳は、誤飲を防ぐため、勤務室で行う。⑧ ・温度に注意しつつ、流水で冷ます。

感想と反省・考察（次への課題）

　本日は調乳、授乳を学びました。消毒済みキャップ、乳首、フタを清潔に取り出すところが難しく感じました。また、乳児によってミルクの種類も量も違うため、間違いに注意して用意しました。
　授乳をする時は、乳児が心地よく飲むことができるよう、腕に筒状にしたタオルを通して、胴部の汗でベトベトしないような工夫をしたり、ミルクの温度も乳児によって少々熱めがよかったり、ぬるめがよかったり、抱き方もそれぞれなので、その乳児が一番安心し、落ち着いて飲むことができる状況を設定することが必要だと学びました。⑨
　また、なかなか吸い始めず泣いてしまう乳児もいるため、その原因を考察したり、授乳する者がゆったりとした気持ちで接していくことの大切さを学びました。次に機会があれば、本日の学びや気持ちを忘れず、乳児と接していきたいと思います。

指導者の評価・助言など　　　指導者名あるいは指導者の印：　〇〇〇〇

　実習3日目、ご苦労様でした。3日目ということで、オムツ交換や1日の流れにも慣れ、スムーズに取り組めていたように感じました。今日は調乳、授乳ということで、子どもたちの健康管理や発育への配慮を感じて頂けたかと思います。また、感想にも記載がありましたが、授乳時には、栄養を摂取するという目的だけでなく、愛着関係・信頼関係を築いていく大切な時間だということも、しっかり意識しながら取り組むことができていたようで、とてもよい関わり方であったと思います。⑩
　今後の実習期間にも、本日のような関わりを活かして、有意義な実習にして頂きたいと思います。

第❸部　実習の実際

②母子生活支援施設
◆施設について
　母子生活支援施設での実習は、ユニットやホームといった概念ではなく、「それぞれの世帯」として捉えることが大切です。施設のハードウエアも、それぞれの世帯単位で生活を完結させることができるよう、必要な設備が揃えられています。

◆朝食作りの援助（下線部①）
　朝食作りを手伝っていますが、あくまでも主体は母親であり、職員（と実習生）は、Ａさん親子（母子）に対し、補助的に関わっているのが特徴です。

◆保育所登園（下線部②）
　施設入所以前に利用していた保育所を継続利用することも可能ですが、施設近隣の保育所に変更することが一般的です。保育所へは母親自身や施設職員が送迎します。また母子生活支援施設内で、施設内保育の形で預かる場合もあります。
　この例では、ほかの家庭の児童も保育所に登園することから、実習生は、ほかの家庭の児童も一緒に、職員と共に保育所に送り届けています。

◆プライバシー保護（下線部③）
　実習生はユニットの清掃を行っていますが、母親が外出で不在のため、ユニットの外（屋外）の清掃にとどめ、ユニット内（＝家の中）の清掃はしていません。

◆施設内保育（下線部④）
　何らかの理由で外部の保育所に通園できない児童や病児・病後児については、施設内保育室で預かります。一般の保育所では、児童に発熱などの症状が見られると早々に帰宅させますが、母子生活支援施設の施設内保育の場合、母親の自立支援や就労支援の観点から、感染リスクの高いケースを除き、施設内保育で柔軟に対応しています。

◆夕食の補助（下線部⑤）
　職員や実習生は、朝食よりも一層、補助的立場に徹しています。母子が、いずれ独立して社会生活を営むことができるよう、「できることは、（母子が）自分で」という姿勢で関わることも大切です。

	(）学年　（ ）組　氏名（ ）		
実習 **5** 日目	○月　○日　○曜日　天候　晴れ 主な実習内容 ［観察・参加・責任］実習		実習時間 7:30-12:30（5時間） 17:30-20:30（3時間）

居室・グループ　桔梗ホーム（Aさん母子）	2名（男：0名、女：2名）

本日の実習目標
・母子支援員（保育士）の業務を理解する。
・同施設を利用している母子家庭が抱えている課題や背景を理解する。

時刻	利用者の活動	職員の活動内容	学生の実習内容
07:00	母親：朝食準備～朝食 児童：起床～朝食	・朝食作りの援助 （母親の補助を行う）	・出勤 ・朝食作りの手伝い ・Bくんの身支度の手伝いをして、一緒に朝食の準備をし、食べる ①
08:30	・朝食の後片付け	・外出について、母親と確認	・朝食の後片付けの手伝い ・洗濯、掃除の手伝い
09:00		・職員朝礼	・朝礼に参加 ・申し送り事項を確認する
09:40	母親：外出準備 児童：保育所登園		・保育所登園に付き添う （他家庭の児童も一緒）②
10:30	母親：外出（ハローワーク）	母親に同行する	・ホーム外の清掃 （居室には入らない）③
11:00	・施設内保育 （含、病児保育）	・風邪で保育所を休んでいるCちゃんの援助	・施設内保育（病児保育）の補助 ④
12:30			休憩
17:30	母親：夕食準備～夕食 児童：自由	・夕食作りの補助 （ほぼ母親が作る）⑤	・Bくんの遊び相手 ・入浴 （夏なので夕食前に入浴）
18:30	夕食	・夕食準備ができたことを確認して退室	・夕食準備まで補助、その後退室
19:00		・座学	・母子支援員の方から、入所母子世帯について学ぶ ・模擬ケース記録をもとに、母子との関わりについて理解する
20:30			・実習終了、退勤

第❸部　実習の実際

◆ユニットや家庭の呼び方（下線部⑥⑦）

　通常、施設では、利用しているユニットやホーム、クラスなどの呼称がありますが、母子生活支援施設は「母子」という単位で生活する施設であるため、例のように「○○さんのお部屋」など、母親の名前の「世帯」として呼ぶことがあります。「桔梗」というユニット名がありますが、そこは「Aさんの家（Aさん宅）」であるわけですから、呼称にも配慮が必要です。

　掃除の場面でも、実習生は手伝う際に、母親に確認を取っています。実習生としては、「他人の家に入り込んで、実習させてもらっている」という意識が大切です。

◆施設利用者についての座学（下線部⑧）

　ここでは、施設利用者（母子）の状況などについて職員から座学の時間で指導を受けています。母子生活支援施設に限らず児童福祉施設の中には、様々な理由や背景をもって、施設入所に至っている利用者・子どもが少なくありません。そのため、その理由や背景を理解した上で支援に臨むことはとても重要です。

　しかし一方で実習生がそれらの情報を知ってしまうことで、どうしても対応がぎこちなくなったり必要以上に緊張してしまうなどのデメリットも考えられます。そこで今回のケースでは、過去の事例などを活用して実習生に指導する形がとられています。

◆自立支援（下線部⑨）

　母子生活支援施設における母子支援員の役割として、母親が施設を出た後の生活安定（自立支援）のため、就業のサポートなどの業務があります。今回のケースでは、実習生は同行していませんが、母親はハローワークへ行き求職活動を行っています。施設で生活している間の支援はもちろんですが、最終目的は入所者（母子）が施設を退所し、その後、安定した自立生活を送れることにほかなりません。自立支援計画を策定し、自立に向けた様々な個別的支援を行うことが求められます。

◆実習受け入れについて（下線部⑩）

　一般的に、施設実習においての実習生の受け入れや配属については施設側が検討し決定します。しかし、母子生活支援施設の場合、「母子（家族）」という単位で入所していることから、母子のプライバシーへの配慮が一層求められます。そのため、このケースでは、Aさん（母親）が実習を受け入れて下さったことで実習生は一連の支援業務を経験することができました。このように、自らの生活に実習生が「入り込む」ことを認めて下さる方がいてはじめて、実習という貴重な経験の場が提供されるのです。

実習生の活動内容	
タイトル（項目）	主な活動の記録
・家庭の支援	・今日はAさん親子（母子）が生活しているユニット（桔梗）での実習、第1日目でした。ほかのユニットと同様に、「Aさんのお部屋は」など、ユニット名ではなく親子名（母子の名字）で呼んだり記録も書かれており、改めて、母子生活支援施設が、母子の単位でいろいろな支援をする施設なのだということを実感しました。 朝食の時間からご一緒させて頂きましたが、事前に支援員の先生から、「補助的に関わる存在だという気持ちを大切に」という指導がありました。そのため、特に掃除のお手伝いなど、Aさんに必ず確認をとってから行動しました。いろいろ支援すればいいということではなく、Aさん母子がいずれ自分たちの力で生活していくための後押し、補助の役割ということを、強く意識した1日でした。
・座学 （母子生活支援施設の利用者が抱える課題について）	・夕食のお手伝いが終わった後、支援員の方から、母子生活支援施設の現状や利用者さんの抱える課題などについて、座学の時間を作って頂きました。今日Aさんは、支援員の付き添いのもとハローワークに行ってきたとのことですが、職探しや新しい生活のための準備など、DV被害から保護された母子への支援について聞かせて頂くことができました。 ・実物のケース記録は閲覧できないということなので、過去の事例から模擬ケースをもとに説明して頂き、施設内での生活面だけではない支援の業務について理解することができました。

感想と反省・考察（次への課題）

　今日からAさん親子のユニット（桔梗）での実習が始まりました。これまで、入所している児童と関わることが主だったので、Aさん（母親）との関わりは大変緊張しましたが、少しずつ話もできるようになれたらと思います。

　朝は支援員の先生と共に、Aさんの朝食から朝の外出までのお手伝いをさせて頂きましたが、「Aさん親子のサポート」という意識を常にもつことを心がけました。今まで何か仕事を探す、何かをすることにばかり目が向いていましたが、Aさん親子の自立を支えるために、先生が言われていた「適度な距離感」というものを、明日の実習でも考えてみたいと思います。

　夜には支援員の方から、利用者さんの状況などについて聞かせて頂きました。いろいろな課題を抱えている利用者さんたちなので、たとえ職員であっても軽々しくは立ち入るべきでないこと、DV被害にあった母親は心理面などでもサポートが必要だということなど、生活面以外の施設の役割も考えさせられる1日になりました。明日の実習もよろしくお願いいたします。

指導者の評価・助言など　　　指導者名あるいは指導者の印：　○○○○

　お疲れ様でした。今日は入所している母親とゆっくり関わる初めての機会だったとのことで、緊張していたかと思います。記録にも書かれている通り、少しずつ関わりをもっていけばいいと思います。また、Aさん母子に限らず、利用者の抱える課題が様々で、かつ重篤なケースもあることから、今回は座学という形で少し勉強してもらうことにしました。Aさんは、実習生の受け入れを快く受け入れて下さった方ですが、疑問点などあれば、まずは職員に確認するようにして下さい。母子の「家庭」であることをきちんと意識して、軽々しく踏み込まないことはとても大切なことです。明日も頑張って下さい。

③児童養護施設
◆**施設について**

児童養護施設での実習では、担当する児童の年齢や性別、人数などによって業務内容が大きく異なります。ここでは、標準的な縦割り（低年齢～高年齢児童までで構成される）ホームでの標準的な実習日誌の例を取り上げています。

◆**起床の援助（下線部①）**

一般家庭でも、朝起きるのが苦手な子どもは少なくありません。ここでは幼児への支援を例にあげていますが、幼児に限らず、起床の支援が必要な子どもは状況に応じて声かけなどを行います。就学児は起床が遅くなると登校時刻にも影響するため、注意が必要です。

◆**失禁への対応（下線部②）**

どのような実習でも、想定外のことは起きるものです。ここでは、職員が児童への支援を行い、実習生は後始末を行うなど、業務分担ができています。朝の慌ただしい時間だからこそホーム全体を見渡し、どの児童にも、もれのないよう支援することが求められます。

◆**断続勤務（下線部③）**

児童養護施設では、一般的ですが、「断続勤務」などと呼ばれる勤務形態があります。子どもが施設にいる時間帯に職員の出勤時間（勤務時間）となるよう、1日の勤務を2～3の時間帯に分割する形態です。夏休み中など、子どもたちが日中施設にいる時期であればその時期に対応した勤務形態がとられますが、学校がある時期だと、このような断続勤務での実習が一般的です。　※参考：断続勤務の例（p.124）

◆**幼児の就寝支援・寝かしつけ（下線部④）**

ここでは職員が寝かしつけを行い、その間実習生はほかの業務を行っています。実習生だけでこのホームを担当する場合、夕食の後片付けなどの業務を空いた時間でこなしつつ、幼児の就寝支援の時間も確保しなければなりません。比較的騒がしいことが多い施設での生活にあって、入眠前のこの時間帯は、幼児が職員や実習生への「甘え」を表出してくる貴重な時間帯でもあります。ほかの業務とのバランスを取りつつ、なるべくゆったりとした時間を過ごし、心穏やかな入眠につなげられるよう、配慮しましょう。

	（　）学年　（　）組　氏名（　　　　　　　　　）		
実習 **9** 日目	○月　○日　○曜日　天候　晴れ 主な実習内容 ［観察・参加・責任］実習		実習時間 6:15-9:30 16:15-21:00

居室・グループ　女子棟（ひまわり）　6名（男：0名、女：6名）

本日の実習目標
・職員が子どもたちに伝えていることは何か、観察する。
・トラブル時、解決に導くことができるよう、適切な声かけや指導を行う。

時刻	利用者の活動	職員の活動内容	学生の実習内容
06:15	・起床 ・トイレ、洗面 ・着替え	・子どもたちを起こす ・朝食の準備、盛りつけ	・カーテンを開け、テーブル上の椅子を下ろす ・<u>幼児を起こす</u> ❶ ・果物を切る
06:40	・朝食 ・果物の個数（1人あたり）を尋ねていた	・一緒に朝食を食べる ・子どもたちは運動会の話に夢中で食が進んでいないため、優先順位を考えるよう声かけをする	・一緒に朝食を食べる
07:10	・順次登校 ・幼児は、登園時間になるまでホーム内で遊ぶ ・<u>失禁（幼児Bちゃん）</u>	・見送り ・掃除 ・Bちゃんの着替え	・ホーム内から見送り ・朝食の食器を洗う ・トイレ掃除 ・失禁で濡れた床の清掃 ❷
			※断続勤務のため一旦休憩 ❸
16:40	・入浴（幼児） ・帰宅した児童は宿題、終わった児童はTVを見るなどして過ごす	・幼児を入浴させる ・翌日の朝食の下準備 ・夕食の準備（同時）	・翌日の朝食の下準備 ・夕食準備、おかず盛りつけ
18:00	・夕食	・幼児の食事補助（特に幼児Bちゃん）	・一緒に夕食を食べる ・お茶の準備など
19:30	・就寝（幼児） ・就学児は明日の学校の準備ができた児童から、順次入浴 ・その後TVを見るなどして過ごす	・<u>幼児の寝かしつけ</u> ・業務日誌の記録 ❹	・夕食の食器の後片付け ・洗濯物を干す ・子どもたちと話す ・宿題の確認
21:00	・小学生は就寝	・小学生に声かけ（歯みがきなど）	・小学生に声かけ ・9日目の実習終了

◆けんかの仲裁（下線部⑤⑥）

　低年齢児のいるホームでは、子ども同士のけんかやトラブルも多く、どのようにことを収めるかも大切な関わりです。

　ここでは、子ども同士で叩き合いに発展しそうな状況であったため、まずは止めに入っています。その上でそれぞれから言い分を聞き、最終的には「おもちゃはみんなの共有物なので、みんなで使う」ということを、子どもたちに言い聞かせています。いきなり頭ごなしに叱ったり指導に入るのではなく、子どもの言い分に耳を傾けることが大切です。そうすることで子どもとの信頼関係が構築され、同じ指導であっても、より一層子どもが素直に聞き入れる（＝子どもの心に届く）ようになります。

◆他ホームとの違い（下線部⑦）

　児童養護施設では、ホームによって人員構成が異なるため、ホームが違えば雰囲気や指導の内容、方法も大きく変わる場合があります。実習生は、まず実習するホームの雰囲気や子どもたちの概要をつかむことから始めましょう。たとえ同じ年齢の子どもがいたとしても、ほかのホームの児童と同様に考えるのではなく、あくまでも「その子」や「そのホームの中でのその子」の存在を考えましょう。

◆言葉遣いに対する指導（下線部⑧⑨）

　実習生は、子どもの言葉遣いに対して、その機を逃さず注意しています。そのこと自体はよいのですが、指導者（職員）は、さらに「その背景を考えることの大切さ」を実習生に示唆しています。

　児童養護施設で生活する子どもたちの多くは、家庭でのしつけや学習が十分でなく、基本的生活習慣の獲得が不十分な子どもが少なくありません。それゆえ、ここで指導者が指摘している通り、「その言葉遣いが悪いと思っていない（知らない）」というケースがあります。その子の生活歴・生育歴や年齢、その言葉を発した場面（状況）などを考慮しつつ、「その言葉遣いはダメだ」と注意するだけでなく、正しい言葉遣いを教えることで、行動の修正を図ることが望ましいと言えるでしょう。

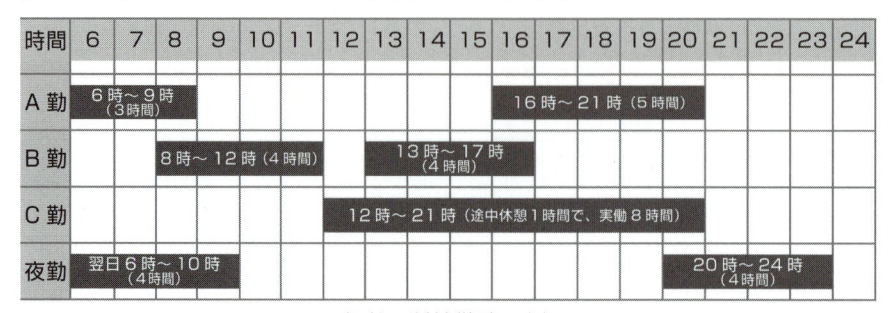

時間	6	7	8	9	10	11	12	13	14	15	16	17	18	19	20	21	22	23	24
A勤	6時～9時（3時間）										16時～21時（5時間）								
B勤			8時～12時（4時間）					13時～17時（4時間）											
C勤							12時～21時（途中休憩1時間で、実働8時間）												
夜勤	翌日6時～10時（4時間）														20時～24時（4時間）				

参考：断続勤務の例

実習生の活動内容	
タイトル（項目）	主な活動の記録
・おもちゃの取り合い	・保育室でHくんがブロックで遊んでいた時、Rちゃんが車のおもちゃを使おうとしていました。するとHくんが、「使うな」と厳しい口調で言ったので、「もう少し優しく言ってあげようね」と伝えました。Rちゃんは「やだ」と言って使いたがっていました。その後、Hくんがほかの車のおもちゃを探し始めたところを、Rちゃんが叩き、Hくんもおもちゃでrちゃんを叩こうとしていたので、<u>止めに入りました</u>。❺ 　まず2人には、「嫌なことがあるからといって、叩くのはいけない」ということを伝え、Rちゃんが車を使いたがっていることをHくんに伝えました。また、Hくんは今はブロックで遊んでいるということも、Rちゃんに伝えました。「おもちゃは誰のものかな」と、考えを促す声かけをしたところ、2人とも「みんなのもの」と言ったので、<u>「みんなで仲良く使おう」と声をかけたところ、2人とも納得してくれた様子でした。</u>❻
・言葉遣い、態度	・上記のような何かのトラブルを注意した後や、何か嫌なことがあった後など「舌打ち」をしたり、言葉が少し乱暴になる子どもがいたので、その都度注意していくようにする。

感想と反省・考察（次への課題）

　9日目の実習、ご指導ありがとうございました。このホーム（ひまわり）での断続勤務は初めてだったこともあり、休みの日とは雰囲気も少し違い、戸惑ってしまいました。ひまわりホームには幼児がいるため、<u>夜の寝かしつけや、朝の時間の過ごし方について、ほかのホームでは見られない一面を経験することができました。</u>❼
　食事のデザートについて、「ほかの食事が済んで、最後にする」というホーム内でのルールや、高校生や中学生が積極的に低年齢児童の面倒を見ることなど、異年齢の子どもたちが集まっているからこそ見られる場面もあり、勉強になりました。中高生にも、低年齢児童にとっても、異年齢との関係はよい経験であり、そこから学んで成長するところも多いのではないかと感じました。
　また、<u>言葉遣いについて、乱暴な言葉を使っていた子どもには、その都度注意しました。</u>❽以前は反抗的な態度を取る子どもも多かったのですが、ひまわりホームの子どもたちは、素直に聞いてくれたので安心しました。

指導者の評価・助言など	指導者名あるいは指導者の印：　〇〇〇〇

　実習おつかれさまでした。ひまわりでの日常の様子が観察でき、いろいろ気づく点も多かったと思います。年齢や日課、約束事など、ほかのホームとは違う点も多いと思います。それぞれのホームとしての課題も違いがあるため、「何のためにこのルールが決まっているか」や「どういう点がこのホームの課題なのか」といった視点で観察できると、さらに得るものが多いと思います。
　また、<u>乱暴な言葉遣いに対する注意ですが、注意すること自体も大切ですが、「正しい言葉遣いを知らない」</u>という子どももかなりいます。それゆえに、乱暴な言葉遣いが、彼らにとっての「普通の言葉」である場合もあります。❾職員自身が丁寧な言葉、相手の気持ちを害さない言葉をきちんと使っていくことで、子どもたちの使う言葉にも、変化が現れてくるのではないかと考えています。

④障害児入所施設・児童発達支援センター

知的障害児のいる障害児入所施設

1 実習日誌の例

知的障害児が利用している障害児入所施設の実習日誌の一部を示します。次ページの「記録のポイント」を踏まえながら見ていきましょう。

実習日誌例　知的障害児のいる障害児入所施設の実習日誌の例

平成○○年○月○日（○曜日）　　　天気　晴れ

今日の目標：食事や入浴の介助の流れを学ぶ。 **Point 1**

実習班：○○○

時間	利用児（者）の活動	職員の動き	実習生の活動・気づき
6：30	●起床 ・職員に促されて起きる。 ・手伝おうとする子どもがいる。	●清掃 **Point 2**	・各部屋の入り口をほうきで掃き、窓を開ける。 ●お礼を言うと、少し嬉しそうだった。 **Point 2**
7：00	●朝食 ・子どもと職員が一緒に食事をとる。 **Point 2**	・子どもをテーブルに誘導する。 ・職員が歯みがきを介助する。	・衛生管理のため、手洗いをしたり、手袋をつけて配膳を行う。
8：00	●登校（就学児） ・身だしなみを整え、持ち物を確認して、バスで登校する準備をする。 **Point 2** ・ハンカチやティッシュを持っていることをアピールする子どもがいる。 **Point 2**	・一人ひとりの様子や身だしなみ、持ち物を確認する。	●職員は、子どもの様子を目で見て確認するだけではなく、「○○はある？」と声をかけながら、コミュニケーションを取るようにしている。 ●「すごいね」とほめると、嬉しそうに笑っていた。 **Point 2**
9：30	●自由時間（未就学児） ・おもちゃで遊んだり、職員と遊んだりする。 **Point 2**	・子どもとスキンシップを取りながら一緒に遊ぶ。 ●引き継ぎ ・職員間で情報の共有をする。作業内容の確認を行う。	●職員は子どもと遊びながら、子どもたち全体の様子を見ていた。 ・特に子どものその日の様子や健康状態を確認する。

2 記録のポイント

　知的障害児のいる障害児入所施設では、生活指導を基本とした療育訓練や身辺の自立に向けた発達支援を行います。知的障害児の施設となっていても、各々の事情により18歳以上の利用者がいることも多いです。実習にあたっては、幅広い年齢の知的障害児・者に関わっていくということを理解しましょう。また、症状や障害の重さ、生活経験などの違いにより、一人ひとりが異なる特性をもっています。個々の子どもに合わせて、スモールステップで支援をしていくことが大切です。

Point 1 目標の立て方については、最初のうちは、施設における生活の流れを理解したり、生活指導や発達支援がどのように行われているかといった職員の業務を把握することになります。施設の生活に慣れてきたら、個々の子どもに合ったコミュニケーションの取り方を学んだり、子どもの様子を理解するために、表情や言葉、動作、さらには健康状態や気持ちの変化などに注目して観察・対応することを目標にするとよいでしょう。

Point 2 子どもの様子については、主に二つのことを書いていきます。一つは、子どもがそれぞれの時間でどのような活動をしているのかを書きます。実習では、施設を利用している子どもの生活の流れに合わせて、食事の準備や入浴介助などの業務を行います。子どもの活動を把握できるように、子どもが実際にどのようなことをしていたのかを具体的に書くようにしましょう。

　もう一つは、子どもの様子について気づいたことを書きます。子どもと関わる際には、注意深く観察することで様々な発見があります。例えば、食事・排泄などの身辺自立に関しては、どこまで自分の力でできるのか、どのような援助があればできるのかを観察するとよいでしょう。また、コミュニケーション能力に関しては、言葉の理解はどのくらいできるのか、言葉や動作で気持ちを伝えることができるのかなどを見ていくとよいでしょう。社会性に関しては、笑顔であいさつをする子どもや反応が乏しい子どもなどがいます。また、友達とよく一緒にいる子どもや職員、あるいは実習生に関わってくる子ども、独りでいる子どもなど、人との関係性も観察するポイントになります。

3 実施日誌の例（つづき）

実習日誌のつづきを示しますので、見ていきましょう。

実習日誌例　知的障害児のいる障害児入所施設の実習日誌の例（つづき）

時間	利用児（者）の活動	職員の動き	実習生の活動・気づき
12:00	●昼食 ・子どもと職員が一緒に食事をとる。 ・ごちそうさまをしてから、順番に歯みがきをする。	・同じテーブルの子ども一人ひとりに声をかけながら、明るい雰囲気をつくっている。 ・歯みがきを介助する。**Point 1**	・配膳を行う。 ●明るい雰囲気をつくることで、子どもが自発的に食べる様子が見られた。 ・食器の片付け、返却を行う。
14:00	●排泄 ・おまるに座って排泄し、おむつを取り替える。	・職員は、部屋にいる子どもの様子を見に行っている。**Point 1**	●排泄の練習をするため水分をよくとったり、おまるに1時間単位で座るようにする。
15:00	●下校・自由時間 ・テレビを見たり、ブロックで遊んだりして、落ち着いて過ごす。		・居間にいる子どもたちと触れ合いながら、子ども同士のやり取りなどを観察する。**Point 2** ●職員と実習生が役割分担をすることで、子どもたちから目を離さないようにしている。**Point 2**
17:00	●入浴 ・衣類を脱いで、カゴに分ける。	・頭と体を洗う介助をする。**Point 1**	・着替えの介助を行う。**Point 2**
18:00	●夕食 ・子どもと職員が一緒に食事をとる。	・職員は、子どもたちとコミュニケーションを取りながら食事をとっている。 ・職員が歯みがきを介助する。	・配膳を行う。**Point 2** ・利用者の様子を見ながら、歯みがきの介助を行う。
21:00	●就寝 ・布団を敷いて就寝の準備をする。 ・着替えを行う。 ・就寝		・着替えを促しながら、必要に応じて介助する。**Point 2**

4 記録のポイント（つづき）

　知的障害児のいる障害児入所施設の実習日誌のつづきの部分を解説します。ここでは、職員の活動と実習生の活動です。

Point 1 職員の活動については、まず、実際にどのような業務を行っているのかを書いていきます。自分自身が職員と同じことをすると想定しながら観察すると、より具体的に記録できるでしょう。例えば、職員が子どもたちとコミュニケーションを取りながら一緒に遊んでいるのであれば、どのような言葉がけをしているのか、スキンシップを取っているのか、子どものどのような反応を引き出そうとしているのかなど、細かい動作も含めて意識的に観察することが大切です。

　また、職員の動きには、一つひとつに意味があるということを考えましょう。知的障害児の施設であれば、①子どもが、言葉や動作で自分の気持ちを表現できるようにする、②食事・排泄など身辺自立を促すため、できるだけ最小限の援助をする、といった意味があると考えられます。このような点に注意しながら、観察・記録していくとよいでしょう。

Point 2 実習生の活動については、自分自身がどのような業務を行ったのかを具体的に書きます。そうすることで次に同じような機会があった時に、職員から指示を受けなくても、自分から動けるようにしていきます。

　しかし、すぐにあらゆる業務ができるようになるわけではありません。知的障害児は予想外の行動を取ることもよくあります。職員の業務や子どもとの関わりの中で気づいたことや戸惑ったことなども記録しておきましょう。また、疑問に思ったことがあれば職員に質問するなどして、疑問を解決した上で日誌に書いておくとよいでしょう。

　実習生が行っている業務は、施設の子どもの生活を支える大事な役割があることを理解しましょう。指示されたことをただこなすのではなく、なぜその業務が必要なのかを考えることが大切です。

5 まとめ部分の例

1日の実習を振り返り、反省点や気づいたことなどをまとめ、考察します。以下は、知的障害児が利用している障害児入所施設の実習日誌の例です。次ページの「考察のポイント」を踏まえながら見ていきましょう。

実習日誌例：知的障害児のいる障害児入所施設の実習日誌の例（つづき）

気づいた点・1日の感想・印象に残っている出来事

今日は、実習4日目でずいぶん仕事の内容が掴めてきたような気がします。食事の介助と入浴の介助を初めて体験したので、その流れを学ぶことを目標にしました。

朝食の介助では、配膳や食器の片付けなどは職員の指示によりできたと思います。しかし、子どもたちと一緒に食事をとるときに、なかなか食べようとしない子がいて、どのように声をかけたらよいかわかりませんでした。昼食の時に職員の対応を観察したところ、とても明るい雰囲気をつくっていて、子どもたちが楽しそうに食事をとっていました。楽しく食べられるような環境をつくることが大事だと思いました。 【Point 1】

また、入浴の介助でも、全体の流れを理解することはできたのですが、子どもに言葉で伝えることの難しさと入浴の介助をすることの難しさを実感しました。子どもたちにどのように配慮をすることが必要かまだわかっていないので、職員の方々にご指導をいただきながら勉強していきたいと思います。着替えのとき、服を着てもすぐに脱いでしまったりして、上手くいかないことが多かったです。上手くいかなくて少し焦ってしまったりする部分があったので、落ち着いて子どもたちと向き合いたいと思います。 【Point 1】

施設の中では、職員が、子どもたちによく声をかけている様子が見られます。日頃から、コミュニケーションを取ることで信頼関係ができるし子どもたちの特徴も理解できるので、介助をする時にも違いがでてくるのかなと思いました。子どもたちと信頼関係をつくれるよう、笑顔で明るく接することを心がけたいと思いました。 【Point 2】

指導者の評価・助言など　　　指導者名あるいは指導者の印：〇〇〇〇

実習お疲れ様です。日誌にも書かれている通り、子どもたちと向き合うことはとても大切です。職員も最初から子どもたちとうまく関われたわけではありません。食事、入浴、排泄などそれぞれの場面でいろいろなやり方を試し、どうすればうまくいくのかを見つけていきました。子どもの言動一つひとつに「なぜだろう」と疑問を持ち、その考えに応じた対応を試してだめならほかの方法を試す。支援はこれの繰り返しです。子どもたちと向き合い、根気強く関わっていくことが大切です。

6 考察のポイント

知的障害児のいる障害児入所施設の1日を振り返り、以下のような点について、まとめていくとよいでしょう。

Point 1 1日の初めに立てた目標は達成できたでしょうか。達成できたのであれば、次の目標を立てていくことになりますし、達成できなかったのであればどのような点が難しかったのか、次はどのようにしたら目標を達成できるのかを考えていきます。知的障害児の施設であれば、例えば、食事・排泄・入浴などの介助を職員と同じようにしているつもりでも、言葉がけの仕方やタイミングの違い、実習生の気持ちの焦りなどによってうまくいかない場合があります。職員の助言を受けながら、良い方法を探っていきましょう。

また、コミュニケーションの取り方については、どのような点でコミュニケーションを取ることが難しかったのか、伝えることが難しいのか、子どもが表現していることを理解するのが難しいのかなど、課題を明確にします。

Point 2 1日を通して、気になったエピソードや気づいたことなども記録します。子どもと職員の関わりや子ども同士の関わり、施設における環境的な配慮、思いもよらない子どもの行動などについて記述しましょう。その際、「楽しかった、大変だった」などの感想だけではなく、何がどうしてどのようになったのか、どうしたらよかったのかなど具体的に気づいた課題を書くとよいでしょう。

7 まとめ

知的障害児のいる障害児入所施設では、基本的には、他の子どもと同じように身辺自立や社会性の発達を促すことが目標になります。そのためには、対象児を理解することと対象児に合わせた養護内容・方法を理解していくことが大切です。

対象児理解のためには、対象児との関係づくりをしつつ、その子の特性や子ども同士の関わりに注目し、理解を深めます。また、養護内容・方法を理解するためには、まず生活の流れを押さえ、その中で保育士の主たる業務を理解します。それと共に、実際に保育士の職務に積極的に参加し、養護内容を実践していきます。実習日誌は、これらの点を踏まえて記録していきます。

身体障害児のいる障害児入所施設

1 実習日誌の例

肢体不自由児が利用している障害児入所施設の実習日誌の一部を示します。次ページの「記録のポイント」を踏まえながら見ていきましょう。

実習日誌例：身体障害児のいる障害児入所施設の実習日誌の例

平成○○年○月○日（○曜日）　　　天気　晴れ

今日の目標	入浴介助の一部を経験し、注意点について把握する。 Point 1

実習班	○○○

時間	利用児（者）の活動	職員の動き	実習生の活動・気づき
8：30	●登校（就学児） ・自分でジャンパーを着れる子もいる。 Point 2	・忘れ物がないか確かめる。 ・着替えを促したり、介助する。	・子どもたちに「おはよう」とあいさつをする。 ・廊下と各部屋を清掃する。
	・ゆっくり歩いて行く子がいる。 Point 2	・「○○さん、先生待ってるよ、いってらっしゃい」と声がけをする。	・「いってらっしゃい」と声がけをする。
9：00	●水分補給・余暇時間 ・利用者はお茶を飲む。 Point 2	・必要に応じて、介助をする。自分で飲める利用者には、声がけだけで飲むのを促す。	●援助しすぎないように、どの利用者が自分で飲めるのかを把握しておく必要があると感じた。
	・テレビを観る人やパズルをする人、自分の部屋で過ごす人がいる。 Point 2	●シーツ交換 ・利用者の布団のシーツや枕カバーを交換し、洗濯に出す。	・何枚洗濯に出したのかを数えて記録する。 Point 2
11：30	●昼食 ・自分で食べられる子やそうでない子がいる。 Point 2	・テーブルごとに職員が1人つき、介助が必要な子どもに順番に食事介助を行う。 ・複数の職員で薬の日付・名前を確認し、服薬の介助をする。	●職員が声がけをしながら食事介助をすることで、子どもが楽しそうに食べている様子が見られた。 ・お茶を注いで全員に配る。 ・空いた食器を片付ける。

2　記録のポイント

　身体障害児のいる障害児入所施設では、日常生活の指導や学習指導のほか、運動機能の維持・向上のための療育訓練が行われます。日常生活において、どのような場面でどのような介助をするのか、意思疎通のためにはどのような点に注意するのか、といったことを観察・記録していくとよいでしょう。また、身体障害児の施設においても、各々の事情により18歳以上の利用者がいることが多いです。実習にあたっては、幅広い年齢の身体障害児・者に関わっていくということを理解しましょう。

Point 1　目標の立て方については、最初のうちは、施設における生活の流れを理解したり、生活指導や療育訓練などの職員の業務を把握すること、観察を通して食事介助や入浴介助などを学ぶことがあげられます。その後は、実際に介助を実践しながら学んだり、個々の子どもの特徴を把握や意思疎通について学ぶことなどを目標にするとよいでしょう。

Point 2　子どもの様子については、主に二つのことを書いていきます。一つは、子どもがそれぞれの時間でどのような活動をしているのかを書きます。実習では、施設を利用している子どもの生活の流れに合わせて、食事介助や入浴介助などの業務を行います。子どもの活動を把握できるように、子どもが実際にどのようなことをしていたのか、それに合わせてどのような業務が必要なのかを具体的に書くようにしましょう。

　もう一つは、子どもの様子について気づいたことを書きます。それぞれの子どもがどのような点で介助を必要としているのか、コミュニケーションを取る時には、どのような点に配慮するとよいのかなどに注目してみましょう。肢体不自由児は、日常生活の多くの面で介助が必要ですが、自分の力でできることもあります。見守りながら、本当に必要な場面でのみ介助をすることが大切です。また、脳性まひのために発音が不明瞭な子どもや、反応が乏しい子どもがいます。そのような子どもの目の動きや表情、手の動きなどから、気持ちを理解しようとすることも重要です。

3 実施日誌の例（つづき）

実習日誌のつづきを示しますので、見ていきましょう。

実習日誌例：身体障害児のいる障害児入所施設の実習日誌の例（つづき）

時間	利用児（者）の活動	職員の動き	実習生の活動・気づき
14:30	●下校 ・就学児が順次帰ってきて、お茶を飲む。	・「おかえり」と言って、お茶を配る。必要に応じて、お茶を飲む介助をする。**Point 1**	・「おかえり」と言って、お茶を配る。 ・トイレに行きたい子に付き添う。
15:30	●排泄 ・おむつの子はベッドに寝て取り替えてもらう。	・「○○さん、トイレ行きましょう」と言ってトイレ誘導をする。 ・ベッドに寝かせておむつ交換をする。**Point 1**	・トイレの便器に座るまでの介助と車椅子に戻る時の介助を教わる。**Point 2** **Point 1**
16:00	●入浴 ・職員の介助で、洗体、洗髪、入浴をする。 ・自分で洗える子は椅子に座って行う。 ・全介助の子は横になっている場合もある。	・汚れがたまる所は手を入れてよく洗う。**Point 1** ・子どもが浴槽から出たら体を拭いて服を着させる。体に湿疹ができていないかを同時に見る。**Point 1**	●子どもが自分でやろうとする気持ちを大切にしながら、介助する様子が見られた。 ・出てきた子の髪の毛をドライヤーで乾かす。**Point 2** **Point 2**
17:00	●夕食 ・自分で食べられる子やそうでない子、薬が必要な子がいる。	・食事の介助をする。 ・子どもに合わせ、食べやすい形や大きさ、量にする。**Point 1**	・お茶を注いで全員に配る。 ・空いた食器を片付ける。 ●子どもが一口食べる度に、職員が少し待つことで、子どもの「美味しい」という反応が引き出されていた。**Point 1**

4 記録のポイント（つづき）

　身体障害児のいる障害児入所施設の実習日誌のつづきの部分を解説します。ここでは、職員の活動と実習生の活動です。

Point 1　職員の活動については、まず、実際にどのような業務を行っているのかを書いていきます。自分自身が職員と同じことをすると想定しながら観察すると、より具体的に記録できるでしょう。例えば、介助をする時に、職員はどのようにして安全確保をしているのでしょうか。飲み込むことが難しい子どもへの対応の仕方や、立位歩行の際、障害物などにつまずいて転倒しないようにするための方法など、細かい動作も含めて意識的に観察することが大切です。

　また、職員の動きには、一つひとつに意味があると考えましょう。身体障害児の施設であれば、動きに難しさがある子どもであっても、職員は自立を促すように関わっていきます。子どもの自立を促すために、どこまで見守り、どこから援助するのかということにも注目することが大切です。その際の職員の声かけの仕方や援助するタイミングなどを観察・記録していくとよいでしょう。

Point 2　実習生の活動については、自分自身がどのような業務を行ったのかを具体的に書きます。そうすることで、次に同じような機会があった時に、職員から指示を受けなくても自分から動けるようにしていきます。

　しかし、すぐにあらゆる業務ができるようになるわけではありません。食事や入浴などの介助を行う場合も、最初のうちは観察のみで、その後は、職員の指導を受けながら少しずつ自分で介助できるようにしていきます。その都度、疑問に思ったことや戸惑ったことについて職員に相談したり、日誌に記録するようにしましょう。

　また、子どもとの関わりにおいては、どの場面でどのような声かけをすると、子どもの反応を引き出すことができるのか、コミュニケーションを取る時は、子どものどの部分に注目するとよいのかなど日誌に記録していきましょう。

5　まとめ部分の例

1日の実習を振り返り、反省点や気づいたことなどをまとめ、考察します。以下は、肢体不自由児が利用している障害児入所施設の実習日誌の例です。次ページの「考察のポイント」を踏まえながら見ていきましょう。

実習日誌例　身体障害児のいる障害児入所施設の実習日誌の例（つづき）

気づいた点・1日の感想・印象に残っている出来事

　今日は、入浴介助の一部を経験し、どのような点に注意しなければならないのかを把握することを目標にしました。子どもの髪を洗うときには、頭を持ち上げてくれる子どもの場合は最後まできちんと洗うことができましたが、持ち上げることが難しい子どもの場合は、洗い流すのが難しかったです。衣服の着脱介助では、体の大きい子どもの介助が特に大変だと感じました。職員は、上手く言葉がけなどをすることで子どもたちを動かしたりしていて、スムーズに着脱介助をしていました。職員に指導を受けながら自分でも実践してみましたが、子ども一人ひとり異なるやり方があるので、苦戦してしまうこともありました。職員が、「湯冷めをしないように、すばやく丁寧にやることが大切だ」と言っていましたが、そのためには、一人ひとりの子どもの特徴を理解し、どのようにしたらスムーズにできるのかを把握することが大切だと思いました。入浴介助の後、車椅子に乗せる時も、子どもによってどこを支えるかなどが異なることがわかりました。入浴介助での注意点を把握するためには、一人ひとりの子どもに合わせた介助について整理しておく必要があると感じました。

　私は、職員と比べると、子どもに対する声かけが少ないように感じました。どのような声かけをしてよいのかわからないのと、介助をする時に気持ちに余裕がなくなっているからだと思います。明日からの実習では、職員がどのような時にどのような声かけをしているのかにも注目し、自分でもできるようにしていきたいです。

指導者の評価・助言など　　　　指導者名あるいは指導者の印：〇〇〇〇

　実習お疲れ様でした。入浴の介助では、子どもによって配慮することが異なります。今日経験したことのほかにも、体の片側に麻痺がある子どもであれば、衣服の着脱のときに麻痺がない方から脱ぐようにします。入浴が困難な場合は、体を拭く（清拭といいます）などを行います。実習の間に覚えるには難しいことですが、一生懸命介助に入ってもらうことでとてもよい経験になったと思います。目で見て学んだことと、実際に自分でやってみるのと違いはあります。その点に気付いたようですね。入浴介助では、体をきれいにするだけでなく、けがや傷などを発見する場でもあります。体を洗うことだけに集中せず、体の異変に気づくよう、子どもたちの様子を見ています。そういった点も学んでみてください。

6 考察のポイント

身体障害児のいる障害児入所施設の1日を振り返り、以下のような点について、まとめていくとよいでしょう。

Point 1 1日の初めに立てた目標は達成できたでしょうか。達成できたのであれば、次の目標を立てていくことになりますし、達成できなかったのであれば、どのような点が難しかったのか、次はどのようにしたら目標を達成できるのかを考えていくことになります。身体障害児の施設であれば、食事・排泄・入浴・移動などの介助を体験することで、その難しさを実感することがあるでしょう。その時に、どのような点が難しかったのか、どのように克服したらよいのかということについて、職員から助言を受けつつ記録していけるとよいでしょう。

また、意思疎通が難しい子どもに対しては、どのような言葉がけをしたらよいのか、あるいはそのような子どもの気持ちを理解するためには、どのような様子に注目したらよいのかなどについても整理していくとよいでしょう。自分自身の行動と職員の行動を比較しながら、肢体不自由児とよりよい関わりの仕方を見つけていくことが大切です。

Point 2 1日を通して、気になったエピソードや気づいたことなども記録するとよいでしょう。実習生自身の活動に対する反省や、子どもと職員の関わり、子ども同士の関わり、施設における環境的な配慮、思いもよらない子どもの行動などについて記述しましょう。その際、「楽しかった、大変だった」などの感想だけではなく、何がどうしてどのようになったのか、どうしたらよかったのかなど具体的に気づいた課題を書くとよいでしょう。

7 まとめ

身体障害児のいる障害児入所施設では、日常生活指導や療育訓練などが行われます。食事や入浴などの介助や肢体不自由児とのコミュニケーションにおいて難しさを実感することもあるでしょう。その際、何がどうして難しかったのか、どのようにしたらよいのかということを記録することが大切です。また、施設における安全管理、利用児のプライバシーの確保など環境的な工夫についても記録していくとよいでしょう。

重症心身障害児のいる障害児入所施設

1 実習日誌の例

重症心身障害児が利用している障害児入所施設の実習日誌の一部を示します。次ページの「記録のポイント」を踏まえながら見ていきましょう。

実習日誌例　重症心身障害児のいる障害児入所施設の実習日誌の例

平成〇〇年〇月〇日（〇曜日）　　　天気　晴れ

今日の目標	食事介助や排泄介助の流れや配慮について学ぶ。Point1

実習班	〇〇〇

時間	利用児（者）の活動	職員の動き	実習生の活動・気づき
9：00	●更衣・排泄介助 ・職員の介助により、清拭・着替えを行う。 Point2	・利用者に声かけしながら安全に排泄介助を行う。 ・上下順番に行い、裸にならないようにする。 ・全身の様子を観察する。Point2 ・着替えの介助を行う。	●声かけしながら行うことで、利用者に次に何をするか知ってもらう。 ●骨が柔らかく、少しの力でも折れてしまうことがあるため、利用者の体をそっと動かしていた。
9：30	●水分補給 （スキムミルク）	・一人ひとりに合わせて水分にとろみをつける。 ・スプーンで一口ずつ声をかけながら口に運ぶ。	・ベッドを上げ、首まわりにタオルを敷き、こぼしても汚れないようにする。 ●人それぞれ飲む量が異なるのでコップの大きさを変えるなどをする。
10：00	●療育・訓練 ・デイルームに移動して音楽療法を行う。 Point2	・楽器を配る。 ・利用者と一緒に楽器を鳴らして楽しむ。	●楽器を持てない利用者は、手の近くに持っていき、触れられるようにする。Point2
11：30	●昼食 ・職員の介助により、昼食をとる。Point2	・食事の介助を行う。 ・1人に対し1人が付き、一口の量を調節しながら、食事介助を行う。	・食べ物が喉に詰まらないように介助する。 ●一対一で食事の介助をすることで、利用者とコミュニケーションが取りやすい。Point2

2　記録のポイント

　重症心身障害児は、重度の知的障害と重度の肢体不自由を重複している子どもです。中には、人工呼吸器を装着している子どもや自分の思うように身体を動かせない子どももいます。施設においては、個々の子どもの症状に応じて、身体機能の向上や発達援助のための支援が行われます。また、重症心身障害児の施設においても、各々の事情により18歳以上の利用者がいることが多いです。実習にあたっては、幅広い年齢の重症心身障害児・者に関わっていくということを理解しましょう。

Point 1　目標の立て方については、最初のうちは、施設における生活の流れを理解したり、生活指導や療育訓練などの職員の業務を把握すること、観察を通して食事介助や入浴介助などを学ぶことがあげられます。その後は、実際に介助を実践しながら学んだり、個々の子どもの特徴の把握や、意思疎通について学ぶことなどを目標にするとよいでしょう。

Point 2　子どもの様子については、主に二つのことを書いていきます。一つは、子どもがそれぞれの時間でどのような生活をしているのかを書きます。重症心身障害児の生活はほとんどの場面で介助が必要となります。したがって、実習では、施設を利用している子どもの生活の流れに合わせて、食事介助や入浴介助などの業務を行います。子どもの生活を把握し、それに合わせてどのような業務が必要なのか、安全面の配慮をどのように行っているのかを具体的に書くようにしましょう。

　もう一つは、子どもの様子について気づいたことを書きます。それぞれの子どもがどのような点で介助を必要としているのか、コミュニケーションを取る時には、どのような点に配慮するとよいのかなどに注目してみましょう。重症心身障害児は反応が少なく、自分自身の意思を表現することも困難です。意思疎通の際は、目の動きや表情、手の動きなどのわずかな反応を捉えて、子どもの気持ちを理解しようと心がけることが大切です。それと共に、子どもがどのような方法で気持ちを表現するのかを記録していきましょう。

3 実施日誌の例（つづき）

実習日誌のつづきを示しますので、見ていきましょう。

実習日誌例

重症心身障害児のいる障害児入所施設の実習日誌の例（つづき）

時間	利用児（者）の活動	職員の動き	実習生の活動・気づき
13:00	●排泄介助 ・職員の介助により、おむつを交換する。	・おむつを交換する。 ・利用者に声をかけながら、排泄介助をする。 **Point 1**	・おむつを入れる台車を準備する。 ・利用者に声がけをしながら、慎重に排泄介助をする。 **Point 2**
14:00	●レクリエーション ・筆や布などに触れ、触覚刺激を楽しむ。	・声かけをしながら、利用者を筆でくすぐったり、布をあてたりする。 **Point 1**	●職員は「いくよ」と声をかけて期待をもたせることで、利用者が楽しめるようにしてきた。 **Point 1**
15:00	●おやつ ・スプーンを使って食べられる利用者や介助が必要な利用者がいる。	・一人ひとりおやつの介助をする。 ・利用者とおやつを取りに行く。 **Point 1**	・利用者とおやつを取りに行く。 ●おやつの介助では、利用者が飲み込んだのを確認しながら、ゆっくり行う。 **Point 2**
16:00	●余暇時間 ・職員と関わっている利用者やDVDを観ている利用者がいる。	・利用者の部屋の布団を敷く。 **Point 1**	・各フロアの掃除を行う。 ・布団を敷くのを手伝う。 **Point 2**
17:30	●夕食 ・職員の介助により、夕食をとる。	・1人で食べることができる利用者の場合は、8人に対し、職員1人で介助をする。 ・食べやすいようにスプーンで分ける。 ・一口一口食べ終わったのを確認してから、次の食べ物を口に運ぶ。 ・食べ終わったら歯みがきの介助をする。 **Point 1**	・配膳を行う。 ●夕食のメニューを把握できない利用者もいるので、何を食べるのかを伝えてから食事介助をする。 ・利用者が最後まで食べられるように、「頑張って」と声かけをしながら介助する。 ・食器を片付ける。 **Point 2**

4 記録のポイント（つづき）

　重症心身障害児のいる障害児入所施設の実習日誌のつづきの部分を解説します。ここでは、職員の活動と実習生の活動です。

Point 1　職員の活動については、まず、実際にどのような業務を行っているのかを書いていきます。自分自身が職員と同じことをすると想定しながら観察すると、より具体的に記録できるでしょう。重症心身障害児は、食事や入浴などの介助に細心の注意が必要です。例えば、衣類の着脱などでも、どのような姿勢ならば安全なのかなど、細かい点で注意が必要となります。職員の動きから理解したことや助言を大切にし、正しい介助ができるように記録を活用していきましょう。

　また、職員の動きには、一つひとつに意味があると考えましょう。重症心身障害児の施設であれば、子どもと関わったり介助をする際に、子どもが楽しめるようにしたり安心できるように配慮していることが考えられます。そのため、これから何をするのか、何が起こるのか、周りの環境がどのようになっているのかなど、細やかに声かけをする場面も見られるでしょう。このような職員の声かけの仕方や援助するタイミングなどをよく観察・記録していくとよいでしょう。

Point 2　実習生の活動については、自分自身がどのような業務を行ったのかを具体的に書きます。そうすることで、次に同じような機会があった時に職員から指示を受けなくても、自分から動けるようにしていきます。

　しかし、すぐにあらゆる業務ができるようになるわけではありませんし、十分な理解をしないまま介助をすると、利用者を危険な目に合わせてしまうかもしれません。

　実際の実習では、食事や入浴などの介助を行う場合も、最初のうちは観察のみで、その後は、職員の指導を受けながら少しずつ自分で介助できるようにしていくことになるでしょう。その都度、疑問に思ったことや戸惑ったことについて職員に相談したり、日誌に記録するようにし、業務内容を十分理解することが大切です。

　また、子どもとの関わりにおいては、どの場面でどのような声をかけたらよいのか、子どもの反応に気づくためには、どのような点に注目したらよいのかなどについて、日誌に記録していきましょう。

5 まとめ部分の例

1日の実習を振り返り、反省点や気づいたことなどをまとめ、考察します。以下は、重症心身障害児が利用している障害児入所施設の実習日誌の例です。次ページの「考察のポイント」を踏まえながら見ていきましょう。

実習日誌例

重症心身障害児のいる障害児入所施設の実習日誌の例（つづき）

気づいた点・1日の感想・印象に残っている出来事

　今日の目標は、食事介助や排泄介助の流れや配慮について学ぶことでした。排泄介助では、布おむつのやり方がまだ把握しきれていなかったため戸惑いがありましたが、職員の方が丁寧に指導してくださり、少しずつですが覚えていきたいと思います。食事介助は一対一という形で行いました。食べる物が偏らないよう、順番に気を遣いゆっくり食事介助をしました。また、利用者の様子を見ながら、喉に詰まらせないように気をつけることと、できるだけ声かけをして、利用者が安心して食事をとれるようにすることが大切だと思いました。歯みがきは、口を押さえる強さなどが掴めず、難しいと感じました。明日からの実習で身に付けていきたいです。

　印象に残っていることは、利用者と一緒に絵本を読んだことです。文字を指でなぞりながら一緒に読み、言葉を発しながら絵本を読みました。利用者も楽しそうだったのでよかったです。

　利用者とのコミュニケーションの取り方がまだわからないので、表情などに注目したり、職員の声かけに注目して、学んでいきたいと思います。

Point 1

Point 2

指導者の評価・助言など　　指導者名あるいは指導者の印：○○○○

　実習お疲れ様でした。排泄介助、食事介助も基本的な動作はどの利用者も一緒ですが、利用者一人ひとりの特性に合わせて変えていく必要があります。介助に入る前に職員からのアドバイスをもらい、実践してみて下さい。障害をもつ方とのコミュニケーションは気づきが大切です。自分の行った介助や声かけによって様々な反応を見せます。反応には、表情、身体の動き、緊張などによって表出されます。それらの反応を受けとめることが大切です。これからより積極的に関わりがもてるように心がけていきましょう。

6　考察のポイント

　重症心身障害児のいる障害児入所施設の1日を振り返り、以下のような点について、まとめていくとよいでしょう。

Point 1　1日の初めに立てた目標は達成できたでしょうか。達成できたのであれば、次の目標を立てていくことになりますし、達成できなかったのであれば、どのような点が難しかったのか、次はどのようにしたら、目標を達成できるのかを考えていくことになります。

　重症心身障害児の施設であれば、食事・排泄・入浴・移動などの介助を体験することになります。その時戸惑ったことや、どうすればよかったのかを自分なりに考察し、記述していくことが大切です。また、職員から受けた助言も記録しておくと、その後の実習に活かすことができます。

　重症心身障害児は意思疎通が難しいことが多いので、どのような声かけをしたらよいのか、あるいは、そのような子どもの気持ちを理解するためにはどのような様子に注目したらよいのか、などについても整理していくとよいでしょう。自分自身の行動と職員の行動を比較しながら、重症心身障害児とよりよい関わり方を見つけていきましょう。

Point 2　1日を通して、気になったエピソードや気づいたことなども記録していきます。実習生自身の活動に対する反省、子どもと職員の関わり、子ども同士の関わり、施設における環境的な配慮、思いもよらない子どもの行動などについて記述しましょう。その際、「楽しかった、大変だった」などの感想だけではなく、何がどうしてどのようになったのか、どうしたらよかったのかなど具体的に気づいた課題を書くとよいでしょう。

7　まとめ

　重症心身障害児のいる障害児入所施設では、日常生活における基本的な動作の介助や療育訓練などが行われます。そのような介助や訓練については、自分自身が実践できるように、細かい注意点なども記録することが大切です。また、利用者との信頼関係をつくっていくために、意識的に声がけをするなどして、コミュニケーションを取るようにし、その時の利用者の様子などを記録していきましょう。

知的障害児のいる児童発達支援センター

1 実習日誌の例

知的障害児が利用している児童発達支援センターの実習日誌の一部を示します。次ページの「記録のポイント」を踏まえながら見ていきましょう。

実習日誌例 知的障害児のいる児童発達支援センターの実習日誌の例

平成○○年○月○日（○曜日）　　　天気　晴れ

今日の目標　Aさんの援助を中心にしながら、全体を見られるようにする。 **Point 1**

実習班　○○○

時間	利用児（者）の活動	職員の動き	実習生の活動・気づき
11:00	●公園に散歩に行く ・移動する時は保護者と手をつないで、ヘリコプターや近くを走る電車に反応して共感し合う姿が見られる。	・保護者や子どもたちに、「天気がいいね」などと話しかけながら移動する。	・保護者と子どもの中に入り、子どもの遊びに「いっぱいお砂を入れられたね」と声かけをしながら加わる。 ●他のお友だちの存在を理解しながら遊んでいるが、子どもたち自身に一緒に遊んでいる感覚は無いと感じた。 **Point 2**
12:00	●昼食 ・保育者と一緒に昼食をとる。 ・食べることに集中できなくなった子どもがいる。	・「おかわりってしてごらん」と声をかけ、子どもの要求（手を叩く）を促す。 **Point 3** ・秒数を数えて「あともうちょっとだよ」と子どもを安心させるような声かけを工夫する。 **Point 3**	・食べやすくなるように、取り皿に取り分を分け、子どもがおかわりを示したら次の分をよそう。 **Point 4** ●集中していることが難しい子どもには、見通しがもてるようにすることが大切だと思った。 **Point 4**
13:30	●個別療育	・職員は子どもと今日行う遊びについて決め、遊びを通した療育を行う。	・子どもがとても楽しんで療育を受けている姿が見られた。職員は子どものやりたいという気持ちを最優先し、工夫した楽しい療育を行っていた。

2　記録のポイント

　知的障害児のいる児童発達支援センターでは、クラス単位で行われる集団療育や、一人ひとりの子どもに合わせた個別療育が行われます。また、施設の活動は、基本的生活習慣に対する支援や社会的スキルを身につけるための支援が主として行われています。知的障害児施設は、各々の事情により18歳以上の利用者がいることも多いのが現状です。幅広い年齢の知的障害児・者に関わっていくということを理解しましょう。

Point 1　目標の立て方について、最初のうちは、集団療育や個別療育などを含めた施設の生活の流れを把握することを目指し、保育者の業務を理解するようにしましょう。また、個々の子どもに合ったコミュニケーションの取り方を学んだり子どもの様子を理解するために、表情や言葉、動作、さらには健康状態や気持ちの変化などに注目して観察・対応することを目標にするとよいでしょう。

Point 2　子どもの特徴は、知的障害児のいる障害児入所施設の場合と共通する点も多いため、あわせて確認しておきましょう。異なる点としては、児童発達支援センターでは、子どもは自宅から通園してきます。施設を毎日利用する子どももいれば、週に数日というケースもあります。たまにしか会わない子どももいますので、積極的に関わりながら、注意深く観察することが大切です。

Point 3　知的障害児のいる障害児入所施設の場合と同様、職員は、子どもの基本的生活習慣の獲得や社会的スキルの獲得を目指した支援を行います。また、知的障害児は、記憶や学習、注意集中に困難さをもっていることから、そうした側面に配慮した関わりが見られるでしょう。例えば、活動に見通しをもたせることがあげられます。さらに、知的障害児は失敗経験が多く、様々な活動において意欲が低下していることも少なくありません。支援にあたっては、成功経験を重ねられるようにしています。そのような点から、職員の行動の意味を考えていくとよいでしょう。

Point 4　実習生が行っている業務は、施設の子どもの生活を支える大事な役割があることを理解しましょう。指示されたことをただこなすのではなく、なぜその業務が必要なのかを考えることが大切です。

3 まとめ部分の例

1日の実習を振り返り、反省点や気づいたことなどをまとめ、考察します。以下は、知的障害児が利用している児童発達支援センターの実習日誌の例です。次ページの「考察のポイント」を踏まえながら見ていきましょう。

実習日誌例　知的障害児のいる児童発達支援センターの実習日誌の例（つづき）

気づいた点・1日の感想・印象に残っている出来事

　今日は、Aさんの援助を中心にしながら全体を見られるようにすることを目標にしました。しかしAさんの特徴や興味のあることもあまりわからない状態だったので、全体を見る余裕はありませんでした。　**Point 1**

　Aさんは、少し目を離した隙に近くのお友達の靴やカバンを掴んでいたりしていて、色々な物をAさんの視界に入れてしまったと反省しています。一度掴んだ物を引き剥がされると不満を持ってしまうことを知り、次からの関わりでは、目の前の一つのことに集中できる配慮をしていこうと思いました。

　散歩やおむつ替えの際にも、自分でバランスを取れるようになる力を養うことをねらいとし、子どもそれぞれのねらいを意識して活動が展開されていくことを知りました。そのための保育者の環境づくりもしっかり観察していきたいです。

　朝の会のパネルシアターでは、模倣を示さない、笑顔が見られないなどから子どもたちの反応を読み取ることができず、手応えを感じられずにいました。一つの動作が共通して面白いと感じられる物ではないと実感し、自分自身で「どうしたらまた違った反応が見られるだろう」と考えました。与えてくださったチャンスを有効に使いながら、色々な表現方法を試していきたいです。　**Point 2**

指導者の評価・助言など　　　指導者名あるいは指導者の印：○○○○

　Aさんは、色々な物に興味をもつ子どもです。そのため、遊びの中では、Aさんの興味（遊び）に大人が入り込んで遊び合うことを大切にしています。生活では、目に入った物が気になり、やるべきことに気付きにくいことがあります。そのため、環境を整理する関わりが大切です。周りに余計な物は置かない、やるべきものを目の前に見せる、簡潔な声かけなど、わかりやすい関わりを心がけてみましょう。

4　考察のポイント

　知的障害児のいる児童発達支援センターの1日を振り返り、以下のような点について、まとめていくとよいでしょう。

Point 1　1日の初めに立てた目標は達成できたでしょうか。達成できたのであれば次の目標を立てていくことになりますし、達成できなかったのであれば、どのような点が難しかったのか、次はどのようにしたら目標を達成できるのかを考えていくことになります。

　知的障害児を対象とした施設であれば、個別の療育や集団活動において、スムーズにいかないこともよくあります。子どもの記憶や学習の難しさだけでなく、集中していられない状況にないか（気が散りやすい状況でないか、見通しはもてているのかなど）、過去の失敗経験のために意欲を失っていないかなど、配慮しなければならないことも多くあります。そうした場合、声かけを工夫したり、視覚的に状況を把握しやすくすることにより、対応できることもあります。子どもにとって効果的な方法を探っていくことも重要です。

Point 2　1日を通して、気になったエピソードや気づいたことなども記録するとよいでしょう。子どもと職員の関わりや子ども同士の関わり、施設における環境的な配慮、思いもよらない子どもの行動などについて記述しましょう。その際、「楽しかった、大変だった」などの感想だけではなく、何がどうしてどのようになったのか、どうしたらよかったのかなど具体的に気づいた課題を書くとよいでしょう。

5　まとめ

　知的障害児のいる児童発達支援センターでは、食事、排泄、衣類の着脱などの基本的生活習慣の獲得をはじめ社会的スキルの獲得など、個別支援計画に沿って自立を支援します。通所型の施設であるため、家庭との連携を密にすることが大切となります。実習では、知的障害児の症状や行動特性だけでなく、家庭との連携にも注目して記録していくことが大切です。

身体障害児のいる児童発達支援センター

1 実習日誌の例

　肢体不自由児が利用している児童発達支援センターの実習日誌の一部を示します。次ページの「記録のポイント」を踏まえながら見ていきましょう。

実習日誌例

身体障害児のいる児童発達支援センターの実習日誌の例

平成〇〇年〇月〇日（〇曜日）		天気　晴れ
今日の目標	子どもたちの感情表現に注目して観察する。	Point 1
実習班	〇〇〇	

時間	利用児（者）の活動	職員の動き	実習生の活動・気づき
10：00	●朝の集まり ・いすに座る。	・歌いながら名前を呼ぶ。 ・握手をする。 ・一日の流れを保護者に伝える。	●「〇〇くん」と呼び、返事が無くても、保育者はしっかり表情が変わるのを見て、次の動きへ移っていた。 **Point 3**
	●水分補給 ・お茶を飲む。	・一人ひとりに合わせ、ストローを使ったり、ゼリー状にする。 **Point 3**	・ゼリー状にして口元までスプーンで運ぶ。
	●全体でのマッサージ	・ゆったりした音楽に合わせてマッサージをする。	・1から10まで数えて、だんだん顔の方向へマッサージをする。
10：30	●活動 ・「あわぶくたった」を歌う。 ・立つ練習 **Point 2** ・口の体操 **Point 2**	・膝から下までを固定する補装具を付けて、上半身を支えて立つ練習をする。 ・口を軽く押さえて、鼻呼吸の練習をする。 ・名前を言う時に保護者や保育者が口の形を作ってあげる。 **Point 4**	・「煮えたかどうだか食べてみよう」と体に軽く触れる。 ・立っている間、絵本を読む。 ●一つの活動が終わったら、頑張ったノートにシールを貼っていた。 **Point 4**

2 記録のポイント

身体障害児のいる児童発達支援センターでは、肢体不自由児が自宅から通園し、療育やリハビリテーションによって、障害そのものを軽減しながら発達を促すための訓練や指導を受けています。身体障害児の施設においても、各々の事情により18歳以上の利用者がいることが多いです。幅広い年齢の身体障害児・者に関わっていくということを理解しましょう。

Point 1 目標の立て方について、最初のうちは、集団療育や個別療育などを含めた施設の生活の流れを把握することを目指すと共に、これらの活動の目的を理解するようにしましょう。また、肢体不自由のある子どもたちの特性を理解したり、そのような子どもたちとの意思疎通の方法などについて学んでいくとよいでしょう。

Point 2 子どもの特徴については、身体障害児のいる障害児入所施設の場合と共通する点も多いため、あわせて確認しておきましょう。異なる点としては、児童発達支援センターでは、子どもは自宅から通園してきます。施設を毎日利用する子どももいれば、週に数日というケースもあります。たまにしか会わない子どももいますので、積極的に関わりながら、注意深く観察することが大切です。肢体不自由児はコミュニケーションが取りにくいため、消極的にならないよう、特に意識して関わることが大切です。療育活動において、スキンシップを取りながら関わるようにするとよいでしょう。

Point 3 身体障害児のいる児童発達支援センターでは、職員は、集団療育や個別療育のほか、水分補給や食事介助などを行います。こうした活動の中で、肢体不自由児の自立や自活に必要な力を養ったり、障害の軽減を図っていきます。職員が子どもの自立を促すために、どこまで見守り、どこから援助を行っているのか、また子どもの意欲を引き出したり、子どもとの信頼関係をつくっていくためにどのような関わりをしているのかを観察し、記録していきましょう。

Point 4 実習生は職員や保護者と共に、肢体不自由児の自立や発達を促す支援を行っていきます。どのような活動が肢体不自由児の何を育てているのかを考えながら、観察・記録していきましょう。

3 まとめ部分の例

1日の実習を振り返り、反省点や気づいたことなどをまとめ、考察します。以下は、肢体不自由児が利用している児童発達支援センターの実習日誌の例です。次ページの「考察のポイント」を踏まえながら見ていきましょう。

実習日誌例　身体障害児のいる児童発達支援センターの実習日誌の例（つづき）

気づいた点・1日の感想・印象に残っている出来事

今日は子どもたちの感情表現に注目して観察し、表情や声、身体の動きから、いろいろな気持ちが読み取れました。

Kさんは今日は単独登園でした。足をマッサージしたら、ニコニコ笑顔で応えてくれて「くぅー」「あー」「うー」など、会話ができているように話してくれました。補装具を付けて立つ練習では、初めの方から嫌そうな感じがしていて、6分で終えてしまいました。お母さんが居ないからなのか、金曜日で一週間の疲れがあったからなのかわかりませんでしたが、その日によって、コンディションが大きく変わっていたりするんだなと思いました。 　**Point 1**

Hさんは色が変わっていく絵本や、「大きい小さい」や変化のある絵本が好きなのかなと感じました。今日の絵本の時間には、いすに座りながらもピョンピョン体を動かし、笑顔で嬉しそうにしていました。 　**Point 1**

Nさんは初めて会いましたが、鼻から栄養、喉からは酸素を取り込み、こまめに喉から吸引を行っていて、周りの気配りをより多くしなくてはならないと感じました。しかし、先生の声かけなどにしっかりと反応しており、笑顔が絶え間なく見えていました。また機会があれば、関わったりしたいと思います。 　**Point 1**

肢体不自由があっても、表情や声などをよく観察することで、楽しいのかそうでないのかなど感情を理解できることがわかりました。子どもの気持ちに合わせて対応することが大切だと思いますので、声かけなどを工夫していきたいと思います。

Point 2

指導者の評価・助言など　　　指導者名あるいは指導者の印：　〇〇〇〇

子どもからの声や表情、反応がかすかであったりして初対面だとわかりにくいと思いますが、的確に観察して捉えていると思います。Kさんは穏やかな性格で、お母さんが常日頃よく話しかけていることもあって、「～しようね！」など声をかけられると「ふぅ～ん」と応えてくれます。Hさんは何か提示した物を見るということが苦手なお子さんだったのですが、成長と共に、はっきりした絵やリズムのある言葉を繰り返し見てきたことで、今では絵本やお話や歌が大好きになりました。Mさんは、医療面での配慮が必要なお子さんですが、大人からの話しかけによく反応してくれます。

4　考察のポイント

身体障害児のいる児童発達支援センターの1日を振り返り、以下のような点について、まとめていくとよいでしょう。

> **Point 1**　1日の初めに立てた目標は達成できたでしょうか。達成できたのであれば、次の目標を立てていくことになりますし、達成できなかったのであれば、どのような点が難しかったのか、次はどのようにしたら目標を達成できるのかを考えていくことになります。
>
> 身体障害児のいる児童発達支援センターでは、療育活動に参加して子どもに関わっていきます。それぞれの活動は子どもの発達支援や自立支援などを目指したものとなっていますので、活動の目的を把握した上で、子どもの様子や自分自身の実習において気づいたことを記述していきましょう。
>
> 通所型施設に通う身体障害児との関わりにおける注意点は、身体障害児のいる障害児入所施設の場合と共通します。療育活動では、子どもとの信頼関係がつくられていることが重要になりますので、意識して積極的に子どもに関わるようにしましょう。また、その際には、どのような関わりをしたら子どもがどのような反応を示したかを観察し、記録しておくとよいでしょう。

> **Point 2**　1日を通して、気になったエピソードや気づいたことなども記録するとよいでしょう。子どもと職員の関わりや子ども同士の関わり、施設における環境的な配慮、思いもよらない子どもの行動などについて、記述しましょう。その際、「楽しかった、大変だった」などの感想だけではなく、何がどうしてどのようになったのか、どうしたらよかったのかなど具体的に気づいた課題を書くとよいでしょう。

5　まとめ

身体障害児のいる児童発達支援センターでは、子どもの療育やリハビリテーションが行われます。通所型の施設であり、療育活動においては、保護者と共に活動する場合もありますので、家庭との連携を密にすることが大切となります。実習では、身体障害児の症状や行動特性だけでなく、家庭との連携にも注目して、記録していくとよいでしょう。

⑤児童心理治療施設
◆施設について

　児童心理治療施設は、情緒や感情のコントロールが難しく、社会生活に不適応を抱えた児童が入所しています。入所児童の多くは、虐待被害の経験を抱えていることから、児童養護施設と関係が深いのが特徴です。ここでは、小学生のユニットを例に、併設された学校（分校）に通学する日中の活動を含め、日誌の記述例を示します。

◆タイムアウト（下線部①）

　登校時にトラブルとなった子どもに対し、タイムアウトを取っています。子どもに落ち着ける空間と時間を提供し、頭のクールダウンを促す手法です。このまま無理に登校させても、分校での学習がスムーズに開始できないと判断しての措置です。

◆分校の見学（下線部②）

　通常の学級への通学では、子どもが様々な症状を呈した際に速やかな支援が行えないことから、児童心理治療施設の中には、施設内や併設する形で、分校・分室を設けているところもあります。子どもがトラブルを抱えた場合など、分校が併設されていることで施設職員が駆けつけることも可能ですし、分校の教職員と緊密な連携が可能です。

◆個別心理療法（下線部③）

　児童心理治療施設は、施設での生活全体が情緒面の障害を治療・緩和することを目的としており、それに加えて個別集中的な治療の機会も設定されています。ここでは箱庭療法を主とした心理療法が行われており、実習生も途中まで同席させてもらっていますが、心理療法は、施術者（セラピスト）との関係性が重要であり、他者の同席がその結果に大きく影響を与えることがあるため、職員の判断で一部分のみ同席や見学が許される場合もあります。

◆自由時間（下線部④）

　「治療」という言葉から、1日を通して治療プログラムが組まれている印象を受けるかも知れませんが、下線部③で述べた通り、生活そのものが治療的役割を果たしています。子どもたちが、のびのびと自由に生活できる時間や場面の設定が大切ですし、遊びなどの活動の中に、子どもの抱えている課題が見えることがあります。

( )学年 ( )組　氏名 ( )				
実習 **5** 日目	○月　○日（○曜日）　天候　晴れ 主な実習内容 ［観察］・［参加］・責任］実習			実習時間 6:30 ～ 10:00 16:30 ～ 21:00
居室・グループ　小学生男児				5名（男：5名、女：0名）
本日の実習目標 ・子どもたちの分校での様子を見学し、教職員との連携について考える ・心理療法を見学させて頂き、子どもの表現や抱えている課題について考える				
時刻	子どもたちの動き		職員の動き	学生の動き
06:30	・起床 （順次、洗面や歯みがき）		・声かけ ・洗面や歯みがきに不備のある低年齢児の支援	・低年齢児から順に声をかける ・洗面所に行き、歯みがきをしている子どもの支援（磨けているかチェック、特に低年齢児）
07:30	・朝食		・一緒に朝食を食べる	・一緒に朝食を食べる ・ペースの遅い子に声かけ
08:20	・登校 ・全ユニットで集団登校		・登校の見送り ・他児とケンカになってしまったAくんに声かけ、<u>タイムアウト</u> ❶ ・ユニットの清掃	・登校の見送り ・職員の、Aくんへの声かけの様子などを観察 ・分校の見学 ・<u>登校時に同行、1時間目を見学（8:50-9:35）</u> ❷
09:30	・個別心理療法（Fくん）		・心理療法担当職員	・心理療法担当職員K先生に同伴 ・<u>Fくんの心理療法（箱庭ほか）に、途中まで同席</u> ❸
10:00	—		—	休憩（～ 16:30 まで）
16:30	・自由時間 ・<u>自主学習</u> ❹ ・園庭でスポーツ ほか		・宿題の確認 ・自由時間を過ごす ・居室の確認（巡回）	・学校からの連絡ノート確認 ・K先生より心理療法の説明 ・子どもと自由時間を過ごす
18:00	・夕食		・夕食	・子どもと一緒に夕食を取る
19:00	・入浴 ・余暇時間 ・就寝準備		・入浴の声かけ ・学習指導 （宿題、時間割）	・子どもたちの時間割（ランドセルの中身）の確認 ・入浴の声かけ （低年齢児は入浴補助）
21:00	・小学生就寝 （中学生は 22 時就寝）		・小学生に声かけ （歯みがきなど）	・小学生に声かけ ・本日の実習終了

第❸部　実習の実際

◆「暴力的な子ども」と「無気力な子ども」(下線部⑤)

児童心理治療施設には被虐待体験のある子どもが多数入所していますが、その子どもたちの特徴として、「暴力的」な面と、「無気力」な面とがあります。これは子どもの精神・心理状態によって時に変化しますが、大まかに捉えるには有効な見方と言えます。

暴力的な状態では、先に述べたタイムアウトなどを上手く活用し、また無気力な時には、指導者や養育者が必要以上に厳しく叱ってしまったり逆にプレッシャーを与えすぎてしまうことのないよう、励ましや助言を適切に行うことが大切です。

◆箱庭療法(下線部⑥)

心理療法担当職員の心理療法に同席させてもらい、子どもの作る箱庭(療法)について、指導を受けました。保育士は心理療法の専門家ではありませんが、子どもの変化を知るためには、心理療法の結果や各種心理検査の読み取り方(数値の意味や、絵画・箱庭などであれば解釈など)について、正しく理解しておくことが必要です。

特に児童心理治療施設は、治療行為に重きが置かれている施設ですので、オリエンテーションなどで、実習事前学習として必要な心理療法などに関する知識を確認しておくとよいでしょう。

◆子どもへの目配り(下線部⑦)

実習生はさほど大事であるとは捉えていなかったようですが、職員は、子どものトラブルの火種を察知して動いていたようです。職員は、普段の子どもたちの様子を知っていますので、攻撃的な子どもや比較的大人しい子どもなど、性格や行動パターンの違いも含めこのような兆候を鋭く察知します。

2週間弱の実習期間の中では、実習生が子どもの性格傾向や行動パターンを把握することは難しいかも知れませんが、だからこそ、子どもたちの様子に広く目を配り、普段との違いや変化に留意することが大切です。

◆何気ない時間にこそ着目する(下線部⑧)

児童心理治療施設では、子ども同士のトラブルへの対応や専門的治療行為などに目が向きがちですが、実は治療の根底を支えているものは、「生活の場が、安心・安全・安寧であること」にほかなりません。

トラブル対応や治療などは言ってみれば実習の中の「山や谷の部分」ですが、その理解を踏まえ、今度は何気ない日常生活、言わば「平地の部分」にも目を向けて欲しいという指導者の思いが感じられるコメントです。

実習生の活動内容	
タイトル（項目）	主な活動の記録
分校での配慮について	今日は子どもたちの登校に同行して、分校での1時間目の様子を見学させて頂きました。分校のS教諭に引率して頂き、2つのクラスを約20分ずつ見て回りましたが、子どもたちがふざけたり、逆に勉強に意欲を示さない時の指導の仕方として、「衝動的・暴力的な状況」と、「無気力・抑うつ的な状況」という2つの状態に大まかに捉えて、それぞれに適切な叱り方があるということを教えて頂きました。⑤ 　子どもたちは、これまでの親との関わりの中で、間違った人間関係の取り方を学んできていること、それを修正するためには、絶対に、養育者が親と同様の関わり（暴力的であったり、無視したり）をしてはいけないということについて、改めて学ぶことができました。
心理療法（箱庭療法）について	Fくん（小4）の心理療法の冒頭部分だけ同席させて頂き、箱庭療法の様子を見学させて頂きました。K先生によると、私が見学に来ていることもあり、Fくんはいつもより緊張している様子だったようです。 　Fくんの話に勢いがついてきたところで私は退室しましたが、夕方、その後の様子を聞かせて頂くことができました。箱庭療法を開始した当初と今とでは、Fくんの作る箱庭は雰囲気がガラッと変わり、攻撃的なもの（どう猛な動物や、危険物）が少なくなっていることが印象的でした。⑥

感想と反省・考察（次への課題）

　今朝は登校の際に、AくんがEくんの帽子を取ったことからトラブルに発展しました。最初の小競り合いのような時、私はあまり気にしていなかったのですが、Aくんの手が出た時には、F先生はすでにAくんの近くまで駆け寄って、止めに入られるところでした。幸い大きなケガ⑦もなく、その後もすぐに収まったので安心しましたが、私は気にはなりつつも、すぐに動けるような気持ちのスイッチは入っていませんでした。実習も約半分となり、子どもたちの性格や傾向もある程度掴むことが出来たように思っていたのですが、まだまだ状況判断が甘いと感じた出来事でした。明日からの実習では、広く目を配り、特に子どもたちが集団で集まる時には気を抜かないようにしたいと思います。

指導者の評価・助言など　　　指導者名あるいは指導者の印：　〇〇〇〇

　実習お疲れ様でした。今日は分校の見学、心理療法の見学、朝は子どものトラブル対応と、かなり慌ただしい1日だったと思いますが、そのような出来事の中から、様々な気づきを得て頂いているようで安心しました。
　この施設では、個別に、あるいは集団で様々な治療が行われますが、実は最も大切なことは、ここでの生活そのものが治療であり、その土台だということです。つい子どもたちの大きなトラブルに目を奪われがちですが、朝の食事や夕食後のだんらんの時間など、何気ない時間を心⑧穏やかに過ごせることが子どもたちの安定や心の成長にとって大変重要です。明日は、そんな何気ない時間に意識的に目を向けて頂ければ、また新たな発見があると思います。明日も頑張って下さい。

⑥児童自立支援施設
◆施設について
　児童自立支援施設は、従来、非行（犯罪・触法・ぐ犯）を理由として措置される子どもたちが中心でした。しかし近年は、発達障害や精神疾患を抱えた子どもたちや、虐待被害が非行の誘因となった児童なども増加しており、これらの多様な課題に対する支援スキルが求められています。

◆授業参観（下線部①）
　児童自立支援施設では、分校という形で義務教育が提供されています。寮（＝家庭）とは違う、子どもたちの新たな一面を知ると共に、施設入所児童にとっての教育の重要性についても学びを深める機会となります。

◆昼食（下線部②）
　分校で午前中の授業を終えると一度帰寮し、職員と一緒に昼食を食べ、再び午後から分校に登校しています。施設によっては、昼食持参（弁当）の方式を採る施設もあります。

◆自主活動（下線部③）
　通常、学校での部活動に相当する活動です。施設内で完結する活動のみならず、地域で開催される行事に、施設の子どもたちがメンバーとして出場する場合などもあり、その準備や練習に充てられます。1つの課題に一丸となって取り組む経験（グループダイナミクス）は、苦手な課題にも立ち向かう強さや集団における協調性を獲得させる観点からも、非常に重要な取り組みです。

◆服薬管理（下線部④）
　精神疾患などにより、定期的な通院や毎日の服薬が欠かせない児童もいます。特に精神科系の薬剤は適切に服薬されない場合、症状の悪化を招きます。また、薬を飲んだふりをして貯めたりしてしまうと、オーバードーズ（大量服薬）にもつながりかねないため、確実かつ適切な服薬がなされるよう、服薬管理・指導が必要です。

◆施錠、物品確認など（下線部⑤）
　夜間の無断外出を防ぐため、施錠確認は重要です。また、寮の物品を隠し持つことでトラブルにつながる場合があるため、共用物品、刃物などの点検・確認が不可欠です。

( )学年 ( )組 氏名( )				
実習 **6** 日目	○月 ○日（○曜日） 天候 晴れ **主な実習内容** ［観察］・参加・責任］実習			実習時間 7:00 ～ 21:00 （休憩11:00 ～15:00）
居室・グループ わかくさ寮			4名（男：4名、女：0名）	
本日の実習目標 ・子どもたちの日課を把握した上で、先を見越して準備し、関わる ・中等部の授業を参観し、学校での子どもたちの新たな姿を見つける				

時刻	児童の活動	職員の活動内容	学生の実習内容
07:00	・起床（着替え・洗面） ・朝食	・身支度の支援 ・朝食 ・後片付け、洗濯物処理	・出勤 ・児童と共に朝食 ・後片付けの補助
08:30	・登校（各分校へ）	・登校巡回	・職員と共に登校巡回 ・寮内の清掃など
09:00	・授業（各分校）	—	・授業参観（中等部）❶
11:00 ～ 15:00	・授業（各分校） ・<u>昼食（帰寮）</u>❷	・昼食 （帰寮した児童と一緒に）	・休憩（～15:00） ・昼食 （帰寮した児童と一緒に）
15:00	・<u>自主活動（部活動）</u>❸	・自主活動の支援	・自主活動の見学 （男子：バレーボール） ・分校にて帰りの会を見学
16:30	・下校（各分校より） ・クラブ活動　など	・クラブ活動の支援	・学習指導 ・洗濯物干し（子どもたちと）
17:00	・宿題 ・自主活動 ・夕食 ・入浴	・寮務 （食事、入浴、<u>服薬管理</u>、学習指導など）❹	・寮務の補助 （食事、入浴、学習指導など）
20:30	—	・就寝前準備 ・寮内点検 ・<u>（施錠、物品確認など）</u>❺ ・実習生反省会 （交替で参加）	・就寝前点検の補助 ・子どもの日記記入の補助 （書く内容の相談に乗る） ・実習の反省会 ・子どもたちについて気付いた点 ・今後の見通しや課題
21:00			・実習終了

◆普段の生活との違い（下線部⑥）

　子どもたちには、少しずつ、寮の職員とつくってきた生活の流れ（ペース）があります。実習生という部外者がそのペースを適切に掴むこと、あるいは乱さないことはとても難しいことですが、その中で自分なりの援助の仕方を模索し、試みてみることはとても大切な挑戦です。むしろ上手くいかない時には、子どもたちに率直に尋ねてみる方がよいでしょう。

◆自主性を育むことの難しさ（下線部⑦）

　Bくんからの声かけに対して、実習生は自主性を引きだそうとBくんが自ら作業するよう声かけを行いました。しかし、後で振り返った時、「コミュニケーションの機会を逃してしまったのではないか」という反省に至っています。「できることは、自分で」の姿勢で、子どもたちの自主性を育むことは大切ですが、一方で、子どもたちの身の回りの世話を行う（支援する）ことで、子どもたちは「自分が大切にされている」という実感につながる一面もあるため、子ども一人ひとりに応じて支援の幅・深さを考える必要があります。

◆子どもに不公平感を持たせない（下線部⑧）

　児童自立支援施設の場合、矯正・更生を目的に、生活の中で様々な制限が設けられていることがあります。そのため、実習生が意図せず行った言動が子どもたちに不公平感を与える可能性があります。寮内、あるいは施設として定めているルールについては、何らかの理由があって定められています。疑問に感じたことや、判断に迷うことがある場合には、細かいことであっても職員に確認した上で対応することを心がけましょう。

◆発達障害への対応（下線部⑨）

　児童自立支援施設に入所する児童の中にも、発達障害や情緒障害を抱える児童の割合が高くなってきています。規律を大切にする児童自立支援施設の中で、そのような課題を抱えた子どもへの支援は困難さを伴います。非行問題のみならず、発達障害や情緒障害についても幅広い知識が求められていると言えます。

◆（下線部⑩）

　下線部⑦の反省を受けて、職員（指導者）からの助言がなされています。少なくとも実習生が日誌を書いた時点ではBくんの思いは分かっていませんが、今回の出来事をきっかけに、実習生は子どもたちへの支援を考える上で多様な見方が大切なのだということに気づくことができ、職員もそれを評価しています。支援の方法に100％の正解はありません。「自分の行った支援の中で、何がよかったのか（あるいは足りなかったのか）」を考え、次の日の実習に活かしましょう。

実習生の活動内容	
タイトル（項目）	主な活動の記録
・子どもの自立を考えた時、どこまで（どこから）を支援すべきか	・実習6日目に入り、子どもたちの日課もだいぶ頭に入ってきたので、今日は、少し先を意識して動くよう心がけた1日でした。朝の登校時が毎日慌ただしくなってしまうので、片付け物などは後回しにし、食事の時間をゆっくりとした雰囲気で過ごせるよう心がけてみたのですが、子どもたちから、「のんびりする時間ないよ」と言われてしまい、かえって心配させる結果になってしまったようでした。⑥ ・また、クラブ活動から帰ってきたBくんと一緒に洗濯物を干したのですが、Bくんが、「これ、どうやって干そうか」と言ってきたので、干し方を説明し、自分でやってみるように促しました。結局、Bくんは自分でその洗濯物を干したのですが、後で考えてみると、「もしかすると、Bくんは一緒に洗濯物を干すことで、私と話そうとしたのではないか」という考えも浮かんできました。「自立」を考える時、どこまで子どもたち自身にやってみるよう促せばよいか、どこから職員や実習生の側が引き受けるべきか、その境目が難しいと感じました。⑦
・規律のある、自由な生活	・施設では様々なルールがありますが、当初の私は、「子どもたちの生活リズムをきちんとつくるため」といった目的だと考えていました。しかし、今日はFくんの服薬管理の様子を見たり、就寝前の点検のお手伝いをさせて頂く中で、子どもたちが不公平感をもたないためであったり、子どもたちを危険から守るための要素がたくさん含まれていることに気付くことができました。単に「ルールだから」ということから、その理由や背景なども教えて頂いたことで、明日からの子どもたちへの声かけの際、自信をもって声をかけることができるように思います。⑧

感想と反省・考察（次への課題）

　実習中盤になり、子どもたちの様子もだいぶ把握できつつありますが、今日は自分の思った通りの支援にならず、かえって子どもたちを戸惑わせてしまう場面がありました。また、夕方、洗濯物を干す際に、Bくんと話す機会があったはずなのに、私はBくんに、自主性をもって洗濯物干しをして欲しいと考え、話せたかもしれない貴重な機会を逃してしまったのではないかと思いました。子どもと関わる時、指示だけではダメですし、かといって要求を聞くばかりでもダメという、加減の難しさのようなものを感じました。

　また子どもたちは様々な規律の中で日々の生活を送っていますが、中にはGくんのように、発達上の課題から、1つのことに集中して取り組めない児童もいます。そのような子どもへの働きかけについても、残る実習で考えていきたいと思いました。⑨

指導者の評価・助言など　　指導者名あるいは指導者の印：　○○○○

　お疲れ様でした。活動内容で出てきている「規律」の問題については、実習中にも口頭でお伝えした通り、「子どもを守るため」の側面があるということを、きちんと理解して下さったようで、安心しました。

　また、Bくんの洗濯物干しについて、実習生とコミュニケーションを取りたいという思いからの行動だったかもしれませんが、そのことによって、互いの関係性が大きく変化するものでなければさほど心配する必要はないと思います。ある意味、Bくんによる「試し行動」だったのかも知れませんが、そのことが、あなた（実習生）が子どもとの関係性を考えるきっかけになったのであれば、今日の経験はとても学びのある経験であったと思います。⑩

⑦児童厚生施設

◆施設について

児童厚生施設は、児童館と児童遊園に大別されます。ここでは、児童館での平日実習を取り上げますが、幼児と母親など親子での利用が多い午前中と、学童保育など利用児童の年齢層が高くなる午後〜夕方とでは、求められる支援スキルが大きく異なる点が特徴です。

◆清掃（下線部①）

前日のうちに準備や清掃は済んでいると思いますが、特にほふくエリアについては、乳幼児がおもちゃなどを誤飲しないよう、丁寧に清掃し、危険がないか確認します。

◆絵本の読み聞かせ（下線部②）

保育所とは異なり、日々違う利用者（親子）が来ることや、子どもの月齢・年齢の差によっても、準備していた絵本が相応しくない場合があります。そのような時でも臨機応変に対応できるよう、いくつか案を用意しておくとよいでしょう。

◆面談（下線部③）

子育てサロンを利用する保護者は、児童館の職員に様々な相談をする場合があります。実習生としては関心のあるところですが、利用者の状況や児童館職員との関係性によって他者の同席が難しい場合がありますので、自身の関心を職員に伝えた上で、面談のポイントなどを後から聞かせて頂く程度にとどめる方がよいでしょう。

◆ボランティア（下線部④）

児童館では、地域住民のボランティアが様々な形でその活動を支援しています。ここでは、折り紙クラブのお手伝いとして実習生が関わっています。児童館は地域の社会資源であり、同時に、地域住民は児童館にとっての社会資源なのです。

◆学童保育（下線部⑤）

学童保育は、低年齢（低学年）児童から来園し、同じく低年齢児童から帰宅していくため、夕方以降が高年齢児との関わりを持つ絶好の機会です。学習指導や、話し相手（低年齢児では遊び相手）などの関わりを通じて、子どもの心理や学習状況の把握に努めましょう。

（　）学年（　）組　氏名（　　　　　　）			
実習 **3** 日目	○月　○日（○曜日）　天候　晴れ 主な実習内容 ［観察］・［参加］・責任］実習		実習時間 9:00 〜 19:00
居室・グループ　子育てサロン、学童保育			午前：親子5組、午後：児童12名

本日の実習目標
・（午前）子育て支援事業について理解を深める
・（午後）児童館ボランティアおよび学童保育について、理解を深める

時刻	利用者の活動	職員の活動内容	学生の実習内容
09:00	―	・朝礼 ・子育てサロンについてのミーティング ・サロンの準備	・出勤 ・朝礼 ・子育てサロンについてのミーティング ・ミーティング後、サロンの清掃<u>（特に、ほふくエリア）</u>❶
10:00	・子育てサロン来訪	・受付ほか ・活動 　・お歌、リトミックなど	・受付の補助 ・親子を案内する ・職員と共にリトミック指導 ・<u>絵本の読み聞かせ （前日準備していたもの）</u>❷
11:30	・サロン終了	・見送り ・後片付け ・個別対応 　・面談	・清掃など 　・利用者が退室した後、清掃し、危険物などがないか確認 ・<u>面談について聞かせて頂く</u>❸
12:00	―	―	休憩
13:00	・自由利用の親子来園 ・<u>折り紙クラブのボランティアの方、来園</u>❹	・利用者対応、見守り ・ボランティア対応	・職員の補助 　・母親休憩時、子ども見守り ・ボランティアの方の補助 　・折り紙などの準備
14:00	・学童保育 　（主に小学生が来園）	・<u>学童保育 　・学習指導</u>❺ 　・個別対応	・受付 ・学習指導の補助 ・<u>低年齢児童の遊び相手</u>❺
16:00	・学童保育 　（主に中高生が来園）	・学童保育 　・学習指導 　・個別対応	・学習指導 ・お迎えの小学生、見送り 　・保護者に引き渡し
18:30	・学童保育終了	・清掃 ・小学生見送りは保護者への引き渡し	・清掃 ・<u>学童保育の振り返り</u>❺ 　・気になった児童など ・本日の実習全体の振り返り
19:00			・実習終了、退勤

◆地域の社会資源としての児童館（下線部⑥）

　核家族化の進行に伴い、祖父母と一緒に暮らした経験のない子どもが増え、親たちも祖父母からの子育てスキルの伝承や、様々な支援を受けることが難しくなっています。児童館という施設そのものが、子育て支援のサービスを提供する社会資源であると同時に、そこに集う人たちもまた社会資源なのです。そして、伝承遊びを伝える高齢者も子どもたちとの関わりの中で、生きがいや自分自身の価値を見いだすことができるという、児童館を中心とした相互作用が働いているのです。

◆多様な児童との関わり（下線部⑦）

　かつては、障害をもつ子どもたちを差別から守り、支援しやすい環境を整えるという観点から、障害児を施設に集約して支援する方法が採られてきました。しかし現在は、「統合保育」や「ソーシャル・インクルージョン」の考え方に代表されるように、健常児も障害児もお互いの存在を認めあい、多様な価値観の中で育つことに重きを置いています。

　ここでは、障害をもつFくんが「集団のルールを守ること」や「物事に集中すること」を学んでいると同時に、周囲の子どもたちは「Fくんのような特性・個性をもった人もいる」ということを学んでいます。

◆過剰支援にならない（下線部⑧）

　保育を含む社会福祉系の進路を選択する人の多くは、「誰かを支援したい（助けたい）」という思いをもっています。それは対人援助職として重要かつ大切な資質ですが、一方で「支援のし過ぎ」は、時に相手の自立を妨げてしまうことも忘れてはなりません。

　ここでは、折り紙クラブの人が早く完成させることや、綺麗な作品を完成させることよりも、「子どもが自分自身の力で完成させる」ことで得られる達成感に重きを置いていることが分かります。

◆様々な「引き出し」（下線部⑨）

　児童館を利用する子どもたちは、日によって集まるメンバーが異なります。そのため、その日集まった子ども（利用者）の年齢や性別、人数、支援者（児童館の職員・ボランティア・実習生など）の組み合わせ、さらには天候や気候などによっても支援の内容を変える必要があります。

　手遊びやレクリエーションなどのスキルを身に付けておくことはもちろん、子どもたちが興味をもつ流行や話題にも関心をもち、多様な「引き出し」をもっていることが保育者に求められると言えます。

実習生の活動内容

タイトル（項目）	主な活動の記録
・地域の社会資源としての児童館	・午前中は子育てサロン、午後からは折り紙教室と、大人の方と関わる時間が多い1日でした。特に、折り紙教室の方は高齢者の方が多かったのですが、<u>最近は、祖父母と一緒に生活していない子どもが多いこともあり、折り紙など伝承遊びを教わる機会が少ないと聞きました</u>。児童館が地域の社会資源として、そういった伝承遊びを伝える場の1つにもなっていることに、気づいた1日でした。 ⑥
・学童保育 （様々な児童への対応について）	・学童保育では、小学生の宿題の指導に始まり、大半の子どもの宿題が終わったところから、遊び相手や、中学生への指導などの業務に移りました。中でも、小学生のFくんは、なかなか集中して宿題に取り組むことができずにいましたが、指導員の方から、「発達障害の疑い（確定診断は出ていない）」ということをお聞きし、対応を工夫してみましたが、なかなか上手くいきませんでした。 　指導員の方たちが、様々な教材を使い、上手にFくんの集中を保つようにされていることに感心させられました。と同時に、私はFくんにばかり目が向いてしまっていたのですが、指導員の方から、<u>「集団の中で集中を保つのが難しいFくんにとってだけでなく、学童保育という場で一緒に時間を過ごすほかの子どもたちにとっても、障害をもつ子ども（仲間）の存在と、上手な関わり方について学ぶ機会になっている」</u>ということを聞き、Fくんと周囲の子どもたち、両方の視点で見ることの重要性に気づかされました。 ⑦

感想と反省・考察（次への課題）

　実習3日目になり、緊張もだいぶ取れてきたように思いますが、まだまだ分からないことが多かったと思います。特に今日は、子育てサロンに来られていたお母さん方や午後の折り紙クラブの高齢者の方など、多くの大人の方と話す時間があり、いろんな視点から見た児童館の位置づけや役割などについて、教えて頂くことができました。

　私は、つい支援することばかりに目が向いてしまっていたのですが、折り紙クラブの方から<u>「待ってあげるのも大事なこと」</u>と教えて頂き、少し距離を取って「この関わりが、子どもたちにどういう影響を与えるのか」を考えてみるよう、努めたいと思いました。 ⑧

　学童保育では、障害のある子どもへの対応について学べたほか、同じような状況に見える同学年の子どもでも、学力面にかなりの差があることが分かりました。学力が全てでは無いと思いますが、子どもたちが自信をもって学校に通い、社会生活が送れるために重要な要素だと思います。明日の学童保育の実習でも、一人ひとりの子どもに目を配り、指導や助言ができたらと思います。

指導者の評価・助言など　　　指導者名あるいは指導者の印：　〇〇〇〇

　今日は午前、午後、夕方と業務が目まぐるしく変わったので、大変だったと思います。子育てサロンでは、今日は大人しい子どもが多かったこともあり、静かな雰囲気で終わりましたが、常にあんなに大人しい子どもたちばかりではありませんので、<u>保育者として、様々な「引き出し」をもっておくよう、今のうちからスキルアップに励んで下さい。</u> ⑨

　学童保育ではずいぶん騒がしく苦労したと思いますが、ある程度静かな状況であれば、あまり子どもたちに言うことを聞かせることは意識しなくていいと思います。上の反省にも書かれている通り、少し距離感を考えながら明日は関わってみて下さい。

⑧児童相談所一時保護施設

◆施設について

　児童相談所一時保護施設（以下、一時保護所）では、児童の入れ替わりが激しく、年齢や性別などの集団構成も様々です。事前オリエンテーションで聞いていた集団構成から大きく変化していることも予想されるため、実習開始後なるべく早期に児童の特徴をつかむよう心がけましょう。

◆引継ぎ・緊急一時保護の情報（下線部①）

　入所児童の状況に関する引継ぎのほか、夜間に緊急一時保護が行われた場合には、当該児童に関する情報共有が行われることもあります。

◆基本的生活習慣（下線部②）

　一時保護中の児童は、その家庭環境や背景から、年齢相応の基本的生活習慣を獲得できていないことがあります。過度に日課に縛られた生活にならないよう留意しましょう。

◆安全確認（下線部③）

　保護者の強引な引き取りなど、児童の安全を脅かす状況から児童を守るため、一時保護所には外部から容易に侵入できないよう（同時に、容易に外に出ることができないよう）施錠が徹底されています。中庭で遊ぶ際には、危険物が落ちていないか等に加えて、施錠状況の確認も不可欠です。

◆通院への同行（下線部④）

　看護師を配置している一時保護所では、児童の健康チェックや通院等の業務を看護師が中心的に担います。嘱託医による往診対応のほか、虐待受傷に伴う通院（外科、内科、産婦人科等）、インフルエンザ等の感染症に関する通院など、多岐にわたります。

◆学童保育（下線部⑤）

　入浴介助の場面では、虐待による受傷を目にすることもあるかもしれません。実習生の反応に子どもたちがかえって戸惑わないよう留意しましょう。また、一時保護以前にきちんと入浴する習慣がついていなかった児童の場合入浴を過度に嫌がって抵抗することもあるため、職員の指示に従い、入浴が心地よい時間となるよう配慮しましょう。

◆一時保護された児童への対応（下線部⑥ ※次頁）

　昨晩のうちに緊急一時保護があり、Mさん（中1）という児童が入所してきたようです。まだ一時保護所のことも分かっておらず、実習生を職員だと思って話しかけてきたのですが、同じ部活動という共通点が会話の糸口になったようです。

（　）学年（　）組　氏名（　　　　　　）

実習 **2** 日目	○月　○日（○曜日）　天候　晴れ 主な実習内容 ［観察・参加・責任］実習	実習時間 6:00～15:00

入所児童：計27名：男児13名（学童7名、幼児6名）、女児14名（学童4名、幼児10名）

本日のねらい
・1人でも多くの児童とコミュニケーションを取り、名前を覚える。
・生活の中で、子どもに安心感を与えられるよう努める。

時刻	利用者の活動	職員の活動内容	学生の実習内容
06:30	―	・夜勤者からの引継ぎ	・引継ぎに同席（児童の状況、夜間の緊急一時保護の情報など）①
07:00	・起床	・起床の促し ・健康状態の確認 ・洗面，歯磨きへ誘導	・低年齢児から順に声をかけて起床を促す（生活習慣の定まっていない児童には少し余裕をみる）②
07:30	・朝食 （学童は朝食が済んだ児童から居室へ）	・食堂にて配膳 ・幼児の食事介助（付添）	・一時保護所内の食堂に移動 ・児童に声をかけ一緒に配膳を行う ・児童に広く目を配る（特に幼児）
08:00	・自由時間	・歯磨きへ誘導 ・着替え ・学童：学習の準備 ・幼児：自由時間	・児童の身の回りの準備を手伝う （着替え、学習の準備等） ・居室の清掃
08:30	・幼児：自由時間 ・（学童は学習指導） ・10:00より屋外へ ・学童：10:30で学習指導を終えた児童が合流	・保育室、遊戯室での保育、運動遊び ・中庭の確認（清掃状況、施錠等）③	・職員とともに運動遊びの準備（ボール、クッションマット等） ・児童の好みや能力、障害等に留意し、ケガのないよう見守る ・屋外遊びの前に、職員とともに中庭の確認、遊具等の確認
11:30	・片付け ・食堂へ	・遊具等の片付け ・低年齢児童を食堂に連れて行き、手洗いの補助等	・着替えの支援（泥汚れが酷い幼児） ・食堂に連れて行き昼食の準備、配膳
12:00	・昼食 ・歯磨きの後、自由時間		（休憩時間） ・児童と一緒に昼食を取ってもよいとのことで、一緒に食事
13:00	・屋外での自由遊び （一部児童、通院）	・遊具の準備（ボール等） ・水分補給の準備 ・通院児童への付き添い	・通院に同行させて頂く［看護師］④ （病院への連絡事項をメモする）
14:30	・（幼児）入浴	・入浴介助	・入浴介助の補助 ⑤
15:00			・実習終了、退勤

なお、実習生が児童の背景に興味本位で踏み込むことは慎まなければなりませんが、同時に、実習生が児童に対し実習生の情報を開示することについても慎重でなければなりません。一時保護所に限らず、多くの施設で、どの程度の情報まで児童に伝えてもよいかルールを定めていますので、そのルールを遵守しましょう。

◆ **医療ネグレクト（下線部⑦）**

　一時保護以前に適切な医療を受けることができていなかった児童は、元は軽い病気やケガだったものが悪化し、長期の継続的通院を必要とする場合もあります。また身体的虐待のケースであれば、虐待行為そのものが受傷の原因となっていることもあります。

　看護師のいる一時保護所では、ケガや病気の対応の中心は看護師ですが、勤務体制の問題もあり、保育士や他職種が対応することもしばしばです。風邪やインフルエンザなどの内科的通院のほか、性的虐待のケースであれば婦人科、精神障害が疑われるケースであれば精神科や心療内科と、様々な医療機関に通院することが想定されます。

◆ **学習指導・学習習慣（下線部⑧）**

　学齢児には一時保護所内で学習指導が行われますが、ネグレクト等の理由により一時保護以前に通学していなかった児童や学習習慣のない児童は、年齢相応の学力が身についていないだけでなく、学習の習慣そのものが身についていないことがしばしばです。学習指導の場面に関わる際には、単に「学習の指導を行う」ということではなく、どのようにして学習に向き合えるよう支援するかを考えることが大切です。

◆ **「あたりまえ」を考える（下線部⑨）**

　先に述べた学習のことと同様、一時保護されている児童の中には、年齢相応の基本的生活習慣が身についていない児童も少なくありません。例えば、非行事実によって一時保護となった児童の中には飲酒や喫煙が習慣化している児童がいたり、発達障害などの障害を有する児童では、自身の考えや思いを上手く伝えられない時につい暴力に訴えてしまう児童がいたりと、様々です。児童一人ひとりに目を向けるとともに、児童集団に広く目を配る必要があります。

　なお、被虐待により入所した児童と、非行事実により入所した児童など、入所理由や背景が異なる児童を同じ生活環境で生活させることを「混合入所（収容）」と呼びます。混合収容は、児童の安全を損なうことに繋がるおそれがあることから、できるだけ避けるべきとされています。

実習生の活動内容	
タイトル（項目）	主な活動の記録
・緊急一時保護への対応	・実習2日目は朝の引継ぎに同席させて頂く予定でしたが、昨晩遅くに緊急の一時保護があったとのことで、夜勤だったA先生のほかに、一時保護を担当されたX先生、Y先生からの伝達がありました。 ・一時保護となったMさん（中1）は、私が実習生だということが分からなかったようですが実習生であることを伝え、少し話をすることができました。 ・大学のことについて尋ねられ、私がバレーボール部であることを話すとMさんも同じくバレーボール部であることがわかり、部活動の話を聞かせてくれました。後で、日勤のK先生に報告したところ、「今日と同様、子どもとの共通点などから会話を広げていけるよう心がけてみて」とアドバイスを頂きました。
・通院	・午後の活動の途中から、児童の通院で、看護師のN先生に同行させて頂きました。 ・通院は内科（風邪）と耳鼻科（中耳炎）だったため、私は特に病状等を意識していなかったのですが、通院から戻った後に中耳炎で受診した児童について、自宅にいた当時なかなか病院に連れて行ってもらえなかったために症状が悪化したということを聞かされ、医療ネグレクトの実際を目の当たりにして大変驚きました。 ・一時保護所は様々な児童を保護する役割を担っていますが、保護することではなく、保護した後からが仕事なのだということを痛感した1日でした。

感想と反省・考察（次への課題）

　今朝の実習は予想外の一時保護の話から始まったため、Mさんとの関わりに不安を感じてスタートした1日でした。幸い、部活動のことをきっかけにして話すことができました。つい夢中になりかけていたところ、通りかかったX先生が、Mさんに「（実習生に）あまりいろいろ詮索しちゃだめだぞ」と声を掛けて下さったので、私自身、はっとして、その後は意識しながら関わることができたように思います。

　日中の運動遊びでは、学童の子どもたちも途中から出てきて一緒に遊ぶことができましたが、2時間あまりの学習の時間でも、学習習慣のない児童は疲れ果ててしまうとのことでした。4日目からは学童の子どもたちとの関わりになるので、それまでに、日中の自由遊びの時間に1人でも多くの子どもに声をかけるよう意識したいと思います。

指導者の評価・助言など　　　指導者名あるいは指導者の印：　〇〇〇〇

　1日おつかれさまでした。一時保護から始まった慌ただしい1日だったと思います。反省と考察のところにもある通り、子どもへの情報開示にはくれぐれも気をつけて下さい。どこからあなたやあなたの関係者との繋がりがあるか分からないので、逆に児童の情報についても、実習後についても一切口外厳禁です。

　我々自身の経験や児童の年齢から考えると、「これくらいできるだろう」と考えてしまいがちですが、今まで大変な環境の中で生活してきた児童が大半ですのでなかなか難しい面があります。何か指導するというより、「児童の穏やかな生活を、ともに過ごす」というような意識で取り組んでくれたらと思います。

2）障害者支援施設

①通所型

1 実習日誌の例

障害者支援施設（通所型）の実習日誌の一部を示します。次ページの「記録のポイント」を踏まえながら見ていきましょう。

実習日誌例

障害者支援施設（通所型）の実習日誌の例

平成○○年○月○日（○曜日）　　　天気　晴れ

今日の目標	利用者の表情を観察して、感情を読み取る。 **Point 1**
実習班	○○○

時間	利用児（者）の活動	職員の動き	実習生の活動・気づき
09：00	●順次登所 ・登所したら、荷物を整理する。 ・歩行が不安定な人は、支えられながら移動する。	・「おはようございます」と笑顔で声をかけ、健康状態を観察する。 ・車椅子の利用者を誘導する。	●利用者の顔色や声の調子、動作などを観察し、いつもと変化がないかチェックする。 **Point 2** ・一人ひとりの体調に留意する。
10：00	●朝の会・午前の活動 ・絵カードに触れたり、笑うなどして反応する。 ・各自楽器を持ち、好きなように音を出す。	・絵カードを示して、今日の活動を理解してもらう。 ・歌に合わせて利用者の体に触れ、刺激を与える。	・顔の一部分の変化だけで反応する利用者もいる。 ●利用者がリラックスして取り組み、楽しそうだった。
12：00	●昼食 ・当番の人は配膳をする。 ・会話を楽しみながら食事をする。 ・食べ終わったら、食器を片付ける。 ・排泄	・食事の介助をする。 ・食事のマナーを身につけられるように声かけをする。	・配膳を手伝う。 ●のどに詰まらせないように、一人ひとりに気を配る。 **Point 3** ●準備ができるまで待つ。ご飯とおかずを一緒に食べるなども大切なマナーと感じた。 **Point 3** ・排泄の介助をする。
13：00	●午後の活動 ・作業を行う利用者や機能訓練を行う利用者がいる。 **Point 4**		・一人ひとりの体調に留意する。
15：30	●帰りの会・順次降所	・玄関で利用者を見送る。	・玄関で利用者を見送る。

2 記録のポイント

障害者支援施設（通所型）は、自宅から施設に通ってくる障害者に対して、自立に必要な指導や訓練、福祉サービスの提供を行っています。創作活動や生産活動の機会を提供したり、リハビリテーションが必要な利用者には、機能訓練が行われたりします。利用者の1日の流れをおさえると共に、これらの活動がどのような意味をもっているのかを理解するようにしていきましょう。

Point 1 目標の立て方について、最初のうちは利用者の生活の流れを把握することを目指し、職員の業務を理解するようにしましょう。それぞれの活動がどのような意図で設定されているのかを把握しておくことで、利用者がどのような支援を必要としているのか、職員がどのような援助をするべきなのかを捉えやすくなってきます。また、個々の利用者に合ったコミュニケーションの取り方に関わる目標設定も考えられます。

Point 2 障害があると言葉によるコミュニケーションが難しいことも多いため、わずかな変化を読み取ることが大切になります。利用者との関わりにおいて、どのような部分の変化に注目したのかなどを記録しておくとよいでしょう。例えば、表情、顔の一部分の動き、発声、身体の動きなどの変化に注目し、反応があったかどうか、どのような気持ちだと感じたのか、健康状態はどうなのかといったことを記録するとよいでしょう。

Point 3 利用者にとって、食事のマナーなど、社会生活で必要となってくる技能の習得も大切です。食事や排泄の介助が必要な利用者もいます。個々の利用者の状態に合わせて、自立のための支援がどのように行われているのかを記述していくことが大切です。

Point 4 作業や活動、散歩などで準備するものがあった場合に、それが何のために必要なのかを書いておきましょう。また、利用者と一緒に作業などをする場合、利用者のどのような様子に注目し、何がわかったのかを書いていきましょう。利用者全体を見守ることが大切とされていますが、「見守ること」は何もしないことではなく、利用者の細かい変化を意識的に観察することであるということを理解しましょう。

3 まとめ部分の例

1日の実習を振り返り、反省点や気づいたことなどをまとめ、考察します。以下は、障害者支援施設（通所型）の実習日誌の例です。次ページの「考察のポイント」を踏まえながら見ていきましょう。

実習日誌例　障害者支援施設（通所型）の実習日誌の例（つづき）

気づいた点・1日の感想・印象に残っている出来事

　実習4日目になり、多くの利用者の方に自分から関われるようになってきました。少しずつ気持ちに余裕も出てきましたので、今日は、利用者の方の表情をよく観察し、感情を読み取ることを目標にしました。レクリエーションの活動では、多くの利用者が楽器で音を出しながら楽しそうにする様子がみられましたが、あまり表情に変化がない方もいました。食事などの場面でも、いつも笑顔の利用者がいましたが、声をかけた時に、表情にわずかな変化がみられる利用者やほとんど変化がみられない方がいました。表情があまり変わらない利用者の方に対してはどのような声かけをしたらよいのかわからず、焦ってしまうことがありました。表情をよく観ることで、利用者の方の気持ちを理解できると思っていましたが、あまり変化がみられない場合が多かった気がします。明日は、表情だけでなく、もっと細かく観察するようにしたいと思います。[Point 1]

　今日は、排泄の介助を経験させて頂きました。健常者では当たり前にできることでも、障害がある方からするととても大変だということがわかりました。利用者によっては、思いもよらないところで困難を抱えている人もいました。例えば、腹筋に力が入らない方の場合、排泄の時にお腹を押してあげるなどの手伝いが必要だったりします。[Point 2] 日常生活を当たり前のように過ごせるようになるためには、身体の様々な部分の働きが大切なのだということがわかりました。[Point 2]

指導者の評価・助言など　　　指導者名あるいは指導者の印：〇〇〇〇

　お疲れ様でした。感情を読み取るということは難しいかもしれませんね。楽しいとか、イライラしているということについてはわかりやすいかもしれませんが、コミュニケーションを取る時には、こちらの問いかけに対する反応があるのか、利用者さんがどんなことを伝えようとしているのかを捉えることも必要です。利用者さんの目の動きや手の動き、顔の筋肉の変化、声の調子などに注目してみてはいかがでしょうか。また、どんなタイミングでそのような変化があったのかに気づくことも大切です。

　介助については、私たち職員も問題にぶつかりながら様々なやり方を発見します。利用者さんの介助をしながら、「なぜだろう」「どうしたらいいだろう」など疑問をもって試行錯誤していくと、ちょっとした工夫で解決できることも多いです。少しでも疑問をもったら、その場その場で職員に聞いてみるとよいでしょう。そうしたやり取りが実習を実りあるものにしてくれます。

4 考察のポイント

障害者支援施設（通所型）の1日を振り返り、以下のような点について、まとめていくとよいでしょう。

Point 1 1日の初めに立てた目標は達成できたでしょうか。達成できたのであれば、次の目標を立てていくことになりますし、達成できなかったのであれば、どのような点が難しかったのか、次はどのようにしたら目標を達成できるのかを考えていくことになります。目標の立て方についても、実習全体の目標に対する現在の到達状況を示しておくと、実習における学びに一貫性がもてることになります。

また、目標は、具体的に設定しなければ反省することが難しくなります。例えば、利用者との関わり方に関して目標設定する場合、どのような関わり方であれば成功といえたのかを明確にし、その通りにならなかった原因はどこにあるのかをとらえることが大切です。相手が障害者であれば、言葉によるコミュニケーションがスムーズにできることは現実的な目標にはなりません。「声かけに対し、目の動きや表情の変化を捉える」などの具体的な目標を設定し、それができたかどうかについて反省することが大切です。

Point 2 1日を通して、気になったエピソードや気づいたこと、反省点なども記録するとよいでしょう。ただ業務をこなしていただけでは気づけないようなエピソードも、普段の自分自身の生活と比較することで気づくことができる場合もあります。また、実習中に疑問に思ったことを職員に確認し、学んだことなども書いておくとよいでしょう。必要に応じて、全体を整理し、次の日の課題を書いておくことも重要となります。

5 まとめ

通所型の障害者支援施設では、自立に必要な指導や訓練、リハビリテーション、創作活動や生産活動を行っていきます。また、食事、入浴、排泄などの介助を行ったりもします。登所から降所までの活動を通して、利用者が充実した時間を過ごせるように配慮していきます。

②入所型

1 実習日誌の例

障害者支援施設（入所型）の実習日誌の一部を示します。次ページの「記録のポイント」を踏まえながら見ていきましょう。

実習日誌例

障害者支援施設（入所型）の実習日誌の例

平成○○年○月○日（○曜日）　　　天気　晴れ

今日の目標	入浴時の衣服の着脱介助を経験する。	Point 1

実習班	○○○

時間	利用児（者）の活動	職員の動き	実習生の活動・気づき	
12：00	●昼食 ・手を洗う。配膳をする。会話をしながら、昼食をとる。 ・終わったら、各自食器を片付ける。 ・順番に歯磨きをする。	・手をよく洗っているか見守る。 ・体調不良で食事を残していないか気を配る。 ・歯磨きを見守る。	●なかなか食が進まない利用者もいるので、好きな物と組み合わせ、栄養がとれるようにしている。 ●奥歯や歯の隙間も磨けているか、口に手を入れて仕上げをする。	Point 2 Point 2
13：30	●作業開始（陶芸） ・粘土を机にたたきつけ、こねる。	・利用者と会話をしながら、一緒にこねる。	●利用者のペースがあるので、無理に作業をやってもらうのではなく、見守ることも大切だと感じた。	
16：00	●入浴・自由時間 ・順番に入浴する。 ・脱衣をする。 ・入浴をする。自分で洗えるところは自分で洗う。 ●水分補給をする。 ・ゲームやお絵描きなど、好きな遊びをする。	・着替えをもって風呂場へ行く。 ・衣服が脱ぎやすいように、援助する。 ・風呂場の中に誘導する。 ・水分補給の準備をする。 ・利用者と一緒に会話しながら、ゲームなどをする。	・入浴に必要なタオルや着替えの準備を手伝う。 ・服が脱ぎにくい時は、すべてではなく部分的に援助する。ボタンをはずしたり、袖を引っ張り脱ぎやすくなるように援助する。 ・風呂場では、滑らないように注意する。 ・利用者から話しかけてくれたりすることが多かった。	Point 3 Point 3

2 記録のポイント

　障害者支援施設（入所型）は、施設そのものが利用者の生活の場となっているため、食事、入浴、排泄などの介助を行っていきます。また、食事や入浴などそれぞれの場面で必要な基本的なマナーも身につけられるように支援していきます。支援を行うときは、個人の生活が主体となるような配慮が必要となりますので、必要最小限の援助を心がけていきます。

Point 1 　目標の立て方について最初のうちは、利用者の生活の流れを把握することを目指し、職員の業務を理解するようにしましょう。入所型の障害者支援施設では、起床から就寝まで、利用者の1日の生活すべてに関わっていきます。食事、入浴、排泄などに関わる援助や、作業、レクリエーションなどの活動、余暇活動など、様々な場面で必要となる援助技術を身につけることを目標にしましょう。また、個々の利用者に合ったコミュニケーションの取り方に関わる目標設定も考えられます。

Point 2 　利用者によって活動の様子やペースが異なってきます。食事の場面でも、早く食べる人やそうでない人、偏食がある人など様々です。それぞれの利用者にどのような対応をするとよいのかを書いていくようにしましょう。また、介助をしていく場合に、どのような点に注意したのかを記録することも重要です。例えば、「歯磨きの介助をした」と書くのではなく、どこに注目したかを記録することで大切な観察ポイントを意識できるようになります。

Point 3 　入所型の施設では、食事、入浴、排泄などの介助を経験する機会も多くなります。それぞれの場面で、準備物や手順を把握しておくと共に、個々の利用者に合わせた対応を捉えるようにしましょう。
　例えば、衣服の着脱においても、利用者によってできることとそうでないことが異なってきます。食事の場面では、利用者によって薬を服用する方もいたりします。それぞれの利用者に対し、どのような配慮が必要となるのかを書いておくことが大切です。また、食事の際に喉を詰まらせてしまったり、入浴の際に転倒するなどの事故が起こらないように、様々な配慮がなされています。そうしたことの意図を捉えて、記録しておきましょう。

3 まとめ部分の例

1日の実習を振り返り、反省点や気づいたことなどをまとめ、考察します。以下は、障害者支援施設（入所型）の実習日誌の例です。次ページの「考察のポイント」を踏まえながら見ていきましょう。

実習日誌例　障害者支援施設（入所型）の実習日誌の例（つづき）

気づいた点・1日の感想・印象に残っている出来事

　1日の流れについてはおおよそ理解することができました。今度は、それぞれの活動における援助技術を身につけられるようにしていきたいと思います。本日は、特に、衣服の着脱介助を目標にしました。　**Point 1**

　衣服の着脱介助では、ほとんど1人で着脱ができる利用者もいましたが、一つひとつの動作について声かけが必要な利用者もいました。利用者によっては、「右足を上げてください」などの声かけだけでは伝わりにくい場合もあり、動かしてほしい部位を実際に触れたりしながら介助を行いました。また、言葉だけではうまく説明しづらい動作もあったので、動作の見本を示したりしました。最初は丁寧に介助をしていたのですが、時間が限られていて、少しずつ焦ってしまい、本来なら、声かけだけで十分だった利用者にも、必要以上の援助をしていたような気がしました。　**Point 2**

　また、身体に麻痺のある方の衣服の着脱では身体を動かしてもらうことが難しく、焦ってしまいました。無理に手足を曲げさせようとしてしまい、利用者の方が苦しそうな様子になってしまいました。結局、職員の方に手伝ってもらい、衣服の着脱をすることができました。麻痺がある方の場合は、衣服の着脱に手順があることがわかりました。また、利用者の方に苦痛を与えてしまう前に、職員の方に助けを求めることも大切だと思いました。　**Point 2**

指導者の評価・助言など　　　指導者名あるいは指導者の印：○○○○

　いろいろ反省点があったみたいですね。そうしたことを積み重ねていくことが実習です。頑張ってください。利用者の方の介助といってもそれぞれ必要な援助は異なります。着脱介助も様々なやり方があります。麻痺のある利用者さんでは、衣服を着るときは麻痺のある方から着てもらい、衣服を脱ぐときは、麻痺がない方から脱いでもらうとスムーズに着替えられます。一つひとつ覚えていきましょう。また、利用者さんが不愉快な気持ちにならないよう努力することも大切ですね。慣れるまでは焦ってしまうこともあると思いますが、職員に遠慮なく聞いて下さい。その都度、疑問を解消していくことで援助技術は身についていきます。

4　考察のポイント

　障害者支援施設（入所型）の1日を振り返り、以下のような点について、まとめていくとよいでしょう。

Point 1　1日の初めに立てた目標は達成できたでしょうか。達成できたのであれば、次の目標を立てていくことになりますし、達成できなかったのであれば、どのような点が難しかったのか、次はどのようにしたら目標を達成できるのかを考えていくことになります。目標の立て方についても、実習全体の目標に対する現在の到達状況を示しておくと、実習における学びに一貫性がもてることになります。

　入所型の障害者支援施設であれば、食事、入浴、排泄の介助を経験する機会が多いため、それらの場面の援助技術について目標設定し、反省していくことになるでしょう。細かい点での配慮が必要となりますので、それらを記録すると共に個々の利用者によって、どのような点が異なるのかをおさえていくようにしましょう。例えば、声かけによって理解可能な場合もあれば視覚的に示すと伝わる利用者もいます。活動の流れについて、事前に知らせておくことが必要な利用者もいます。そうした特徴をおさえていきましょう。

Point 2　1日を通して、気になったエピソードや気づいたこと、反省点なども記録するとよいでしょう。反省する場合は、利用者との関わりや援助技術の方法についてわかったことだけでなく、自分自身の性格と照らし合わせて、苦手な部分をどのように克服するのかを書くのもよいでしょう。頭の中ではわかっていても、実際の利用者を目の前にするとうまくいかない場合もあります。なぜそうなってしまうのかを分析し、対策を考えることも重要となります。

5　まとめ

　入所型の障害者支援施設では、食事、排泄、衣類の着脱などの基本的生活習慣の獲得をはじめ、社会的スキルの獲得など、個別支援計画に沿って自立を支援します。利用者が無理なく社会生活に適応していけるような生活支援をすることが重要となります。

第4部
実習を終えて

1. 礼状を出す

（1）礼状の意味と目的

　実習終了後には、実習先施設（以下、施設）に、礼状（お礼状）を出します。

　礼状は、実習期間中の指導に対する「お礼」はもちろん、実習生から施設に、実習生の成長を伝える意味でも重要です。例えば、「実習中の〜の出来事から、…について考えることができました」など、実習生が得た学びについて具体的に触れたり、実習反省会で頂いた指摘やコメントを踏まえ、「ご指摘頂いた○○の課題については、○○できるよう努力しております」と、実習生の近況や学習を伝えることが大切です。

（2）礼状の形式

　手紙は、①頭語（あいさつの言葉）、②前文（時候のあいさつや相手の健康などを気遣うあいさつ）、③主文（伝えたい内容）、④末文（相手が個人の場合は健康を、組織の場合は発展や繁栄を願う言葉）、⑤結語（結びの言葉）、という流れが一般的です。

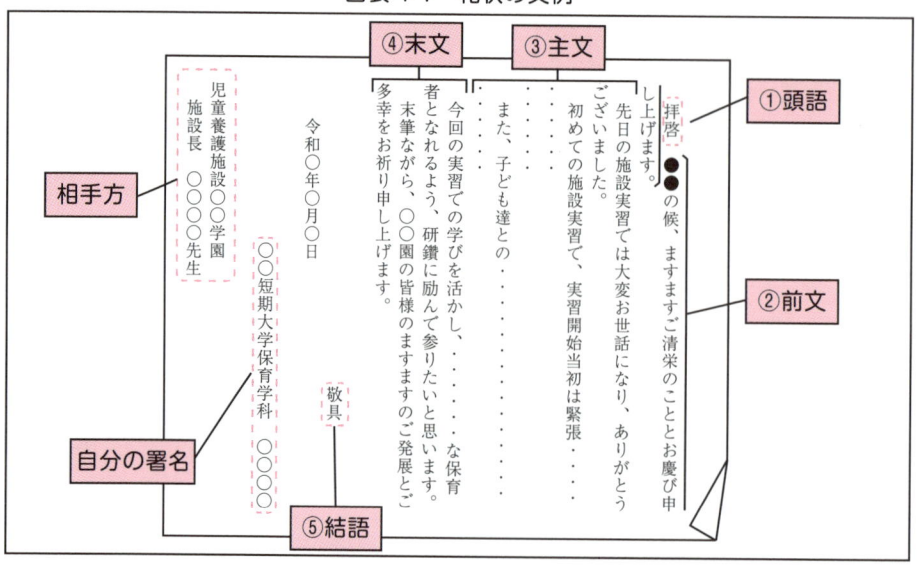

図表4-1　礼状の文例

礼状の構成：
- ①頭語：拝啓
- ②前文：●●の候、ますますご清栄のこととお慶び申し上げます。
- ③主文：先日の施設実習では大変お世話になり、ありがとうございました。初めての施設実習で、実習開始当初は緊張……。また、子ども達との……
- ④末文：今回の実習での学びを活かし、……な保育者となれるよう、研鑽に励んで参りたいと思います。末筆ながら、○○園の皆様のますますのご発展とご多幸をお祈り申し上げます。
- ⑤結語：敬具

相手方：児童養護施設○○学園　施設長　○○○○先生

令和○年○月○日

自分の署名：○○短期大学保育学科　○○○○

①頭語と⑤結語は、「拝啓－敬具」など、対応するものを組み合わせて用います。

②前文は、冒頭に時候のあいさつを入れ、続いて相手の安否についてのあいさつを入れます。時候のあいさつは下の例を参考に、季節に合ったものを用います。また、安否についてのあいさつは、「ますますご健勝（ご清栄、ご清祥）のこととお慶び申し上げます。」などが一般的です。

③主文は、実習中の感想や思い、施設への感謝の言葉、これからの抱負などを綴ります。具体的なエピソードを交えつつ、自分なりの言葉で伝えましょう。

④末文は、相手への感謝や、相手の健康や繁栄を願う言葉を添えます。

図表 4-2　封筒の表記、時候の挨拶例

【時候の挨拶（あいさつ）（例）】
- 一月…厳寒の候、大寒の候
- 二月…余寒の候、春寒の候
- 三月…早春の候、啓蟄の候
- 四月…陽春の候、春麗の候
- 五月…晩春の候、新緑の候
- 六月…初夏の候、梅雨の候
- 七月…盛夏の候、猛暑の候
- 八月…晩夏の候、立秋の候
- 九月…初秋の候、秋涼の候
- 十月…仲秋の候、紅葉の候
- 十一月…晩秋の候、初霜の候
- 十二月…初冬の候、師走の候

【封筒・裏面】
〇〇県〇〇〇市〇〇〇町7-8-9
〇〇〇〇
（〇〇〇短期大学保育学科）

【封筒・表面】
〇〇〇県〇〇市〇〇〇町一丁目二番地三四
児童養護施設〇〇学園
施設長
〇〇〇〇先生

（3）礼状を出す時期

礼状は、実習最終日から1週間〜半月程度を目安に出しましょう。

通常、実習を終えると最終日の日誌はその翌日に提出します。その数日後に最終日の日誌を受け取り、そこから1週間ほどで日誌一式を提出し、後日（1週間〜半月後）に施設に受け取りに行き、事後処理が完了します。

遠方で実習の場合や養成校ごとのルールによって郵送でのやり取りとなる場合もありますが、いずれにせよ、実習最終日から約1か月ですべてのやり取りが完了します。遅くともその時期までには礼状を出しましょう。

なお、実習生が受け取りに行く場合には、その際に、さらにコメントや指導を頂けることもあります。自身の成長のチャンスを逃さないためにも、礼状の時機を失しないよう心がけましょう。

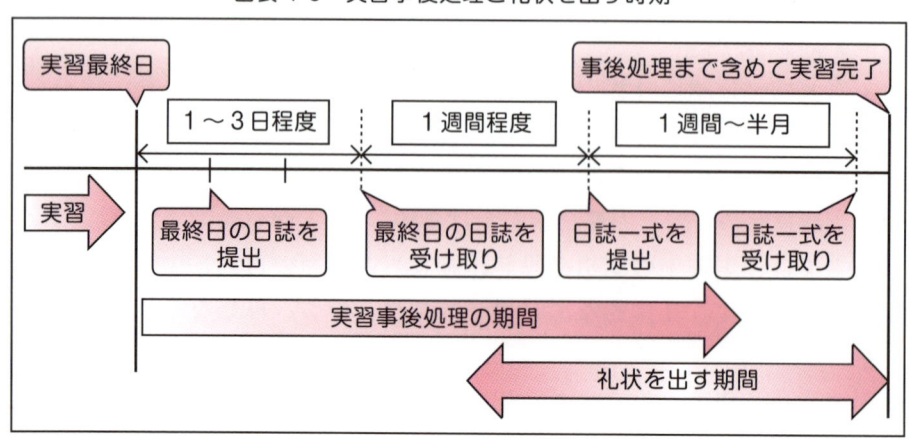

図表 4-3　実習事後処理と礼状を出す時期

（4）利用者や子どもへの礼状

　実習の礼状は施設に対するものですから、利用者や子ども（以下、利用者）への礼状は必須ではありません。また、施設への礼状の中に「〇〇くんへ」など、特定の利用者に宛てた記述を加えることも適切ではありません。

　しかし、実習を通して利用者の生活に介入することで実習生は成長の機会を得たわけですし、また、心情としても、「利用者にお礼の気持ちを伝えたい」という場合もあるでしょう。その場合は以下のような点に注意して、施設への礼状に同封しましょう。

1）「利用者宛ての礼状」について、施設に知らせておく

　施設への礼状の末文に、「子どもたち宛ての礼状も同封させて頂きます。〇〇寮の子どもたちにも、よろしくお伝え下さい。」といった一文を加えておきましょう。施設は利用者の支援を行うと共に、利用者を守る義務を負っています。実習生が、施設を飛び越えて利用者にアクセスすることは、たとえ礼状であっても慎むべきです。

2）個人宛てにしない

　障害者施設など、成人の利用者が多い施設の場合は、「〇〇ホームの皆様へ」、児童養護施設など子どもが多い施設の場合は、「□□寮のみなさんへ」など、グループやユニットに宛てたものとし、内容も全体的なものにしましょう。

　特定の人物に宛てた記述は、記載されなかった利用者を傷つけたり、利用者間のトラブルのきっかけになる可能性があります。どうしても個々人の内容を記載する場合には、そのグループやユニットの全員について触れ、不公平感につながらないよう配慮するなどが必要です。

3）封緘しない（封は閉じない）

　利用者宛ての礼状は、施設に宛てた礼状とは別に封筒に入れた状態で同封し、封は閉じないでおきましょう。1）とも関連しますが、施設としては礼状の中身を把握しておく必要があります。仮に2）で指摘した事項に該当する場合には、施設の判断で利用者に礼状を見せないこともあり得ます。最終的な判断は、施設側に委ねましょう。

4）年齢などを考慮し、掲示・回覧されることを前提に

　2）で述べた通り、利用者への礼状は複数の利用者に宛てた内容になります。よって、利用者の居室など目の届きやすい場所に掲示したり、回覧することがあります。利用者の年齢層などを考慮し、読みやすく簡潔な内容にしましょう。

　また、幼児のユニット宛ての礼状の場合イラストを添えるなど、年齢などを考慮したものにしましょう。ただし、2）でも触れたように、幼児の間で取り合いになったりしないよう、あまり華美な装飾やキャラクターグッズなどを多用することは控えましょう。

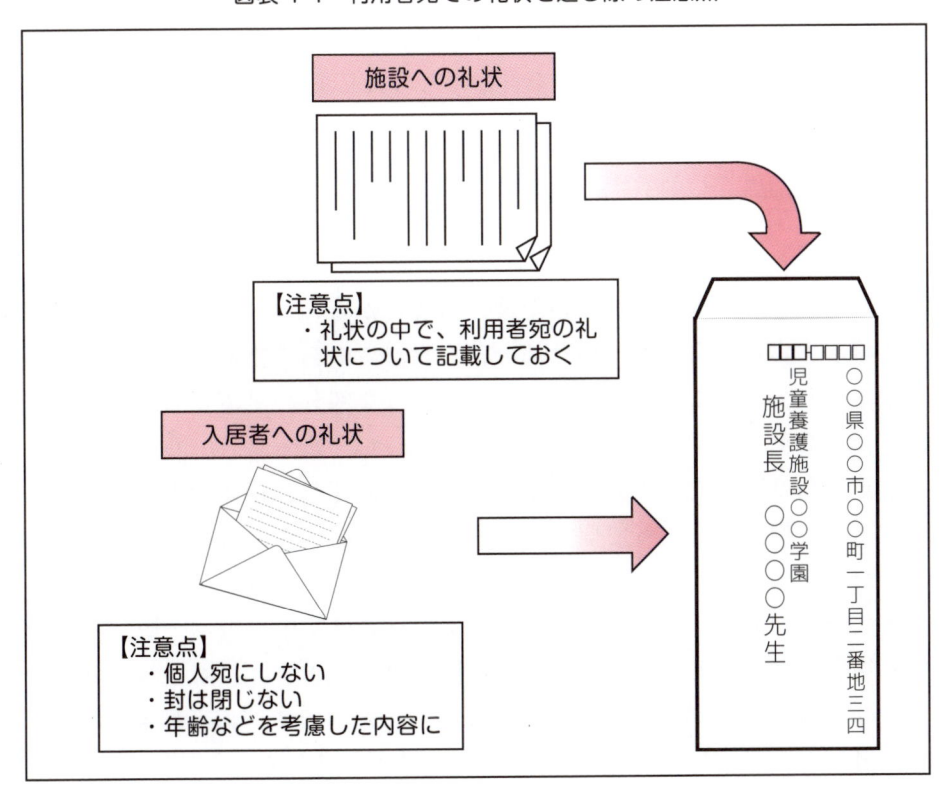

図表 4-4　利用者宛ての礼状を送る際の注意点

施設への礼状

【注意点】
・礼状の中で、利用者宛の礼状について記載しておく

入居者への礼状

【注意点】
・個人宛にしない
・封は閉じない
・年齢などを考慮した内容に

〒□□□-□□□□
○○県○○市○○町一丁目二番地三四
児童養護施設○○学園
施設長　○○○○先生

最近は、電子メールやSNSなどのツールが多用され、文書もパソコンで作成することが多くなりました。そのため、手紙を書く機会そのものが減っており、自筆で手紙を書くことに不慣れな人が多いと思います。しかし福祉の現場では、手書きの記録や連絡ノート、保育所の「園だより」など、まだまだ手書きの機会が数多くあります。

　実習中に日々、日誌の記述や実習計画の記述に取り組んできたわけですから、実習施設への礼状をその総仕上げとして、実習を締めくくって下さい。

2. 記録（日誌）より反省と評価

（1）記録（日誌）の振り返り

　実習終了後には、記録（日誌）の振り返りが大切です。実習期間中は、その日の業務や次の日に向けた課題製作、レクリエーションの準備などに追われ、十分な振り返りができていない場合もあります。実習を終えて余裕ができ、しかも、実習の熱が冷めていない時期にこそ、きちんと振り返りを行うことで、実習での学びを自分のものにしましょう。

　振り返りは「記述」と「内容」の2つの視点から行うと効果的です。「記述」の振り返りは、実習前に作成した「施設概要」などの書類、1日目から最終日までの実習日誌、実習反省会のまとめ、その他関係する書類を全て読み返し、記録の不備や誤字・脱字、不適切な表現がないか確認します。

　実習中、日誌を返却して頂いた後、指導者からのコメント欄には目が行きますが、実習生自身が書いた部分にも指導者からの指摘やコメント、訂正がなされていることがあります。そのような部分の見落としがないか確認し、不備があれば適宜訂正しておきましょう。

　訂正の際は、養成校の方針や施設の方針を確認し、適切な方法で訂正しましょう。例えば、誤って個人情報を記載した箇所があれば、その部分を削ったり文字が判別できないよう黒塗りした上で、白紙を貼り付けるなどの方法が適切です。また、指導者が、実習日誌の文中に誤字・脱字を見つけた場合など、鉛筆書きで訂正が入る場合があります。鉛筆書きされているのは、「消せるように」という指導者からの配慮です。鉛筆書きを消しゴムで消して、ボールペンや赤ペンで、正しく書き直しておきましょう。

図表 4-5　間違えやすい語句、不適切な表現（例）

【間違えやすい語句（例）】
- 「養護」と「擁護」（例．児童養護施設、権利擁護）
- 「更生」と「更正」（例．非行少年の更生、記載事項を更正する）
- 施設名称（例．「○○園」と「○○苑」、「子ども」と「子供」、など）

【不適切な表現（例）】
- ×：子どもに〜をさせた　→　○：子どもに〜するよう促した（指導した）
- ×：子どもと遊んであげた　→　○：子どもの遊び相手をした
- ×：車いすの人を運んだ　→　○：車いすの利用者（さん）の移動介助をした　　など

　また「内容」の振り返りは、自身の実習内容について「もっとよい支援の仕方があったのではないか」や、「次に同じ状況になった場合には、このような関わりをしてみよう」といった視点で、自己省察してみます。実習中は、つい前日の日誌に頂いたコメントにばかり目が向きがちですが、例えば、1日目の日誌で受けた指導者からのコメントについて実習の後半や終盤で改善できているか、自分の実習全体を俯瞰してみることが大切です。

　1日1日の実習に限れば、様々な失敗や不備があったかも知れません。しかし、実習全体を通して失敗が徐々に軽減されたり同じ失敗を繰り返すことが無くなったりすることが、実習を通した成長と言えます。「反省」というと、自身の欠点や失敗にばかり目が向きがちですが、自身の成長も含めた「振り返り」を行うことが大切です。

（2）自己評価との照らし合わせ

　多くの養成校では、実習内容についての「自己評価シート（振り返りシート）」を用意しています。実習日誌の振り返りとあわせて、自己評価を行いましょう。

　実習生が実習内容を点数化して自己評価できる方式であれば、実習反省会で指摘された点について、「自分では力不足と感じていたが、施設からの評価は高かった点」や、逆に、「自分では十分努力したつもりだったが、施設からの評価が低かった」点が、今後の学習を進めていく上での参考になります。また、ミニレポート形式のような記述中心の方式であれば、提出後に実習施設からの評価と実習生自身の評価を踏まえた上で、実習指導担当の教員から今後の課題となる点について指摘や指導を受けることが有効です。

さらには、「保育実習Ⅰ（施設）」と「保育実習Ⅲ（施設）」との比較も有効です。例えば、実習Ⅰで児童養護施設、実習Ⅲで乳児院というように、同じ系統・領域の施設で実習した場合、両方の施設で求められる知識や技術はある程度共通していることが多いため、前回の実習から成長した点や自身に残された課題が明確化しやすい特徴があります。しかし、ほかの系統・領域についての「自身の可能性を探る」という点では、さらなる自己洞察や実習指導担当教員からの助言を受ける必要があるでしょう。

　一方、実習Ⅰで障害者支援施設、実習Ⅲで児童養護施設というように、異なる系統・領域の施設で実習した場合、求められる知識や技術には異なる部分も多く、単純な比較はできません。しかし、2つの実習での評価が大きく異なった場合、実習生の意欲や姿勢の問題もありますが、実習生の得意分野や適性が影響していることも考えられるため、今後の学習のみならず、進路選択のヒントとすることもできるでしょう。

　このように、実習そのものが様々な形態で行われるのと同様に、実習の振り返りについても、「これが唯一の正解」という方法はありません。むしろ振り返りの方法ではなく、「様々な観点から、自己洞察・自己省察」を行うことと、それを実習の"熱が冷めないうち"に行うことが大切です。

3. 自分の課題を明らかにする

（1）自己評価と自己理解

　振り返りを行う上で大切なことは、できなかったことや改善を要する点だけでなく、できたことや実習生自身が得意とする部分、評価の高かった部分についても、適切に理解することです。

　図表4-6は、「ジョハリの窓」と呼ばれる、対人関係における自己理解と他者理解（他者からの理解）を表した図です。これを実習の場に当てはめてみましょう。

　Aの領域は、実習生と他者（指導者や利用者、養成校の教員など）の理解が一致している部分です。例えば、「運動部所属の実習生に、屋外での運動レクリエーションの補助をお願いする」といった場合、実習生が得意と感じている内容であり、指導者側から見ても実習生は期待通りの活躍をし

図表 4-6 「ジョハリの窓」

		自分自身が	
		知っている	知らない
他人が	知っている	A：開放された窓 自分自身が理解し、他人からも理解されている部分	B：盲点の窓 他人は知っているが、自分自身は知らない部分
	知らない	C：隠された窓 自分自身は知っているが、他人は知らない部分	D：未知の窓 自分自身も他人も知らない（気づいていない）部分

てくれるでしょう。

　Bの領域は実習生と他者の理解が一致していませんが、「実習生が気付いていない特性に、他人が気付いている」部分です。例えば、指導者が実習生の潜在能力を見抜き、あるいは成長の期待をかけて、成長を促すために業務を与えるケースが考えられます。実習生としては「私が苦手な業務を頼まれた」と感じるかも知れませんが、そのことがきっかけとなり、新たな自分の能力に気づいたり、苦手と思い込んでいたものから脱却できるチャンスかもしれません。

　同様にCの領域も実習生と他者の理解が一致していませんが、ここは「実習生の考えや思いが、上手く他者に伝わっていない」ことが考えられます。実習生としては「この業務が得意だ」とか、「こういうことにチャレンジしてみたい」と思っていても、それが他者に伝わっていなければ、せっかくのチャンスを逃してしまうかもしれません。

　では、実習で得た学びや気づきを元に成長するためには、どのようにすればよいのでしょうか。「ジョハリの窓」では、対人関係（コミュニケーション）を円滑にするには、Aの領域を大きくすることを提案しています。これを実習に当てはめると、図表4-7のように理解することができます。

　Bの領域を小さくするためには、他者からの助言や指導を受け入れることです。これは、「○○のやり方が危険なので、改善した方がいい」といった、実習生の要改善点に対する指摘だけではありません。むしろ指導者から見て、十分な力を備えているにもかかわらず、実習生自身の自己評価が

第4部　実習を終えて

図表4-7 「ジョハリの窓」を実習場面に当てはめる

	実習生自身が	
	知っている	知らない
他者（指導者・利用者など）が 知っている	A：開放された窓	B：盲点の窓
他者（指導者・利用者など）が 知らない	C：隠された窓	D：未知の窓（新たな可能性）

※A領域へは「指摘や助言を受け入れる」「自己開示」の矢印

低い（実習生が自己を過小評価している）部分についても同様です。実習中、「あなたならできる。やってみたらどうか」といった提案がなされてもその時は自信がなく、なかなか一歩を踏み出せないこともありますが、実習を終えた振り返りの機会だからこそ、次のステップに活かすことが大切です。

同様に、Cの領域を小さくするためには、実習生が積極的に自己開示することです。実習生は学びの途中であり、できないことがあるのが当然ですから、実習は、「失敗を経験するために来ている」とも言えます。自身の挑戦してみたい業務について指導者に尋ねてみたり、「～については自信がないが、挑戦してみたい」といったことを臆せずに伝えてみましょう。

そして、Aの領域が大きくなる（BやCの領域が小さくなる）ことで、同時にDの領域が小さくなります。つまり、他者からの助言や指導を受け入れ（B領域の縮小）、自身が積極的に自己開示すること（C領域の縮小）は、実習生にとってこれまで実習生自身も他者も気付いていなかった新たな能力の獲得や、予想外の進歩につながるのです。

（2）さらなる学び（ボランティアや自主実習）

実習で得た様々な「気づき」を今後の成長に活かすためには、ボランティアや自主実習に取り組むことが大切です。養成校の中には、「一定の日数や内容を満たしたボランティアについては、単位として認定する」という学校もあります。ですが、大切なのは単位の有無ではなく、実習で学び残

した部分を補強すること、自身の適性を見極めること、そして進路選択の幅を広げること等々、実習生自身の学びや成長にとって大変有益であるということです。

ボランティアは、施設側から養成校に依頼やお知らせが届く場合（募集）と、実習生自身が個別に依頼する場合（個別依頼）があります。

例えば「募集」については、「障害者支援施設での夏祭り補助」などがあります。比較的短時間のものも多く、土・日や夏休み中などにわずかな時間を活用して行うことができます。自身が実習したことのない施設を知るにも有効ですし、養成校で手続きを行えば、一括して施設側への連絡を取ってもらえる場合もあり、手続きも比較的簡単です。

一方「個別依頼」については、実習生自身が施設に個別に連絡し、目的や希望するボランティア内容などを伝えた上で、合意が得られれば受け入れてもらうものです。施設見学を兼ねた1日〜数日の内容のものもあれば、「毎週水曜日に施設利用の小学生への学習指導」というような、中長期の定期的なボランティアもあります。手続きについては基本的に実習生自身が主体となって行うことになりますし、また、実習生側が臨む内容が必ず経験できるというわけではありません。入所者や子どもの人権、プライバシーなどに配慮する観点から、個別のボランティア依頼については様々な制約がある場合もあるため、事前に実習担当教員や施設関連に詳しい教員に助言を受けた上で取り組みましょう。

また、自主実習についての依頼から受け入れまでの流れは、ボランティアの「個別依頼」に近い形です。ただし、自主実習といえども「実習」である以上、施設の実習受け入れルールに従って進みます。ほかの養成校の実習が行われている期間中は受け入れが難しい場合がありますし、実習日誌に近い記録物を作成することになり、施設の実習指導担当職員にとっての負担は少なくありません。施設側と養成校との間で事前に実習受け入れに関する承諾書などの書類を取り交わす必要があるなど、実習生、施設側、養成校の三者にかなりの負担がかかります。そのため、「実習」でなければならない明確な意図と理由のない限り、個別依頼でのボランティアを中心に考えておくとよいでしょう。

いずれの形にせよボランティアや自主実習は、実習で得た学びを実践し、自身の振り返りやその後の学習の成果を確認する絶好の機会ですので、積極的に取り組みましょう。

第4部 実習を終えて

（3）自身の進路に向けて

　ここまで、実習終了後の流れについて解説してきましたが、最後に、養成校での学びを終えた上での進路について考えてみましょう。

　施設実習は保育士資格取得のために必要な要件ですが、保育所実習とは異なり、実習先施設の種別は実習生ごとに異なる場合がほとんどです。保育実習Ⅰ（施設）と保育実習Ⅲ（施設）とでは、同系統の施設で実習する場合もあれば異なる系統の施設で実習する場合もありますし、実習先選定についても、養成校主体で「配属」が行われるケースと、実習生主体で「自己開拓」によって実習先を決定する場合があるなど、養成校で学ぶ学生全員が同様の経験をするものではありません。言い換えれば、自身の実習先と、実習に向けて取り組む姿勢次第で、学びの内容が大きく異なる可能性があります。

　中には、必ずしも希望する領域での実習とはならないケースもあり、今ひとつ、実習に向けて前向きな気持ちになれないまま実習を終えたという学生もいるかも知れません。さらに言えば、養成校に入学した人の大多数は当初、「保育園の先生」をイメージしていたことと思いますので、施設実習そのものについて、その必要性に疑問を感じる人も少なくないのではないでしょうか。

　ですが、施設実習を通して福祉施設の業務に触れる中で、例えば児童養護施設であれば児童虐待や発達障害の問題、障害児（者）施設であれば障害児（者）の発達保障や地域生活の問題などについて、学びを深めてきたことと思います。これらは独立した別々の業務ではなく、目の前にいる利用者や子どもの背景として密接につながっています。大切なことは、施設保育士として、施設での利用者支援や子どもの養育に自身の進路を見いだすこともまた、保育所保育士としての道に進路を見いだすことも等しく価値があり、その道も人それぞれだということです。

　施設実習を通して、様々な課題や困難を抱えた人たちの存在やその支援のあり方について学んできましたが、これらは保育者としてのあなただけでなく、社会に生きる1人の人間としての幅を広げることにつながったことと思います。施設実習の総括として、施設実習という枠を超えて自身の生き方や人との関わり方について、考えてみて欲しいと思います。

用語解説

愛着関係

乳幼児期において、特定の大人との安心・安定した人間関係が築かれること。愛着関係が成立すると、見知らぬ人物や状況に不安を感じるが、愛着の対象（親や特定の保育者など）にしがみつき、安心を求めるようになる。また、愛着対象がいるところでは「守ってもらえる」という安心感を持って周囲を探索し、世界を広げていくことができる。

愛着障害

特定の大人との愛着関係を築くことができないために生じる困難の総称。他者との人間関係の構築が難しくなったり、情緒が安定しないなどの困難が生じる。ICD-10（疾病及び関連保健問題の国際統計分類）やDSM-5（精神疾患の診断・統計マニュアル）では「反応性愛着障害」と記載されている。過度に他者を警戒したり、逆に極度に他者に依存するなど矛盾したふるまいになる。その一方で、愛着の対象が定まらず、誰にでも見境なく馴れ馴れしくふるまう「脱抑制型」の愛着障害もある。

アセスメント

的確な援助のために、問題状況の確認、情報の収集と分析、援助の方法の選択と計画を行うこと。事前評価とも訳される。行動観察や心理検査などのアセスメントツールを使って子どもの発達や障害などを把握することを意味したり、福祉サービス利用者が抱えている問題やその利用者をめぐる環境などの情報を収集し分析することを意味する。

アドボカシー

自分の権利や生活のニーズを主張することが難しい子ども、障害児・者、認知症高齢者等に代わって、その権利やニーズを主張すること。ケースアドボカシーとクラスアドボカシーがある。ケースアドボカシーは個人や家族を対象としており、クラスアドボカシーは制度上の問題から生じる共通のニーズをもつ集団のために役割を果たす。

アドミッションケア

施設における支援の過程（アドミッションケア→インケア→リービングケア→アフターケア）の1つ。アドミッションケアは、施設に入所する前後に行われる支援である。例えば、入所前の子どもとの面会交流、入所理由の説明、施設見学、施設への受け入れ準備等が含まれており、子どもの不安の軽減を図りながら行われる必要がある。

アフターケア

施設における支援の過程（アドミッションケア→インケア→リービングケア→アフターケア）の1つ。アフターケアは、児童福祉施設などを退所した児童への援助活動であり、施設退所後の人間関係形成の支援や社会適応を促すことを目的とした活動である。例えば、訪問、電話、手紙などにより、家庭生活、就労生活、学校生活を支援すること等があげられる。

移乗動作

ベッドから車いす、車いすから便器、車いすから自動車、車いすから床、あるいはそれらの逆を含めて乗り移る動作のことを移乗動作という。玄関の昇り降り、浴槽への出入り、バスへの乗り降り等も含まれており、車いすを使用している人にとっては、生活上必要不可欠な動作といえる。また、それを介助することを移乗介助という。

移動介助

起き上がる、座る、歩く等の日常生活を営むうえで必要になる「移動」が困難な人を助けるために行う介助のことである。食事、排泄、入浴、衣類の着脱等の様々な場面で介助を行うことになる。利用者の移動能力や移動に使用する機器

インケア

（車いす、歩行器、杖等）によって、必要な介助の程度は異なってくると共に、体調等により、いつも同じ動作ができるとは限らないことにも注意が必要である。

インケア

施設における支援の過程（アドミッションケア→インケア→リービングケア→アフターケア）の1つ。インケアは、施設入所中に子どもに対して行う生活支援・生活援助のことであり、施設退所後の自立に向けて取り組んでいく必要がある。したがって、アフターケアまでのつながりを意識して個々の子どもの状態に合わせて行っていく。

ASD ⇒ 自閉スペクトラム症
ADHD ⇒ 注意欠如多動症
ADL ⇒ 日常生活動作
SST ⇒ 社会技能訓練
ST ⇒ 言語聴覚士

嚥下（えんげ）

飲食物を飲み込むこと。食べ物は①舌等の動きで口の奥に送る、②喉に入ってきた食べ物を飲み込むというプロセスで飲み込む。この機能の障害があると（嚥下障害）、飲食物を飲み込めない、むせる、飲み込んだものが食道につかえるといった状態になる。原因には、舌等の構造の問題、舌等を動かす神経・筋肉の問題、心理的原因によるもの等がある。飲み込みやすくするため、食べ物にとりみをつけたりゼリー状にする場合もある。

エンパワーメント

本来持っている力を発揮できるように支援や援助をすることである。介護や福祉の分野においては、障害者や高齢者等が自分のことについて自分で選択したり決定する力をつけて、自分たちの生活のあり方をコントロールすること、あるいは自立する力を得ることといえる。そのような人々の内に秘めた力を信じ、その人自身のペースを大事にしながら、その力を最大限発揮させようとする考えが重要となる。

OT ⇒ 作業療法士

介護福祉士

「社会福祉士及び介護福祉士法」に基づく国家資格。身体上もしくは精神上の障害、または環境上の理由により、日常生活に支障がある人に、心身の状況に応じた介護を行い、生活全体にかかわることで暮らしを支え、自立に向けた介護を実践する。社会福祉士が相談援助を主な業務とするのに対し、介護福祉士は、高齢者や認知症等の人に対し入浴、食事、排泄等の直接の介護を行う。

家族再構築

児童虐待のあった親子関係を改善することである。今日の社会的養護では、児童虐待があっても可能な限り、親子関係を修復することが重要であるとされる。虐待によって親子分離を経験した後に目指される家族再構築だけでなく、親子分離を経験せず家族を維持しながら目指される家族再構築も含まれる。家族再構築支援の重要な役割を担う専門職として家庭支援専門相談員がある。

家族再統合 ⇒ 家族再構築

家庭支援専門相談員

虐待、放任等の家庭環境上の理由により入所している子どもの保護者に対し、児童相談所との密接な連携のもとに電話や面接等によって、児童の早期家庭復帰、里親委託等を可能にするための相談、指導等の家庭復帰支援を行う。他の職種との違いとして、子どもへの直接の支援よりは保護者との関係の調整を図ることが主な仕事となる。乳児院、児童養護施設、児童心理治療施設、児童自立支援施設に配置されている。

家庭代替

児童養護施設等の役割の1つであり、家庭での養育が困難な児童を、家庭に代わって養育していくこと。児童虐待を受けた子どもに対しては、家庭代替よりも家族再構築に向けた支援が注目されているが、家族再構築が難しい児童や親の死別・病気等の理由で家庭での養育が難しい場合もあるため、施設の家庭代替機能も重要

な役割を担っているといえる。

感覚過敏

視覚、聴覚、味覚、触覚、嗅覚の過敏さであり、自閉スペクトラム症の人に多い。例えば、通常の光を眩し過ぎると感じる、ピアノやベルの音を苦痛に感じる、特定の味や食感を嫌がる、香水等の匂いを嫌う、特定の服の素材やタグ等が身体に触れると不快を感じる等。一方で、けがをしても痛みを訴えない、暑い時期に厚着をしたり寒い時期に薄着になるといった気候と不釣り合いな服装をする等の感覚鈍麻であったりもする。

環境上養護を要する児童

保護者の健康上・経済上の理由等で監護を受けられない、保護者のもとで生活させるのが不適当な状況にあると児童相談所が判断した子どものことである。具体的には、父母が死別した子ども、父母に遺棄された子ども、家庭環境不良の子ども（父母の行方不明、長期入院、拘禁、離婚、再婚、心身障害等）、保護者がいても児童虐待を受けている子どもをいう。

QOL ⇒ 生活の質

仰臥位（ぎょうがい）

上を向いて寝た姿勢（仰向け）のことをいう。介護や看護等の分野で用いられる人の体位を表す言葉である。例えば、仰臥位から側臥位（横向き）にする等の「体位変換」や、乳幼児を仰臥位で寝かせて乳幼児突然死症候群を予防する等のような使い方をする。なお、寝たきりの状態にある障害者や高齢者の場合、定期的に体位変換をすることで、身体の同じ部分を圧迫しないようにする必要がある。

強度行動障害

自傷行為や他者を傷つけたり物を壊す等の周囲に影響を及ぼす行動が極端に多く、家庭での養育が困難なため、専門的な対応が必要な状態である。そのような状態の背景には、人や場に対する嫌悪感や不信感があると考えられている。予測がつきやすく安心できる環境で、自尊心を持ってできることを増やしていけるような支援が必要である。

グループホーム ⇒ 地域小規模児童養護施設

グループワーカー

グループワークによって集団に働きかける社会福祉の援助者である。グループワークは集団援助技術とも呼ばれ、グループを活用して、グループメンバー個人やグループ全体が直面している問題の解決を図ると共に、メンバーの成長を促す社会福祉の援助技術の体系である。メンバーとグループワーカーの対面的援助関係、メンバー間の相互作用、プログラム活動の展開、社会資源の活用の4つを援助媒体として活用する。

ケアワーカー

多くの現場において、ケアワーカーは介護福祉士と同じ意味で用いられるため、介護福祉士のことであると考えて良い。その一方で、介護福祉士の資格を持っていながら介護業務に従事していない場合は、ケアワーカーとは言わないし、介護福祉士の資格を持っていなくても、介護業務に従事している場合にケアワーカーと呼ぶこともある。

経済的虐待

障害者の養護者・親族・障害者福祉施設従事者等が、その障害者の財産を不当に処分することや、障害者から不当に財産上の利益を得ること等である。具体的には、預かったお金を着服する、年金や賃金を本人に渡さない、本人の同意なしに財産や預貯金を処分する、利益を得るために本人の財産を勝手に運用する、日常生活に必要な金銭を渡さない等があげられる。

言語聴覚士

コミュニケーションや口まわりの障害がある人を支援する者。具体的には、失語症、構音障害、聴覚の障害、言葉の発達の遅れ、吃音、声や発音の障害等多岐にわたる問題に対し、その本質や発現メカニズム、その対処法を見つけるために検査や評価を実施したり、必要に応じて訓練、指導、助言、そのほかの援助を行ったりする。

さらに、医師等の指示のもと、飲食物を飲み込む嚥下機能の訓練や人工内耳の調整等も行う。

権利擁護 ⇒ アドボカシー

誤嚥

食べ物や水、唾液などが、食道ではなく気管に入り、詰まってしまうことをいう。それにより、声が出ない、呼吸ができなくなる等の症状を伴い、生命に危険な緊急状態が生じる。食べ物や唾液等に含まれた細菌が気管から肺に入り込むことで起こることを誤嚥性肺炎という。誤嚥しやすい食物には、もち、豆、かたい肉、こんにゃく等がある。

こだわり行動

自閉スペクトラム症の人に見られる行動であり、興味のある同じことを飽きずに延々と繰り返したり、幾何学的なパターンや回転運動に強い興味を抱いたりする等のことをいう。DSM-5では「行動、興味、または活動の限定された反復的な様式」という。具体的には、特定の物を並べることや、物事の順番、物の位置、同じ食べ物等に極端にこだわり、そのパターンが崩れると、極度の不安と混乱が起きる。

個別対応職員

虐待を受けた子ども、愛着障害のある子ども、DV等の被害を受けた母子等に対して、個別に支援を行う職員である。施設利用者によっては、精神的な面で抱えた問題がそれぞれ異なり、集団措置では対応しきれない場合がある。そのようなときに個別対応職員が個別にケアを行う。乳児院、母子生活支援施設、児童養護施設、児童心理治療施設、児童自立支援施設に配置される。

個別養育担当制 ⇒ 養育担当制

座位

座った姿勢のことをいう。介護等の分野で用いられる。脚を伸ばした状態で座った姿勢を「長座位」、椅子に座った姿勢を「椅座位」、ベッドの端に座り両足を垂らしている姿勢を「端座位」、ベッドの背もたれを45度起こした状態で座った姿勢を「半座位」という。上半身を使った動作のためには、安定した座位が重要である。

作業療法士

日常生活の作業動作の向上を支援する者。身体や精神に障害のある人を対象に、身の回りのこと（食事、排泄、着替え、入浴等）から、社会的活動（外出、仕事、地域活動等）までを含む作業動作の改善・維持をサポートする。また、作業療法士は、認知や心に問題を抱えた人に対して、精神的な働きかけも行う。理学療法士が日常生活を支える基本的な動作を扱うのに対し、作業療法士はその動作を応用した作業動作を扱う。

里親

様々な事情により家庭での養育が困難となった子ども達を受け入れることを希望し、都道府県知事から認められた者のことである。様々な事情とは、保護者がいない、保護者に監護させることが不適当である等であり、そのような状態になった子ども達を温かい愛情と正しい理解を持った家庭環境で養育するしくみといえる。里親には養育里親、専門里親、親族里親、養子縁組里親がある。

残存能力

障害を持つ人が、残された機能を使って発揮することができる能力のことである。介助や補装具を取り入れる場合は、この残存能力が損なわれないように配慮すると共に、リハビリテーションでは、残存能力を向上させることも重要である。残存能力の例として、脳性まひ等で全身をほとんど動かせない人でも、わずかに動く部分を利用して車いすを自分で操作できれば、他者に頼らずに移動できることがあげられる。

肢体不自由児

肢体不自由は身体の動きに関する器官が損なわれた状態である。歩行や筆記等の日常生活で必要な動作が困難となる。肢体不自由には、脳性まひ、二分脊椎、筋ジストロフィー等がある。

知的障害やてんかんを伴うこともある。肢体不自由児はそのふるまいから「何もできない」とみなされがちであるが、時間をかければ自分でできることも多い。

SIDS ⇒ 乳幼児突然死症候群

児童虐待

保護者による18歳未満の児童への虐待であり、①身体的虐待、②性的虐待、③心理的虐待、④放棄・放置（ネグレクト）がある。児童虐待は、児童の心身の成長や人格形成に重大な影響を与える。児童虐待の相談件数は年々増加傾向にあるが、その一因として、児童虐待を「受けた児童」だけでなく「受けたと思われる児童」も通告の対象となったことや、面前DVが心理的虐待であるという認識が広まったことがあげられる。

児童虐待の防止等に関する法律

児童虐待の増加に伴い、2000年に成立した法律。児童虐待の禁止、児童虐待への対応に関する国や地方公共団体の責務、児童虐待の予防と早期発見（児童に関わる立場にいる者による児童虐待の早期発見、児童虐待の通告義務等）、児童虐待に対する制度的対応（保護者に対する出頭要求、立入調査・臨検・子どもの捜索、保護者の面会・通信の制限、つきまといの禁止措置等）等について規定されている。

児童虐待防止法 ⇒ 児童虐待の防止等に関する法律

児童指導員

乳児院、児童養護施設、障害児入所施設、児童発達支援センター、児童心理治療施設において、児童の生活指導を行う者のことである。保育士と共に子どもの生活指導や学習指導を行う等、支援の中心的な役割を果たす。保育士が子どもの保育を行うのに対し、児童指導員は生活指導の専門職であるが、実際には、児童指導員と保育士の業務内容にほとんど違いがない場合が多い。

児童自立支援専門員

不良行為をなす、またはなすおそれのある子どもが入所する児童自立支援施設において、子どもの自立支援を行う者のことである。児童生活支援員と共に生活指導、職業指導、学科指導を行い、あわせて家庭環境の調整を行う。児童生活支援員が子どもの生活支援を行うのに対し、児童自立支援専門員は、学習指導や職業指導をとおして子どもの社会的な自立を支援する。

児童心理司

児童相談所において、子どもや保護者からの相談に応じると共に、子どもに対して診断面接、心理検査、観察等による心理診断・心理判定を行うほか、心理療法、カウンセリング、助言指導を行う。児童虐待の増加に対応するための「児童虐待防止対策体制総合強化プラン」において、2022年度までに全国で2150人に増員する（2017年度は1360人）ことが決定された。

児童生活支援員

不良行為をなす、またはなすおそれのある子どもが入所する児童自立支援施設において、子どもの生活支援を行う者のことである。児童自立支援専門員と共に生活指導、職業指導、学科指導を行い、あわせて家庭環境の調整を行う。児童自立支援専門員が子どもの社会的な自立を支援するのに対し、児童生活支援員は、食後の後片付けや掃除の仕方などを含む生活全般についての指導を行う。

児童の遊びを指導する者（児童厚生員）

児童館や児童遊園等の児童厚生施設に配置される専門職員である。児童厚生施設は、子どもに健全な遊びを与えて、その健康を増進し、または情操を豊かにすることを目的とする施設。「児童の遊びを指導する者」は、従来、「児童厚生員」という名称であったが1998年に名称変更された。子どもへの指導の他に、母親等の保護者や地域関係者の活動の支援も行っている。

児童福祉司

児童相談所において、面接などによる相談・指導や関係機関との連絡調整を行う専門職員である。児童相談所の中核的所員であり、子どもに関する家庭その他からの相談のうち、特に専

門的な知識・技術を必要とする内容に対応する。児童虐待の増加に対応するための「児童虐待防止対策体制総合強化プラン」において、2022年度までに全国で5260人に増員する（2017年度は3240人）ことが決定された。

児童福祉施設設備運営基準 ⇒ 児童福祉施設の設備及び運営に関する基準

児童福祉施設の設備及び運営に関する基準

児童養護施設、保育所等の児童福祉施設の設備や職員の資格、配置基準等を定めたものである。基準には、国の基準に必ず適合すべき「従うべき基準」と地域の実情に応じて内容を定められる「参酌すべき基準」がある。人員・居室面積・人権侵害防止等に関わる内容（虐待等の禁止・秘密保持等）は「従うべき基準」であり、その他は「参酌（比べて参考にすること）すべき基準」で、地域の自主性・自立性を尊重した基準となっている。

児童福祉法

全ての児童（18歳未満の者）が持つべき権利や支援について定めた法律である。児童福祉法は全8章で構成されており、児童の定義や児童福祉施設（保育所、児童養護施設、障害児施設等）の目的、児童福祉にかかわる職員（保育士、児童福祉司、児童委員）等も規定されている。児童福祉法に規定されている支援内容には、子育てに関する支援、虐待に関する支援、障害児に関する支援、小児慢性特定疾病等に関する支援がある。

自閉症スペクトラム障害 ⇒ 自閉スペクトラム症

自閉スペクトラム症

社会性やコミュニケーションの障害、想像力の障害を持つ発達障害である。例えば、状況を読んだ言動がとれない、仲間関係への関心が乏しい、コミュニケーションが困難、興味の範囲が限定されている、こだわり行動がある、感覚過敏・感覚鈍麻がある等の症状を持つ。集団活動への参加が困難であったり、急な予定の変更や慣れない場において極度に不安を感じたりする。

社会技能訓練

社会的行動や対人関係に困難を持つ児童を対象に、効果的な行動をとることができるように、段階的・体系的に行動を形成（学習）する技法である。具体的には、到達可能な訓練目標を設定し、どのような行動が望ましいかを伝える、目的となる行動を練習するための疑似場面においてリハーサルやロールプレイ等で実際に体験する、適切な行動を強化する等の方法が行われる。

社会福祉士

「社会福祉士及び介護福祉士法」に基づく国家資格。身体上もしくは精神上の障害、または環境上の理由により、日常生活に支障がある人の福祉に関する相談に応じ、助言、指導、その他の援助を行う。介護福祉士が直接の介護をするのに対し、社会福祉士は相談援助をする立場である。また、精神保健福祉士が精神障害者を対象としているのに対し、社会福祉士の対象範囲は広い。

重症心身障害児

重症心身障害とは、重度の知的障害（知能指数がおおむね35以下）と重度の肢体不自由（身体障害の程度1～2級）をあわせもつ障害である。ほとんど寝たきりで、食事・排泄・移動等の日常生活面において全面的に介助に頼る子どもが多い。言葉の理解や意思伝達が困難で表現力は弱いが、表情等で応じたりする。肺炎・気管支炎、てんかん等を持っている子どもも多いため、健康面の注意が必要である。

就労移行支援

「障害者総合支援法」における「訓練等給付」の支給対象となる障害福祉サービスの1つである。一般企業等への就労を希望する障害者に、就労に必要な知識および能力の向上のために必要な訓練を行う。例えば、ビジネスマナーやパソコン等の訓練、適性に応じた職場探しと職場の見学・実習の実施、職場への定着支援等がある。なお、定着支援については、障害者の早期退職

を防ぐため、「就労定着支援」が2018年に新設された。

就労継続支援A型

「障害者総合支援法」における「訓練等給付」の支給対象となる障害福祉サービスの1つ。一般企業等での就労が困難な人に、働く場を提供すると共に、知識および能力の向上のために必要な訓練を行う。就労継続支援B型が雇用契約を結ばないのに対し、就労継続支援A型は雇用契約を結ぶ。事務作業やパソコン作業等、簡単な内容から複雑な内容の仕事があり、収入の安定と各種保険の適用があるが、働く時間や日数の調整は難しい。

就労継続支援B型

「障害者総合支援法」における「訓練等給付」の支給対象となる障害福祉サービスの1つ。一般企業等での就労が困難な人に、働く場を提供すると共に、知識および能力の向上のために必要な訓練を行う。就労継続支援A型が雇用契約を結ぶのに対し、就労継続支援B型は雇用契約を結ばない。勤務日数や時間の調整が可能であり、仕事内容も簡単な作業が多いが、短時間労働が多く収入が低い。

就労定着支援

「障害者総合支援法」における「訓練等給付」の支給対象となる障害福祉サービスの1つであり、2018年に新設された。就労移行支援等の利用後に一般就労に移行し、就労に伴う環境変化により生活面の課題が生じている障害者が対象である。就労継続ができるように、生活面の課題を把握すると共に、企業や関係機関等との連絡調整やそれに伴う課題解決に向けて必要な支援が行われる。利用できる期間は最長で3年間である。

障害児（者）虐待

養護者・障害者福祉施設従事者等・障害者が働いている職場の雇用主等による障害者への虐待であり、①身体的虐待、②性的虐待、③心理的虐待、④放棄・放置（ネグレクト）、⑤経済的虐待がある。なお、18歳未満の障害児への虐待は、基本的には「障害者虐待の防止、障害者の養護者に対する支援等に関する法律」に規定されるが、虐待の通報に関する規定は「児童虐待の防止等に関する法律」が適用される。

障害支援区分

障害者等に対して、どの程度の障害福祉サービスが必要なのかを客観的に判定するための区分である。従来用いられていた「障害程度区分」では、知的障害や精神障害の特性を的確に判定できなかったため、支援の度合いに応じて判定することになった。支援度は、非該当、区分1から区分6へと高くなる。判定には、歩行、食事、金銭管理等の様々な項目について、支援が不要から全面的に必要を確認する等がある。

障害程度区分

障害者等に対して、どの程度の障害福祉サービスが必要なのかを客観的に判定するための区分である。障害の程度は、非該当、区分1から区分6へと高くなる。判定には、麻痺がどの部分にあるのか、歩行や食事摂取ができるか等の様々な項目を確認すること等が行われる。しかし、知的障害や精神障害の特性を的確に判定できない等の問題から、「障害支援区分」へと改められた。

小規模グループケア

乳児院や児童養護施設等の本体施設の敷地内あるいは近くに分園として設置される小規模型の施設である。児童の定員は施設の種別によって異なる。里親や小規模住居型児童養育事業に次いで、家庭に近い環境を児童に提供するしくみである。地域小規模児童養護施設が地域の住宅で児童を養育するのに対し、小規模グループケアは本体施設の敷地内あるいは近くに設置されるため、小規模グループケアはやや施設に近い位置づけといえる。

小規模住居型児童養育事業

里親や施設経験者の住居において、5～6人の児童を養育するものである。原則、2人の養

育者（夫婦）と補助者1人を置く必要がある。地域小規模児童養護施設や小規模グループケアは施設に含まれるが、小規模住居型児童養育事業は養育者の住居に迎え入れるため、里親のように家庭と同様の環境で要保護児童（保護者の養育を受けられない児童等）を養育できる。里親のうち多人数を養育するものを事業形態としたものといえる。

小舎制 ⇒ 大舎制・中舎制・小舎制

少年指導員

父親の暴力等を含む様々な事情を抱えた母子が入所している母子生活支援施設に配置され、子どもの学習や日常生活を援助する職員である。具体的には、子どもの学習指導をする、子どもとの日常的な会話・遊び等を通して日常生活に必要な知識や技能を伝える、学習や生活習慣が身につくような行事を立案する、親子関係や友人関係をうまく保てるように援助する等を行う。

少年を指導する職員 ⇒ 少年指導員
ショートステイ事業 ⇒ 短期入所生活援助事業

食育

様々な経験を通じて、「食」に関する知識とバランスの良い「食」を選ぶ力を身に付け、健全な食生活を実践できる人間を育てることをいう。偏った栄養摂取、朝食欠食など食生活の乱れや肥満・痩身傾向等、子どもたちの健康を取り巻く問題が深刻化すると共に、食の安全が問われるようになってきたため、食育の基本的な理念を示した「食育基本法」が2005年に制定された。

自立援助ホーム

児童自立生活援助事業を実施する施設である。児童自立生活援助事業とは、児童養護施設や児童自立支援施設等を退所、あるいは里親への委託措置が解除されても、社会的自立ができていない児童等に対して、相談、日常生活上の援助、生活指導、就業の支援を行う事業である。自立援助ホームは、原則として、5人から20人の児童等が共同生活をする。

自立訓練（機能訓練）

「障害者総合支援法」における「訓練等給付」の支給対象となる障害福祉サービスの1つ。自立した日常生活または社会生活を営むうえで、身体機能・生活能力の維持・向上等のため一定の支援が必要な障害者に対し、理学療法や作業療法その他必要なリハビリテーション、生活等に関する相談及び助言その他必要な支援が行われる。身体障害者のみが対象であったが、2018年より、知的障害者や精神障害者も対象となった。

自立訓練（生活訓練）

「障害者総合支援法」における「訓練等給付」の支給対象となる障害福祉サービスの1つ。自立した日常生活または社会生活を営むうえで、身体機能・生活能力の維持・向上等のため一定の支援が必要な障害者に対し、入浴・排せつ及び食事等の日常生活を営むために必要な訓練、生活等に関する相談及び助言その他必要な支援が行われる。知的障害者や精神障害者のみが対象であったが、2018年より、身体障害者も対象となった。

人工内耳

難聴者の耳の聞こえを補助する道具であり、補聴器の効果が得られない人が対象である。音を言葉として理解するためには、音の振動を電気信号に変換し、脳に伝える必要がある。この電気信号に変換する役割を持つのが内耳であり、この部分の難聴を感音難聴という。人工内耳は音を電気信号に変えて聞こえを補助する道具である。人工内耳を装用後、言葉を聞き取れるようになるためには、リハビリテーションが必要である。

新生児マス・スクリーニング検査

先天性代謝異常症（フェニールケトン尿症、ホモシスチン尿症等）や先天性甲状腺機能低下症がある児童を早期発見するための集団検査である。生後4～7日の新生児の足の裏から採血して検査する。これらの症状は、早期の治療開始により、心身障害の発生予防や軽減が可能で

ある。例えば、フェニールケトン尿症は、フェニールアラニンが蓄積しないように食事療法を行うことで、知的障害を防ぐことができる。

身体障害者手帳

身体障害者福祉法に基づき、該当すると認定された者に対して、都道府県知事によって手帳が交付される。取得することで、身体障害があることを証明すると共に、一部の直接税の減額もしくは免額、公共施設（美術館や映画館等）の利用料の減額もしくは免額、一部公共交通機関の運賃割引等の様々な優遇を受けることができる。対象となる障害は、①視覚障害、②聴覚障害等、③音声障害等、④肢体不自由、⑤内部障害等である。

身体的虐待

身体に外傷が生じる、あるいは生じるおそれのある暴行を加えることである。例えば、殴る、蹴る、熱湯をかける、カッター等で切る、アイロンを押しつける、異物を飲み込ませる、冬に戸外に閉め出す等がある。また、障害者等に対して、正当な理由なく身体を拘束することも含まれる。虐待を受けた者は、打撲、骨折、頭部等への外傷、火傷、切り傷などを負い、最悪の場合には、死に至ることもある。

心理的虐待

著しい暴言や拒絶的な対応等の著しい心理的外傷を与える言動のことである。例えば、大声等で恐怖に陥れる、無視をする、拒否的な態度をとる、兄弟間で差別をする、自尊心を傷つける言葉を繰り返し言う等がある。また、子どもの目の前で、父が母に暴力をふるう等の面前DVも心理的虐待に含まれる。心理的虐待を長期的に受けた人は、自分を大切にできなくなったり、他者と関係を築けなかったり、乱暴になってしまうことがある。

心理療法担当職員

虐待や配偶者からの暴力によって心的外傷（トラウマ）等を抱えた子どもや親子等に対して、遊戯療法やカウンセリング等の心理療法を実施し、心理的な困難の改善や、安心感・安全感の再形成、人間関係の修復等を図ることにより、自立を支援する。乳児院、母子生活支援施設、児童養護施設、児童自立支援施設において、10人以上に心理療法を行う場合に、心理療法担当職員が配置される。

ストレッチャー

自立歩行や車いすでの移動が困難となっている人や、身体を動かせない人を寝た状態のまま移送する手押し車のことである。車輪が付いた簡易的なベッドのようなものである。ベッドとストレッチャーの移乗をするときは、利用者の安全を第一に考え、数人の介助者でバスタオルやスライディングボード等を用いて行うのが望ましいとされる。

スモールステップ

ひとまとめにすると達成困難な複雑な行為を、その子どもができるくらいの小さなステップに分け、階段を1段ずつ上るように達成できるように目標を提示していく方法である。例えば、ボタンがついた服を着る練習をする場合、最初はボタン1つだけ留める、次にボタン2つ留める、次は3つ等というように、少しずつ達成目標を上げ、最終的には全部自分でできるようにしていく。失敗が少なく、動機づけを維持しやすい方法である。

生活介護

「障害者総合支援法」における「介護給付」の支給対象となる障害福祉サービスの1つ。常時介護を必要とする人（例えば、在宅生活が困難であり、施設に入所し、介護を受けながら生活する者等）に、主に昼間に施設において入浴、排泄、食事の介護等を行うと共に、創作的活動または生産活動の機会等を提供する。例えば、衣服の着脱や食事、入浴等の介助、趣味に関する活動の支援、木工や織物等の作業の指導、各種の相談等を行う。

生活の質

自分自身の生活に関する主観的満足感、安定

感、幸福感、達成感等のことである。病気や障害、加齢等によって生活に困難さが生じても、その人の立場から見てできるだけ質の高い生活を送れるようにする。福祉サービスは、援助者視点で利用者にとって必要な援助を提供しようとする日常生活動作（ADL）の考え方よりも、利用者自身の視点から必要な支援を考えていこうとする生活の質（QOL）が重視されるようになった。

精神障害者保健福祉手帳

精神保健及び精神障害者福祉に関する法律に基づき、精神障害者の自立と社会参加の促進を図ることを目的として創設された制度である。取得することで、精神疾患があることを証明すると共に、一部の直接税の減額もしくは免額、公共施設（美術館や映画館等）の利用料の減額もしくは免額、一部公共交通機関の運賃割引等の様々な優遇を受けることができる。対象となる精神疾患には、統合失調症、うつ病等、発達障害等が含まれる。

精神保健福祉士

「精神保健福祉士法」に基づく国家資格。精神に障害がある人を対象に、①社会復帰や地域相談支援の利用に関する相談・助言・指導、②日常生活への適応のために必要な訓練、③精神障害のために生じる学校・職場・家族等での社会関係上の問題、各種制度の利用上の問題等の解決に向けての支援等を行う。社会福祉士が福祉サービスを必要とするあらゆる人を対象とするのに対し、精神保健福祉士は精神障害のある人に特化した援助を行う。

性的虐待

わいせつな行為をしたり、わいせつな行為をさせることである。例えば、子ども等への性交や性的な行為の強要、子ども等に性器や性交を見せる等があげられる。性的虐待は、周囲から見えにくい虐待であり、本人が告白するか、家族が何らかのきっかけで気づかないと発見されない。また、性的虐待を受けている子ども等は立場が弱いため、暴力や脅しで口止めをされている場合もある。

先天性代謝異常症

先天性代謝異常の種類は多岐にわたるが、代表的なものとして、フェニールケトン尿症、ホモシスチン尿症、ガラクトース血症等がある。例えば、フェニールケトン尿症は、身体にフェニールアラニンが蓄積して知的障害等に至る症状であるが、食事療法などで予防することができる。したがって、先天性代謝異常等に対しては早期発見を目的として、新生児マス・スクリーニング検査が実施されている。

ソーシャル・インクルージョン

すべての人々を、その属性（障害、虐待、DV、国籍、貧困等）にかかわらず、社会的な孤独や孤立、排除や摩擦から守り、健康で文化的な生活の実現につなげるよう、社会の構成員として包み支え合うという理念である。例えば、「口頭の指示理解が困難だから適した仕事がない」と判断するのは社会的な排除になるが、「写真や図入りマニュアルを使って指示理解できるようにする」のはソーシャル・インクルージョンといえる。

ソーシャルワーカー

社会で生活するうえで実際に困っている人々や生活に不安を抱えている人々、社会的に疎外されている人々と関係を構築して、様々な課題にともに取り組む援助を提供するソーシャルワークの実践者であり、社会福祉専門職の総称である（例、社会福祉士、介護福祉士、精神保健福祉士等）。利用者の主体性を尊重し、利用者自らが問題解決をしていけるように援助する。

大舎制 ⇒ 大舎制・中舎制・小舎制

大舎制・中舎制・小舎制

大舎制は施設の規模が大きく、食事、入浴等を一緒に行う形態である。集団生活になるため、家庭的雰囲気が作りにくいことや個々の児童のプライバシーの面での難しさがある。およそ20人以上の児童が共に生活する。小舎制は小グループの児童に分かれて生活をすることで、大舎

制よりも、家庭的雰囲気を作ることができる。児童の人数は12人以下である。中舎制はその中間にあたる。

ダウン症

21番目の染色体が3本ある等の染色体異常によって生じる。特徴的な顔貌（つり上がった目、短く平たい鼻、低い耳介等）であり、筋肉の緊張度が低く、先天性の心疾患を伴いやすい。知的障害も持ちやすく、全般的に発達がゆっくりである。性格的な特徴として、個人差はあるが明るく人懐っこいが頑固で気持ちの切り替えができにくいことがあることが多い。

試し行動

児童虐待により大人に不信感を強く持った子どもにみられやすい行動である。例えば、大人に対して「嫌い」「死ね」等の暴言を吐いたり、叩いたり、持ち物に唾を吐く等の行為がある。子ども自身はそれが悪いことであることや相手を困らせていることがわかっているが、それでも自分に愛情を持ってくれるのかを確かめるために試し行動を行う。良いことと悪いことを伝えつつ、継続して愛情を伝えていくことが大切である。

短期入所生活援助事業

子育て短期支援事業の1つで、保護者の疾病や仕事等の理由により児童の養育が一時的に困難となった場合、または育児不安や育児疲れ、慢性疾患のある児童の看病疲れ等による身体的・精神的負担の軽減が必要な場合に、児童養護施設、乳児院、母子生活支援施設等で一時的に養育・保護することである。原則7日以内の宿泊を伴う預かりである。

担当保育制 ⇒ 養育担当制
担当養育制 ⇒ 養育担当制

地域小規模児童養護施設

保育士・児童指導員等2名以上が、5～6人の要保護児童（保護者の養育を受けられない児童等）を養育する施設。里親や小規模住居型児童養育事業に次いで、家庭に近い環境を児童に提供するしくみである。養育の場所は施設ではなく、地域の通常の住宅である。小規模グループケアが本体施設の敷地内あるいは近くに設置されるのに対し、地域小規模児童養護施設は地域の住宅であるため、より家庭に近い養護であるといえる。

知的障害

知的障害は、知能の発達が標準的な発達に比べて遅れており、学習や生活のしづらさが生じている状態である。知的障害は、①知的機能の制約がある（知能検査で極端に低い数値）、②適応行動（例、身の回りの世話、金銭の使用、騙されにくさ、時間の概念等）に大きな制約がある、③18歳以前に①②の症状が現れる、といった場合に診断される。また、知能検査の数値によって、軽度、中等度、重度、最重度に分けられる。

注意欠陥多動性障害 ⇒ 注意欠如・多動性障害

注意欠如・多動性障害

不注意、多動性、衝動性を主症状とする発達障害である。例えば忘れ物が多い、物事に集中できない、話を最後まで聞けない、授業中に席を立つ、他者の活動の邪魔をする、突発的に行動する、順番を守らない等の症状を持つ。これらは脳の機能不全が原因であるが、本人の努力不足や性格の問題、保護者のしつけの問題だと誤解されやすく、その誤解が後の発達に深刻な影響を与えることもある。

中舎制 ⇒ 大舎制・中舎制・小舎制
DV ⇒ ドメスティック・バイオレンス

てんかん

脳細胞のネットワークに起きる異常な神経活動のため、てんかん発作が起きること。てんかん発作により、全身あるいは部分のけいれんが起きる、突然意識を失う、記憶が飛ぶ、急に活動が止まって昏倒する場合がある。ただし、大半の発作は、数分～十数分程度でおさまる。多くのてんかんは薬や外科治療等により発作をコントロールできるが、発作のコントロールが難しい難治性てんかんもある。

統合保育

かつて、障害に対する社会の障壁が大きく、障害児が健常児の保育から切り離されていた時代があったが、その健常児の保育に障害児を入れるようになったが、これを統合保育という。しかし、その多くは「場の統合」に過ぎず、障害児を健常児の集団保育に適応させたり、障害児が他の子どもに迷惑をかけないようにするものであった。その状態が問題視され、誰も排除されないようにするためのインクルーシブ保育が広まっていった。

ドメスティック・バイオレンス

夫婦や親密な関係にある男女の一方が相手に対して暴力をふるったり、暴言を吐いたりすることである。法的に婚姻関係にある男女だけではなく、婚約関係や内縁関係、恋人関係の場合も含まれる。身体的暴力や性的暴力だけではなく、相手の思考や行動を委縮させるような心理的な暴力、生活費を渡さなかったり働かせなかったり等の経済的搾取もドメスティック・バイオレンスにあたる。

トワイライト事業 ⇒ 夜間養護等事業

難聴

音が聞こえにくい・歪んで聞こえる等のために、情報を適切に獲得できない状態。音が小さく聞こえてしまう「伝音難聴」や、聞こえる音の範囲が狭かったり音がぼやけて聞こえる「感音難聴」、その両方を持つ「混合性難聴」がある。聞こえにくさを補うため補聴器や人工内耳、口話法（話し手の口の動きを見て内容を理解する）等が用いられるが、完全に補えるわけではないため、聞き取りやすくする配慮が必要である。

難病

「難病の患者に対する医療等に関する法律」で難病は、①発病の原因が明らかでない、②治療方法が確立していない、③希少な疾患である（がん、精神疾患、感染症、アレルギー疾患等は含まれない）、④長期の療養を必要とする、の全てを満たす場合をいう。難病は大きな経済的負担がかかってくるが、指定難病（国が「難病の患者に対する医療等に関する法律」に基づいて指定する難病）には、医療費助成がある。

ニーズ

社会生活を営むうえで必要な基本的要件が不足している場合に発生する要求のこと。福祉サービスの提供の方法は、ミクロ的視点とマクロ的視点に分けられる。ミクロ的視点では、個人・家族がどのようなニーズを必要としているかを把握し、それを満たせるように援助していくことになり、マクロ的視点では、ニーズを集合的にとらえ、改善の必要があれば政策的な対応がとられる。

日常生活動作

食事、衣服の着脱、排泄、入浴、起居、移動、寝起き等の動作で、日常生活において通常の暮らしをするのに欠かすことのできない基本動作のこと。障害者や高齢者の身体能力や障害の程度を測る重要な指標でもある。日常生活動作は、利用者に必要な援助をあくまで援助者の立場からみたものであるが、近年では、利用者自身の主観的な満足感等の観点から必要な支援を考える、「生活の質」が重要視されている。

乳幼児突然死症候群

それまで元気であった乳幼児が睡眠中に突然死亡し、解剖しても死因を究明できない状態をいう。それまでの健康状態や既往歴からはまったく予測することもできない。生後1～4か月が最も多く、睡眠中にいつのまにか呼吸が止まり、心停止している例が多い。原因は解明されていないが、①うつ伏せの状態で寝ること、②母乳ではなく人工栄養であること、③父母共に習慣的喫煙あることの場合に発症の危険性が高いとされる。

ネグレクト

正常な発達の妨げになる、あるいは衰弱させてしまうほどの著しい減食、長時間の放置、他者による身体的虐待等の放置等である。例えば、食事を与えない、着替えさせない、学校に通わ

せない、病院に連れて行かない等がある。ネグレクトを受けた人の場合、汚れていても毎日同じ服を着ている、食事をとっていないために元気がなかったりする、虫歯が極端に多い等の様子がみられる。

ノーマライゼーション

　障害の有無にかかわらず、誰もが地域において普通（ノーマル）の生活を営み、差別されず、それが当たり前であるという社会をつくり出そうという考え。障害をもつ人を訓練してノーマルにするのではなく、人々の意識や環境等を整えて誰でもノーマルな生活を送れるようにする。例えば、他の人と同じような場所・水準・広さの住居で暮らせる、暇な時間があれば他の人と同じように自分の趣味を楽しむことができる等である。

バイタルサイン

　人間の生きている状態を表す基本的な情報のことである。具体的には、体温、脈拍、呼吸、血圧、意識レベルの5つを指すことが多い。これらのバイタルサインを測定することで、その人の健康状態を把握することにつながる。また、バイタルサインの変化を比較することにより、疾病や生命の危機、異常を早期に発見することにつながる。

発達障害

　発達障害は、広い意味の場合と狭い意味の場合で異なるが、ここでは「発達障害者支援法」に基づき、狭い範囲の発達障害を説明する。発達障害は、自閉スペクトラム症、注意欠如多動症、限局性学習症等の障害であり、その原因は脳機能にあるとされる。また、症状は低年齢において発現する。いずれの障害でも、学習上の問題や社会生活への適応の困難が生じやすく、それらの問題を早期発見・対応していくことが求められる。

PT ⇒ 理学療法士
ファミリーソーシャルワーカー ⇒ **家庭支援専門相談員**

ファミリーホーム ⇒ **小規模住居型児童養育事業**
部分浴

　体力低下など何らかの理由により、入浴やシャワー浴ができない場合、バケツや桶などを使い部分的に身体をお湯につける方法。主に足浴と手浴がある。湯の温度や時間を工夫することにより、全身の保温効果もある。清潔だけでなく温熱効果等により爽快感やリラックス効果があり、不眠時に行うと血液循環を良くして入眠を促す効果がある。

分園型 ⇒ **小規模グループケア**

ペースメーカー

　心臓に電気刺激を与えて収縮させることにより、心拍を正常に保つための装置である。脈が遅くなる（1分間に50回以下）徐脈性不整脈などにおいて、失神やふらつきなどの症状がみられるような人を対象として用いられる。ペースメーカーは電気、磁気、電磁波の影響を受ける可能性があるため、そうした機器の使用には注意が必要である。

母子健康手帳

　母子保健法に基づき、市町村から妊娠の届出をした妊婦に交付される手帳である。妊婦健康診査の結果、乳幼児健診の記録、予防接種の履歴が記載された母子の健康記録になっている。妊娠、出産、育児に関する指導・心得等も記載されており、育児の指導書にもなっている。子どもの体重、身長、頭囲等を標準値と比較することもできる。

母子支援員

　父親の暴力等を含む様々な事情を抱えた母子が入所している母子生活支援施設に配置され、母親の就労支援や日常の育児・家事等の相談に応じたり、夫や親族との関係改善の協力をする。また、関係機関との調整や法的手続きを行ったりもする。施設に入所しているそれぞれの母子の生活を尊重しながら、家庭生活や仕事の状況に応じ、就労、家庭生活、児童の養育に関する相談・援助を行う等の母子の生活支援を行う。

補聴器

難聴者の耳の聞こえを補助する道具である。補聴器の音の伝導方法には気導式と骨導式があり、難聴のタイプによって適用できる方式が異なる。耳の外耳・中耳部分の障害である伝音難聴には気導式、内耳部分の障害である感音難聴には骨導式が用いられる。感音難聴のうち、補聴器を用いても言葉の聞き取りが難しい難聴者に対しては、人工内耳が用いられる。

面前DV

子どもの目の前で、親のどちらかが配偶者に暴力をふるったり暴言を吐いたりする行為である。面前DVは児童虐待のうち心理的虐待に含まれる。目の前で暴力の現場を見てしまうことが、子どもにとって心的外傷（トラウマ）となったり、ピリピリした家庭内で不安を抱え続けたり、親を守れないことへの無力感や罪悪感から、その後の発達に大きな影響を与えることになる。

夜間養護等事業

子育て短期支援事業の1つで、保護者が仕事や病気等の理由により平日の夜間または休日に不在となり、児童の養育が困難となった場合等に、児童養護施設、乳児院、母子生活支援施設等において児童を保護し、生活指導、食事の提供を行う事業である。基本的には平日夜間等の特定の時間に児童を預かるが、宿泊が可能な場合もある。

ユニットケア

児童養護施設等の施設内において、児童を少人数に分けて養育していくしくみである。施設に入所している児童の中には虐待を受けた児童等も多く、家庭のように個々に愛情を受けられる環境の中で、大人との信頼関係を構築することが重要である。施設の規模が大きく、集団生活の中ではそのような家庭的な環境を作ることが難しいため、少人数の生活単位（ユニット）に分け、家庭に近い雰囲気の中で養育をする。

養育担当制

乳児院等において、それぞれの子どもに対し、複数の職員が同じように関わるのではなく、特定の職員が担当することをいう。決まった大人がその子どもを担当することによって、その大人との基本的信頼感ができ愛着関係が形成される。愛着対象となる大人がいることで、子どもは、「いざというときは守ってもらえる」という安心感・安定感を持つことができ、周囲の環境に対して積極的に関わることができる。

養護

子どもの生命の保持と情緒の安定を図るために大人が行う援助や関わりのことである。子どもの生命を守るために健康面や安全面に配慮するとともに、子どもに対して応答的に関わる等して大人からの愛情を実感できるようにする。多くの子どもは実の親のもとで養護されるが、児童虐待等を含む様々な事情で家庭での養護を得られない場合には、児童福祉施設等による「社会的養護」が行われる。

リービングケア

施設における支援の過程（アドミッションケア→インケア→リービングケア→アフターケア）の1つ。リービングケアは、子どもが社会的に自立した生活ができるかを判断し、そのために退所準備、退所に向けた援助、自立生活訓練等の援助・指導を行う。施設における生活が一般の社会生活とギャップがあるため、それを補うよう取り組むと共に、退所後のアフターケアと連続性を持たせる必要がある。

理学療法士

基本動作ができるように支援する者。病気や加齢などにより運動機能が低下している人、低下が予想される人を対象に、歩行や筋力訓練のほか、電気刺激、マッサージ、温熱等の物理的手段を加える等して、機能の回復や維持をサポートする。運動機能の中でも、特に寝返り、起き上がる、座る、立ち上がる、歩く等の日常生活に必要な基本動作を専門的に扱う。なお、この基本動作を応用した作業動作を扱うのが作業療法士である。

療育

　障害のある個々の子どもの発達の状態や障害特性に応じ、将来の自立と社会参加に向かって支援すると共に、その子どもの保護者の支援を行うことである。障害のある子どもはそれぞれの特性に合った支援が必要であるため、個別の支援計画を作成して支援に取り組むことが大切である。例えば、コミュニケーションの支援が必要な子ども、身体の動きについての支援が必要な子ども等、それぞれに対し、個別の支援計画が必要である。

療育手帳

　知的障害者が一貫した療育・援助や様々な福祉施策を受けやすくなることを目的としたものであるが、この手帳の根拠となる法律はない。取得することで、知的障害があることを証明すると共に、一部の直接税の減額もしくは免額、公共施設（美術館や映画館等）の利用料の減額もしくは免額、一部公共交通機関の運賃割引等の様々な優遇を受けることができる。障害の程度により重度の場合は「A」、その他の場合は「B」と判定される。

レスパイト

　委託児童を養育している里親や病気あるいは障害のある子どもの在宅介護をしている保護者等が、その養育や介護から一時的に解放され、心身ともに息抜きをすることをレスパイトといい、そのための預け先の提供や援助をレスパイト・ケアという。里親委託児童であれば他の里親や乳児院、児童養護施設等に預け、在宅介護の子どもであれば病院等に預ける。

さくいん

A-Z
- AD/HD ……………………………………… 22
- A型児童館 ………………………………… 25
- B型肝炎の検査 …………………………… 45
- B型児童館 ………………………………… 25
- C型児童館 ………………………………… 25
- DV …………………………………… 7,12,64,65
- DV被害 …………………………………… 121
- SNS …………………………………… 50,182

あ
- 愛着関係 ………………………………… 11,21
- アセスメント保護 ………………………… 28
- 遊び ……………………………………… 146
- アレルギー ……………………………… 116
- 安心できる生活環境 ……………………… 21
- 安全確保 ………………………………… 135
- 安全管理 ………………………………… 137
- 安全面の配慮 …………………………… 139

い
- 医師 …………………………………… 10,16,20,22
- 意識化 …………………………………… 108
- 意思疎通 …………………………… 137,139
- 一時保護 ………………………………… 7,96,98
- 一時保護委託 …………………………… 12,13
- 一時保護所 ……………………………… 96,98
- 一時保護の期間 ………………………… 29
- 移動 ………………………………… 137,143
- イニシャル ……………………………… 111
- 異年齢 …………………………………… 125
- 衣服 ……………………………………… 136
- イラスト ………………………………… 181
- 医療型児童発達支援センター …………… 19
- 医療機関 ………………………………… 166
- 医療ネグレクト …………………… 166,167
- 衣類の着脱 ……………………………… 141
- 陰性 ……………………………………… 46
- インフルエンザ ………………………… 45

う
- うつ伏せ寝 ……………………………… 11
- 運動遊び ………………………………… 167

え
- 栄養士 ………………………… 10,15,16,18,20,22,29
- エピソード ………………………… 171,175
- 絵本 ………………………………… 150,160
- 援助技術 ………………………… 173,174,175
- 援助方法 ………………………………… 108
- 鉛筆書き ………………………………… 182

お
- 大型児童館 ……………………………… 24
- オーバードーズ ………………………… 156
- 遅番 …………………………………… 50,53
- おまる …………………………………… 128
- おむつ替え ……………………………… 146
- おむつかぶれ …………………………… 116
- おむつ交換 ……………………………… 115
- 親子サロン ……………………………… 94
- おやつ …………………………………… 140
- オリエンテーション …………………… 110
- 折り紙教室 ……………………………… 163
- お礼の気持ち …………………………… 180
- お礼の手紙 ……………………………… 54

か
- 外国籍の児童 …………………………… 29
- 外出 ……………………………………… 98
- 介助 …… 128,132,133,134,135,137,139,141,143,171,173
- 介助行為 ………………………………… 114
- 外来治療 ………………………………… 20
- 核家族化 ………………………………… 162
- 学習支援 ………………………………… 15
- 学習指導 ……… 66,86,98,99,133,153,157,161,166
- 学習習慣 …………………………… 166,167
- 学童保育 …………………… 92,93,94,95,160,161,163
- 学童保育の補助 ………………………… 95
- 学内オリエンテーション ……………… 44
- 学齢児 …………………………………… 98
- 過呼吸 …………………………………… 90
- 家事援助 ………………………………… 64
- 家事支援 ………………………………… 13
- 家族再統合 ……………………………… 11
- 課題 ………………………………… 171,184
- 課題制作 ………………………………… 182
- 家庭支援専門相談員 …………… 10,15,20,22
- 家庭との連携 …………………… 147,151
- 家庭の支援 ……………………………… 121

家庭復帰	20,89,96,98	緊急一時保護	167
紙芝居	37	緊急保護	28
体の異変	136	勤務形態	45

く

薬の禁忌	116
具体的な目標	171
クラス	120
グループダイナミクス	156
グループホーム	70

環境構成	58
環境的な配慮	143
看護師	10,15,16,19,20,29,164,166,167
観察	135,168
観察ポイント	173
鉗子	116
感情	168

き

着替え	138
記述	182
起床	123
起床の援助	122
気づいたこと	175
気づき	142,186
機能訓練	168,169
機能訓練担当職員	18
基本的な事項	57
基本的生活習慣	13,15,16,23,29,124,145,147,164,166,175
基本的な動作	142
基本的なマナー	173
義務教育	156
気持ちの変化	127
虐待	7,10,68,94,96
虐待被害	156
キャラクターグッズ	181
協応動作	100
共感	69
教材	98,99
行事	50
行事計画会議	95
矯正	158
擬陽性	46
強制的措置	88
協調性	90
協働	45
興味・関心	105
業務	135,141
業務分担	122
共有物品	156
規律	159
記録	108

け

継続利用	118
傾聴	69
ケース記録	89
ゲーム	98,99
下校	134
欠勤	53
検温	115
けんか	124
健康管理	114
健康状態	99,126,127,168,169
健康診断書の写し	45
言語聴覚士	19
健常者	170

こ

攻撃的	155
更生	158
厚生労働省	34
抗体検査	46
公的文章	111
行動上の問題	23
行動特性	147
誤嚥	116
小型児童館	24
呼吸不全	17
個々の利用者	173
心のドア	68
誤字	182
個人差	103,104,107
個人情報	50,111
子育てサロン	160,163
子育て支援	94,162
子育て支援事業	161
言葉がけ	129,137
言葉遣い	124,125
言葉の理解	127

子どもの安全確保	114	自己理解と他者理解	184
子どもの気持ち	150	自主活動	157
こどもの国	24	自主実習	186,187
子どもの最善の利益	23,25,88	自主性	158
子どもの人権	187	視診	115
子どもの貧困問題	92	自身の適性	187
子どもの養育	188	施設実習	56,109,188
子どもの様子	127	施設措置	98
個別依頼	187	施設内保育	66,118,119
個別化	11	施設入所支援	26
個別支援計画	147,175	施設保育士	53,188
個別心理療法	153	事前訪問	110
個別対応職員	10,13,15,20,22	肢体不自由児	16,19,76,77,79,132,133,136,137,148,150
個別の計画	56		
個別療育	145,147,149	自宅から通園	145,149
コミュニケーション	77,126,127,129,130,131,133,135,137,139,142,143,145,149,165,169,170,171,173,185	実習後期	112
		実習先のオリエンテーション	44
		実習先の職員	109
コミュニケーションツール	109	実習指導担当者	57
混合入所	166	実習初期	112
今後の学習	183	実習生	50
今後の課題	183	実習生個人票	45
さ		実習成績評価票	45
在宅指導	8	実習中期	112
座学	119	実習日誌	108,109,111,112,126,129,130,131,136,141,182
作業	169,173		
作業療法士	17,19	実習の課題	109,110,112
里親	7	実習のねらい	109,110
散歩	146	実習反省会	178,182
し		湿疹	134
支援	96,110,130,158,159	実践期	60,61,69,92,93,97
支援技術	112	失敗	105
支援業務	120,121	失敗経験	145,147
支援スキル	156,160	指導案を計画	107
支援のあり方	188	児童館	24,92,93,94,160,162,163
支援のし過ぎ	162	児童虐待	188
自己開示	186	児童虐待の防止等に関する法律	7
自己開拓	188	児童厚生施設	6,24,92,160
自己紹介	53	児童厚生二級指導員資格	92
自己省察	183,184		
自己洞察	184		
自己評価	108,183,185		

児童指導員	14,16,17,18,19,20,29,84
児童自立支援員	88
児童自立支援計画	88,89,120
児童自立支援施設	22,32,33,88,90,156,158
児童自立支援専門員	22
児童心理司	98
児童心理治療施設	20,84,152
児童生活支援員	22,88
児童センター	24
児童相談所	7,8,13,88,97
児童相談所一時保護施設	7,28,96,97,164
指導と援助の方法	110
児童の遊びを指導する者	24,92,93
児童の権利に関する条約	25
児童発達支援管理責任者	16,17,18,19
児童発達支援センター	5,8,18,33,145,146,147,148,149,151
児童福祉	110
児童福祉司	98
児童福祉施設	3
児童福祉施設の設備及び運営に関する基準（児童福祉施設設備運営基準）	3,5,10
児童福祉法	112
児童遊園	24,92,160
児童養護施設	5,14,20,31,33,68,122,124,184,188
私物	98
自閉症スペクトラム障害	22
自閉スペクトラム症	16
社会資源	160,162,163
社会診断	98
社会性	127
社会生活	169
社会性の発達	131
社会的スキル	145,147,175
就学前までの入所	10
自由時間	56
重症心身障害児	16,18,80,81,138,139,141,142,143
就寝支援	122
集団活動	147
集団療育	145,149
柔軟な気持ち	105
就労移行支援	27
就労支援	13,118
主活動	57
宿題の確認	123
宿泊費	52
出典	35
授乳	114,115,117
守秘義務	64
守秘義務違反	113
受容	69
障害児（者）施設	188
障害児（者）の発達保障	188
障害児入所施設	6,16,32,33,72,76,83,126,127,129,130,131,133,135,136,137,138,141,142,143,149,151
障害者	171
障害者支援施設	6,26,33,100,102,168,169,170,171,172,173,174,175,187
障害特性	85
小規模化	68
状況判断	155
小舎制	15,70
情緒	152
情緒障害	158
情緒の安定	17
消毒箱	116
少年審判	88
少年を指導する職員	13
情報	112
情報開示	167
情報管理	13
情報の共有	126
情報漏洩	112
職員トイレ清掃	115
職員の業務	127,169
食事	130,131,141,143

食事代	52
食事介助	130,132,133,142,149
食事の準備	127
嘱託医	13,15,16,18,22,29,164
触法少年	28
食物アレルギー	116
ジョハリの窓	184,185
自立	135,149,159,169
自立訓練	27
自立支援	65,118,120,151
自立生活	120
自立のための支援	169
進学	13
人工呼吸器	139
新生児マススクリーニング検査	116
身体障害児	76,135,137,149,151
身体に障害のある子ども	16
身辺自立	127,129,131
信用失墜行為の禁止	113
信頼関係	13,68,96,117,124,130
心理指導	86
心理指導を担当する職員	17
心理診断	98
心理療法	21,84,98,99,152,153,154,155
心理療法担当職員	10,13,15,20,22,29,84,86,88,153,154
進路	188
進路選択	184,187

す

水分補給	148,149,165,172
スキンシップ	116,126,129,149
スモールステップ	127

せ

生活介護	26,27
生活支援	66,88,89
生活指導	19,127,133,139
生活スキル	13
生活の流れ	112,127,145
生活の場	68,70,84,154,173

性教育	15
成功経験	145
生産活動	169,171
清拭	138
精神疾患	156
精神障害児	20
精神に障害のある子ども	16
成人の利用者	180
清掃	114,132,160,161
施錠	157,164,165
世帯単位	12,118
設置義務	28
セラピスト	152

そ

総合環境療法	21,84,85
創作活動	169,171
早退	53
相談業務	96
ソーシャル・インクルージョン	162
措置	7,28,96,156
措置決定	96
措置変更	20
措置延長	12,14

た

大舎制	15,68
退所	96
対人関係	185
体調	168
タイミング	141,170
タイムアウト	84,86,154
脱字	182
縦割り	122
断続勤務	122,125

ち

地域社会	110
地域住民	160
地域小規模児童養護施設	15
地域生活の問題	188
遅刻	53

知的障害	16,75
知的障害児	18,20,21,72,73,126,127,129,130,131,144,145,146,147
知的障害児施設	145
着脱介助	136,172,174
注意集中	145
昼食	132,138,144
昼食介助	115
腸内細菌検査結果	45
調乳	114,115,117
懲罰的意味合い	23
調理員	10,13,16,18,20,22,29
朝礼	70
治療	152

つ

通院	166,167
通院児童	165
通告の義務	7
通所	84
通所型	147
通所型施設	151

て

手遊び	162
手洗い	126
訂正	182
丁寧な言葉	48
デイリープログラム	34,62
手紙	182
適度な距離感	121
点検・確認	156
電子メール	182
伝承遊び	163

と

陶芸	172
登校	132
統合保育	162
到達状況	175
導入期	60,61,69,92,93,97
同封	181

特定の人物	180
特別支援日課	23
ともに過ごす	167
トラウマ	22
トラブル	124,154

な

内容	101,105,182,183
夏祭り	187
難聴	18

に

日常生活	170
日常生活支援	12
日常生活指導	137
日常生活の指導	133
日勤	53
日中活動系サービス	26
乳児院	5,10,29,33,60,96,114,184
入所	84
入所型の障害者支援施設	104
入所措置	5,88
入所理由	89,97,166
入眠	115,122
入浴	130,131,134,137,141,143,172
入浴介助	117,127,130,133,136,139,164,165

ね

ねらい	57,77,101,105

の

脳性まひ	133
のぞみの園	27

は

排泄	128,130,131,134,137,143,168,170
排泄介助	138,140,142
排泄支援	53
配膳	128,140,168
箱庭療法	152,154,155
はしか	46
発達支援	127,151
発達障害	8,156,158,166
発達障害の問題	188

鼻呼吸	148	プレゼンテーションの方法	36
パネルシアター	146	雰囲気作り	114
母親の名前の「世帯」	120	分校	152,153,156
歯みがき	126,128,140,142,153,172	分室	152
刃物	156	文房具	99

へ

ペープサート	37
偏食	173

早番	50,53
ハローワーク	120
パワーポイント	36
反省	183
反省会	54

ひ

被虐待経験	84,154
非行	96,156
非行問題	88,89,158
必要最小限の援助	173
ビデオ	37
1人の人間	188
日々のねらい	110
評価	56
病児	66
表情	99

ほ

保育教諭	7
保育士	15,16,17,18,19,20,29,84,97,108
保育士の守秘義務	112
保育士の職務	108,110,112
保育者の援助・配慮	83,103,107
保育所等訪問支援	8
保育所保育士	5,6,188
放課後児童クラブ	93
暴力的	154
暴力的な子ども	154
ホーム	118,120
保護処分	88
母子支援補助的	118
補装具	148,150
ほふく	160,161
ほふく室	115
ボランティア	160,161,186,187

ふ

フォーマル	49
福祉型児童発達支援センター	18
服薬	132,156
服薬管理	156,159
不公平感	180
不信感	68,96
物品確認	157
不適切な記述	111
部分実習	62,70,76,77,81,86,98,100,101
部分実習計画	56
部分実習指導案	56,59,73,74,79,80,83,100,102,103,104,105,106,107
プライバシー	120,187
プライバシーの確保	137
プライバシー保護	118
振り返り	183
プレゼンテーション	30,35

ま

マッサージ	148
まとめ期	60,61,69,92,93,97
麻痺	174

み

未就学児	98
身だしなみ	49
三日はしか	46
ミニレポート	183
見守り	135
見守る	169
ミルクアレルギー	116,117

む
- 無気力 …………………………… 154
- 無気力な子ども ………………… 154

め
- メモ ………………………………… 48
- 面談 ……………………………… 160

も
- 申し送り ………………………… 114
- 盲ろうあ児 ………………………… 16
- 目標 ……………………………… 171
- 持ち物リスト ……………………… 51

や
- 夜勤 …………………………… 50,53
- 夜尿癖 …………………………… 70

ゆ
- 夕食 ………………………… 134,140
- 夕食準備 ………………………… 66
- ユニット ………… 64,86,118,120,121,181
- ユニット化 ……………………… 68
- ユニットケア ……………………… 15

よ
- 養育者 …………………………… 155
- 養育スキル ……………………… 21
- 養育担当制 …………………… 11,61
- 養護技術 ………………………… 112
- 養護内容 ………………………… 131
- 養護方法 ………………………… 131
- 幼児 ……………………………… 98
- 陽性 ……………………………… 46
- 養成校の教員 …………………… 109
- 余暇活動 ………………………… 173
- 余暇時間 …………………… 56,140
- 予防接種 ………………………… 46
- 読めない漢字 ………………… 36,38

り
- 理学療法士 …………………… 17,19
- 立位歩行 ………………………… 135
- リトミック …………………… 94,161
- リハビリテーション …… 149,151,169,171
- 寮 ………………………………… 156
- 療育 …………………… 138,144,149,151
- 療育活動 ………………… 149,151
- 療育訓練 ………… 127,133,137,139,143
- 利用者の活動 ……………… 103,107
- 利用者の支援 ……………… 180,188
- 利用者の姿 ……………………… 105
- 利用者の特性 …………………… 101
- 利用者を守る義務 ……………… 180
- 寮務 ……………………………… 157

る
- ルール …………………………… 159

れ
- 礼状 ………………… 178,179,180,182
- レクリエーション …… 140,162,170,173,182
- レポートの課題 ………………… 51
- 連携 ……………………………… 18

ろ
- ローテーション勤務 …………… 85

わ
- 枠のある生活 …………………… 23

監修者（執筆分担）

松本 峰雄　まつもと みねお（第1部1）
　元　千葉敬愛短期大学　現代子ども学科　教授　学校法人野乃花学園理事長 2022年より現職
　東洋大学大学院社会学研究科修士課程、修了（社会学修士）
　千葉明徳短期大学教授、育英短期大学教授を経て1999年千葉敬愛短期大学教授、2017年より現職。全国保母養成協議会（現・全国保育士養成協議会）専門員、事務局長を歴任。主な著書『子どもの福祉』（編著、建帛社）、『現代社会と社会学』（共著、誠信書房）、『保育者のための子ども家庭福祉』（単著、萌文書林）、『保育職論』（編著、建帛社）、『保育における子ども文化』（編著、わかば社）、『ユーキャンのよくわかる指導計画の書き方0・1・2歳』『ユーキャンのよくわかる指導計画の書き方3・4・5歳』（責任監修、ユーキャン学び出版）、『社会福祉と人権問題』（単著、明石書店）など。

執筆者（執筆分担）

中島 健一朗　なかしま けんいちろう（第1部1、第3部1・2、第4部）
　相模女子大学　学芸学部子ども教育学科　准教授
　日本社会事業大学院社会福祉学研究科修了、修士（社会福祉学）、東洋大学大学院福祉社会デザイン研究科単位取得満期退学。児童養護施設熊本天使園児童指導員、長崎短期大学、育英短期大学専任講師を経て、現職。一般社団法人すくすくCOMさせぼ駅前保育園運営委員。
　主な著書『改訂子どもの福祉－児童家庭福祉のしくみと実践－』（共著、建帛社）、『子どもの生活を支える社会的養護内容』（共著、ミネルヴァ書房）、『保育の基礎を学ぶ福祉施設実習』（共著、ミネルヴァ書房）ほか。

藤 京子　ふじ きょうこ（第1部2・3、第2部）
　元　千葉敬愛短期大学　現代子ども学科　准教授
　文京学院大学大学院人間学研究科人間学専攻社会福祉学コース、修士（人間学）
　主な著書『教育・保育・施設実習の手引き』（共著、建帛社）、『子どもの養護－社会的養護の原理・内容』（共著、建帛社）、『福祉施設実習』（共著、ミネルヴァ書房）、『保育者のための教育と福祉の事典』（共著、建帛社）ほか。

増南 太志　ますなみ たいじ（第3部1・2）
　埼玉学園大学　人間学部　子ども発達学科　教授
　筑波大学大学院博士課程人間総合科学研究科感性認知脳科学専攻修了、博士（行動科学）、
　筑西児童相談所補助指導員、筑波大学人間総合科学研究科非常勤研究員、筑波大学障害科学系準研究員、川口短期大学准教授を経て現職。主な著書『発達障害の理解と支援のためのアセスメント』（共著、日本文化科学社）、『教育・保育・施設実習の手引き』（共著、建帛社）。

より深く理解できる 施設実習
―施設種別の計画と記録の書き方

2015年10月10日	初版第1刷発行
2019年2月27日	第2版第1刷発行
2019年3月28日	第2版第2刷発行
2020年4月1日	第3版第1刷発行
2021年4月1日	第3版第2刷発行
2025年4月14日	第3版第4刷発行

Ⓒ 監 修 者　松本峰雄
　 著　　者　中島健一朗、藤　京子、増南太志
　 発 行 者　服部直人
　 発 行 所　株式会社萌文書林
　　　　　　〒113-0021　東京都文京区本駒込6-15-11
　　　　　　Tel：03-3943-0576　Fax：03-3943-0567
　　　　　　URL：https://www.houbun.com　E-mail：info@houbun.com
　 印刷・製本　シナノ印刷株式会社
　 乱丁・落丁本はお取替えいたします。
　 定価はカバーに表示してあります。
　 本書の内容の一部または全部を無断で複写・複製・転記・転載することは、著作権法上での例外を除き、禁止されています。
　 ISBN 978-4-89347-221-2

●ブックデザイン　大村はるき　　●イラスト　西田ヒロコ